中国食品药品检定研究院

年鉴 2011

National Institutes for Food and Drug Control Yearbook 2011

中国食品药品检定研究院

中国医药科技出版社

内容提要

《中国食品药品检定研究院年鉴2011》是一部反映中国食品药品检定研究院2011年在药品、生物制品、医疗器械、食品、化妆品等方面的监督检验工作及科研成就的年度资料性工具书，由中国食品药品检定研究院编纂。书中包括特载及1～16部分，主要分为检验检测、标准物质与标准化研究、实验动物、安全评价、质量管理、科研管理、综合管理、国际交流与合作、信息化建设、党群工作、人事与教育、条件保障等。可供关心关注中国食品药品检验检测事业发展的人士、各级食品药品监管部门的管理者参阅。

图书在版编目（CIP）数据

中国食品药品检定研究院年鉴．2011/中国食品药品检定研究院编写．—北京：中国医药科技出版社，2013．11

ISBN 978－7－5067－6470－4

Ⅰ．①中…　Ⅱ．①中…　Ⅲ．①食品检验－研究院－中国－2011－年鉴②药品检定－研究院－中国－2011－年鉴　Ⅳ．①TS207．3－242②R927．1－242

中国版本图书馆CIP数据核字（2013）第269558号

美术编辑　陈君杞
版式设计　郭小平

出版　中国医药科技出版社
地址　北京市海淀区文慧园北路甲22号
邮编　100082
电话　发行：010－62227427　邮购：010－62236938
网址　www. cmstp. com
规格　A4
印张　16¾
字数　389千字
版次　2013年11月第1版
印次　2013年11月第1次印刷
印刷　北京高岭印刷有限公司
经销　全国各地新华书店
书号　ISBN 978－7－5067－6470－4
定价　268.00元

本社图书如存在印装质量问题请与本社联系调换

编辑委员会

主任　李云龙

副主任　王军志　丁丽霞　张永华　王云鹤　王佑春　李波　邹健

委员　（按姓氏笔画排序）

马双成　王藏徐　田利　白东亭　成双红　孙会敏　杨化新　杨正宁　杨昭鹏　李玲　李冠民　李静莉　肖新月　汪巨峰　沈琦　张庆生　张丽颖　张河战　陈月　陈为　柳全明　贺争鸣　柴玉生　倪训松　郭亚新　陶维玲　黄志禄　曹洪杰　粟晓黎　蓝煜

主编　王佑春

副主编　黄志禄　高泽诚

执行编辑　高姗

编务　马烝　乔永静

通讯编辑　（按姓氏笔画排序）

马丽颖　王青　王艳　王越　田学波　付佳丽　巩薇　刘婷　刘燕　祁文娟　祁景琨　李海宁　吴朝阳　佟乐　张华捷　陈国庆　赵晨　姚蕾　耿长秋　柴玉生　柴海燕　曹丽梅　崔宏伟　谢丽丽　潘若斯

编纂说明

《中国食品药品检定研究院年鉴》是由中国食品药品检定研究院编纂出版的一部综合反映中国食品药品检定研究院对药品、生物制品、医疗器械、食品化妆品等监督检验、科研成就的大型年度资料性工具书。

《中国食品药品检定研究院年鉴》编委会主任、副主任由中国食品药品检定研究院院领导担任，编委会委员由中国食品药品检定研究院各所、处（室）、中心主要负责人担任。

《中国食品药品检定研究院年鉴 2011》包括特载及第一至第十六部分（主要有检验检测、标准物质与标准化研究、实验动物、安全评价、医疗器械标准管理、质量管理、科研管理、系统指导、国际交流与合作、信息化建设、综合管理、党群工作、人事与教育、条件保障等），主要收载 2011 年中国食品药品检定研究院的重点工作情况等内容。

2011 年 9 月，国家食品药品监督管理局批准中国食品药品检定研究院“三定”方案，中国食品药品检定研究院内设机构 26 个，包括 11 个所、13 个处室和 2 个中心，分别为：食品化妆品检定所（原食品化妆品检验管理处）、中药民族药检定所（原中药民族药检验管理处）、化学药品检定所（原药品检验处）、生物制品检定所（原生物制品检验处）、医疗器械检定所（原医疗器械检验处）、包装材料与药用辅料检定所（原药品检验处药用辅料及包材室）、实验动物资源研究所（原实验动物管理处）、标准物质与标准化研究所（原标准物质管理处、中国药品生物制品标准化研究中心）、食品药品安全评价研究所（原国家药物安全评价检测中心）、食品药品技术监督所（原国家食品药品监督管理局市场监督办公室）、医疗器械标准管理研究所（原国家食品药品监督管理局医疗器械标准管理中心）、院长办公室（原办公室）、党委办公室、纪委办公室（原纪委监察室）、人事教育处、计划财务处、综合业务处（原办公室）、质量管理处、科研管理处、仪器设备管理处、档案室、国际合作处、安全保卫处、离退休干部管理处、信息中心（原信息处、中国药事编辑部、药物分析编辑部）、后勤服务中心（原行政处、基建处）。

由于内设机构变化，2011 卷对年鉴框架略作调整，增加包装材料与药用辅料检验检测和信息化建设章节，分别收录 2011 年中国食品药品检定研究院在包装材料与药用辅料检测和信息平台、业务管理系统等方面的重要工作情况。

2011 年 1 月 6 日，中检院学术委员会组织全院的科技评优活动。

2011 年 1 月 10 日，新一代快检示范旗舰车圆满完成广州亚运会任务，载誉凯旋。

▲ 2011 年 1 月 10 日，中检院－药典委员会药典工作研讨会在北京举行。

▲ 2011 年 1 月 18 日，2011 年全国食品药品医疗器械检验工作会议在北京召开。

▲ 2011年2月21日，中检院召开2010年总结表彰大会。

◀ 2011年2月25日，人民日报、新华社、中央电视台、光明日报、经济日报、健康报、新京报、中国医药报、医药经济报九家媒体，就疫苗监管评估工作到中检院进行座谈采访。

◀ 中检院副院长王军志作为美国药典会（USP）生物制品总论专家委员会委员，于2011年3月8日~9日赴美国华盛顿参加在USP总部举行的专家会议。

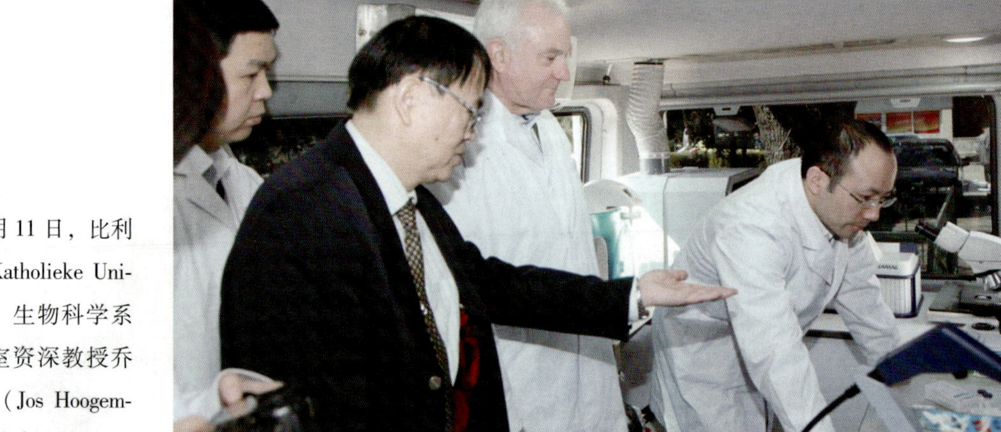

▶ 2011年3月11日，比利时鲁汶大学（Katholieke Universiteit Leuven）生物科学系药物分析实验室资深教授乔斯·浩格马丁（Jos Hoogemartens）来中检院参观访问。

► 2011 年 3 月 16 日，中检院院长李云龙会见巴西卫生监督局参加双边会议人员。

◄ 2011 年 3 月 22 日，为感谢中检院在第 16 届亚运会和首届亚残会中做出的重要贡献，广州市药品监督管理局局长姚建明代表亚组委、广州 2010 亚残运会组委会、广州市委、市政府，将一块“激情亚运 大爱动人”的牌匾送至中检院。

▲ 2011 年 4 月 7 日 ~8 日，中检院在四川成都召开 2011 年全国药包材监管检验工作会议。

▲ 2011 年 4 月 13 日，世界卫生组织技术官员 Milan Smid 博士一行 3 人对中检院进行访问。

▲ 2011年4月19日~21日，第二届全国药品质量分析论坛在江苏省泰州市召开。

▲ 2011年4月21日~23日，2011年医疗器械检测机构比对试验工作会议在南京召开。

▲ 2011年4月22日，中检院院长李云龙会见美国药典委员会（USP）首席执行官罗杰·威廉姆斯一行4人。

▲ 2011年4月24日，中检院召开实验动物管理委员会成立大会。

◀ 2011年4月25日~5月6日，加拿大卫生部疫苗评价中心 Michel Girard 博士和 Terry D. Cyr 博士受邀为生物制品质量控制国际先进技术高级研修班进行授课和实验室培训。

▲ 2011年5月2日~3日，中检院副院长李波一行对欧洲药品质量和健康管理局（EDQM）进行工作访问。

▶ 2011 年 5 月 12 日～13 日，2011 年医疗器械行业标准评审会在杭州召开。

▲ 2011 年 5 月 16 日～19 日，标准物质技术标定培训班在成都举办。

▲ 2011 年 5 月 17 日 ~ 19 日，中国毒理学会第三届全国中青年学者科技论坛在上海市举行。中检院药物安全评价监测中心副主任药师王三龙获得中国毒理学会第三届全国优秀青年科技奖。

◀ 2011 年 5 月 18 日，中检院第 11 党支部组织党员和入党积极分子参观国家博物馆举办的《复兴之路》主题展览。

▶ 2011 年 5 月 23 日～26 日，欧洲药品质量和健康管理局（EDQM）质量、安全及环境部主任 Pierre Leveau 博士作为 WHO 派出的技术专家来中检院进行质量管理和人员培训方面的技术支持访问。

◀ 2011 年 5 月 24 日～26 日，中检院参加卫生部举办的第二十四届老年门球赛。

◀ 2011 年 5 月 27 日，国家局医疗器械标准管理中心在北京召开医疗器械产品分类界定程序工作会。

▶ 2011 年 5 月 31 日 ~6 月 1 日，中检院市场办在北京组织召开《国家药品评价抽验质量评价分析项目任务书》专家评议会。

◀ 2011 年 6 月 23 日，中检院院长李云龙赴深圳市药品检验所调研，并与深圳市药品检验所签署《第 26 届世界大学生运动会药品协同检验备忘录》。

▲ 2011 年 6 月 26 日，美国食品药品监督管理局驻中国办公室主任克里斯托弗·海克、主任助理布兰达·尤它尼及两位专家访问中检院，学习交流快检技术。

◀ 2011年7月1日，中检院举行庆祝建党90周年主题歌会暨“两优一先”表彰大会，热烈庆祝中国共产党90周岁华诞。

▶ 2011年7月6日，中检院院长李云龙在全国食品药品监管工作座谈会上作题为《加强食品药品检验检测能力建设的思考》的大会交流发言。

◀ 2011年7月11日，医疗器械标准管理中心在广州召开中央补助地方医疗器械标准经费使用规范研讨会。

▶ 2011年7月13日，中检院副院长李波会见英国政府化学分析实验室（LGC）资深专家、LGC有限公司（中国）总裁 Ray Ah - Sun 博士一行3人。

◀ 2011 年 7 月 20 日，中检院在新疆维吾尔自治区食品药品检验所召开对口支援新疆所现场会。

▶ 2011 年 7 月 21 日 ~ 22 日，2011 年全国食品药品医疗器械检验工作座谈会在新疆召开。

▶ 2011 年 7 月 26 日，中检院院长李云龙率团对日本国立医药品食品卫生研究所（NIHS）进行访问。

◀ 为保证第 26 届世界大学生运动会期间药品快速检测工作的顺利开展，中检院将一台第二代药品检测车借给深圳市药品检验所使用，并于 2011 年 8 月 2 日在深圳举行交接仪式。

▶ 2011 年 8 月 4 日，中检院副院长王军志会见来访的古巴农业部部长顾问劳尔·鲁伊斯一行 4 人。

◀ 2011 年 8 月 4 日 ~5日，国家药品标准物质管理工作研讨会在乌鲁木齐召开。

▶ 2011 年 8 月 10 日 ~ 11 日，2011 年全国生化药品检验工作研讨会在哈尔滨市召开。

◀ 2011 年 8 月 30 日 ~ 31 日，2011 年国家药品评价抽验中期工作会议在黑龙江省哈尔滨市召开。

2011 年 9 月 1 日，中检院医疗器械实训基地在深圳迈瑞生物医疗电子股份有限公司举行揭牌暨第一期实训班开班仪式。

2011 年 9 月 6 日 ~8 日，全国热原物质检测方法培训班在四川省成都市举办。

▶ 2011年9月8日，第二届生物材料与组织工程产品质量控制国际研讨会在成都召开。

▲ 2011年9月9日，中检院副院长李波会见国际药用辅料协会美国主席戴尔卡特、中国分会主席刘晓海一行7人。

◀ 中检院参加的“重组戊型肝炎疫苗三期临床研究团队”于2011年2月18日获科技部“‘十一五’国家科技计划执行优秀团队奖”。2011年9月13日，该团队领头人厦门大学公共卫生学院院长夏宁邵教授专程转送奖牌证书。

▶ 2011年9月14日～15日，2011年全国食品药品监管系统对口支援新疆工作推进会在乌鲁木齐举行。中检院与新疆维吾尔自治区食品药品检验所签订合作协议。

◀ 2011年9月15日，中检院院党委邀请1969年入党的老党员、原任所党委副书记傅兴治同志作了“奋发向上，共创检验检定事业美好的明天”专题报告。

▲ 2011年9月16日，科技部会同发改委、财政部，组织专家组对中检院“十一五”期间承担的“重大新药创制”和“传染病防治”两个科技重大专项相关课题的立项、执行情况进行督查评估。

▶ 2011 年 9 月 20 日，中检院举办创新能力和文化建设讲座。

▲ 2011 年 9 月 21 日，中检院院长李云龙会见台湾地区药品管理机构代表团一行 22 人。

◀ 2011 年 9 月 22 日，中检院在北京召开药品中邻苯二甲酸酯类物质应急检验工作总结会议。

▶ 2011 年 9 月 22 日，全国药检系统仪器设备管理工作座谈会在成都召开。

◀ 2011年9月22日～24日，第一届全国药检系统实验动物学术交流会在北京召开。

▲ 2011年9月27日～28日，亚太经合组织（APEC）生命科学论坛药品安全与检测技术研讨会在北京召开。

◀ 2011年10月10日～13日，英国国家生物制品检定所（NIBSC）专家Stephen Poole和Lucy Anne Findlay到中检院进行有关“热原的单核细胞活化试验（MAT）”及细菌内毒素标准物质等方面的学术交流。

▲ 2011年10月12日，英国政府化学分析实验室（LGC）德里克·克莱斯登（Derek Craston）博士、泰罗·卡雷（Tilo Karrer）先生一行4人访问中检院。

◀ 2011 年 10 月 12 日 ~ 14 日，2011 年全国中药材及饮片检验技术培训班在湖南省长沙市举办。

▲ 2011 年 10 月 13 日 ~ 14 日，2011 年全国口岸药检所工作会议在四川省成都市召开。

▲ 2011 年 10 月 18 日～25 日，中检院质量负责人丁丽霞一行对欧洲药品质量和健康管理局（EDQM）和英国政府化学分析实验室（LGC）进行工作访问。

▲ 2011 年 10 月 20 日，中检院团委举办第三届青年专业外语大赛决赛及颁奖仪式。

▲ 2011 年 10 月 24 日 ~28 日，中检院院长李云龙一行访问世界卫生组织（WHO）总部，就中检院申请成为 WHO 生物制品合作中心事宜向 WHO 总干事陈冯富珍作详细介绍。

▶ 2011年11月4日，世界卫生组织（WHO）专家Ivana Knezevic博士、雷殿良博士和Carmen Rodriguez博士对中检院申请WHO生物制品合作中心工作进行具体指导。

◀ 2011年11月7日~12日，白喉和破伤风类毒素疫苗以及白破疫苗为基础联合疫苗指导原则定稿会议在北京召开。

◀ 2011 年 11 月 9 日，中检院标准物质与标准化研究所成立并举行揭牌仪式。

▶ 2011 年 11 月 9 日，中检院与英国政府化学分析实验室（LGC）举行合作备忘录签署仪式。

▲ 2011年11月13日，中国药检学术期刊60华诞纪念暨2011年《药物分析杂志》编委（扩大）会议在浙江省绍兴市召开。

▲ 2011年11月15日~16日，第二届国际药品快速检测技术研讨会暨第三届中美药品分析技术与检测方法研讨会在杭州召开。

◀ 2011 年 11 月 18 日，中检院召开国际交流与合作工作会议。

▶ 2011 年 11 月 19 日，中检院生物制品检定所成立并举行揭牌仪式。

▲ 2011年11月19日，卫生部生物技术产品检定方法及其标准化重点实验室第二届学术委员会在中检院举行成立大会，全国人大常务委员会副委员长、中国工程院院士桑国卫出席会议并讲话。

▲ 2011 年 11 月 22 日，中检院与香港特别行政区卫生署签署“建立香港中药材标准的合作协议”。

◀ 2011 年 11 月 23 日～25 日，中检院在山西太原召开 2011 年国家医疗器械抽验质量分析报告总结会。

▲ 2011 年 11 月 26 日～27 日，中国合格评定国家认可委员会（CNAS）秘书处组织评审组对中检院进行食品检验机构资质认定、实验室资质认定（扩项）和实验室认可扩项的现场评审。

▲ 2011 年 11 月 28 日，中检院召开 2011 年国家药品评价抽验分析报告交流会。

▲ 2011年12月1日~12日，中检院副院长王云鹤一行对放射、电子医学与卫生信息技术行业欧洲协调委员会成员单位德国SIEMENS、瑞典RTI Electronics AB（RTI）、英国标准协会进行访问。

▲ 2011年12月5日~8日，加拿大卫生部疫苗评价中心（CVE）主任林赛·艾尔姆格伦博士（Lindsay Elmgren）和黎旭光教授（Sean Li）对中检院进行访问。

◀ 2011 年 12 月 7 日 ~ 11 日，中检院金少鸿研究员赴莫斯科参加俄罗斯联邦框架下的黑海经济合作组织举办的基于药品快检车采用快速检测技术进行药品质量控制的科学实践研讨会。

▲ 2011 年 12 月 12 日 ~ 13 日，中检院在北京召开 2011 年国家药品评价抽验质量分析报告现场评议会暨中检院食品药品技术监督所揭牌仪式。

▲ 2011 年 12 月 16 日，中检院化学药品检定所成立揭牌。

▲ 2011 年 12 月 19 日，中检院包装材料与药用辅料检定所成立揭牌。

▲ 2011 年 12 月 25 日 ~27 日，国家食品药品监督管理局医疗器械标准管理中心在深圳市召开 2011 年度全国医疗器械专业标准化技术委员会秘书长会议暨 2012 年度标准制修订项目立项会。

▲ 2011 年 12 月 27 日，中检院中药民族药检定所成立揭牌。

▲ 2011 年 12 月 28 日，中检院实验动物资源研究所成立揭牌。

◀ 2011 年 12 月 28 日，2012 年全国食品药品医疗器械检验工作电视电话会议在北京召开。

▲ 2011 年 12 月 29 日，中检院医疗器械检定所成立揭牌。

▲ 2011 年 12 月 30 日，中检院食品化妆品检定所成立揭牌。

目 录

特 载

第一部分 检验检测

第二部分　标准物质与标准化研究

第三部分 实验动物

第四部分 安全评价

第五部分 医疗器械标准管理

第六部分 质量管理

第七部分 科研管理

第八部分 系统指导

第九部分　国际交流与合作

第十部分 信息化建设

第十一部分 综合管理

第十二部分 党群工作

第十三部分 人事与教育

第十四部分 条件保障

第十五部分 大事记

第十六部分　附录

Contents

Feature Articles

Part One Testing and Examination

Part Two Reference Standard and Standardization Research

Part Three Experimental Animals

Part Six Quality Management

Part Seven Research Management

Part Eight System Instruction

Part Nine International Exchange and Cooperation

Part Ten Informationalization Construction

Part Eleven Comprehensive Management

Part Twelve Party Work

Part Fourteen Condition Assurance

Part Fifteen Memorabilia

Part Sixteen Appendix

领导讲话

国家食品药品监督管理局局长邵明立在2011年全国食品药品医疗器械检验工作会议上的讲话（节录）

下面，我讲三点意见。

一、充分肯定“十一五”时期检验工作取得的成绩

“十一五”时期，在党中央、国务院的高度重视和坚强领导下，我国食品药品监管事业得到长足发展，为确保公众饮食用药安全做出了突出贡献。作为食品药品监管的重要组成部分，药品、医疗器械检验检测工作的发展也充分体现和反映了监管事业的发展进步。五年来，各级检验机构深入贯彻落实科学发展观，大力践行科学监管理念，忠实履行“为国把关、为民尽责”的职责，发展步伐明显加快，技术能力明显增强，对监管工作的技术支撑作用越来越突出，成为食品药品监管工作中不可或缺的重要力量。

一是药品检验实力显著提高。“十一五”时期，是中央和地方政府对检验机构资金投入最多、基本建设覆盖面最广、检验综合实力提升幅度最大的时期。仅实验室新建、扩建就投入26亿多元，实验室总面积从“十五”末的18万平方米扩大到65万平方米。新增仪器设备投入近13亿元，仅中西部地区仪器设备项目，中央财政就投入近7亿元。检验机构人员结构更趋合理、素质大幅提高，45岁以下人员占63.3%，本科以上学历占64.6%，中高级专业技术人员比例达67%；累计6.7万多人次接受了省级以上技术培训。国家投入近2.9亿元用于信息化建设，是“十五”时期的12.5倍。检验能力明显提高，有63个实验室获得国家实验室认可，技术水平和管理能力逐步获得国际认可。中国食品药品检定研究院国家药物安全评价监测中心获得了具有广泛国际影响的国际实验动物评估和认可委员会（AAALAC）认证，以及美国病理学家学会（CAP）认证。特别是在前不久世界卫生组织（WHO）对我国疫苗监管体系的评估中，中国食品药品检定研究院承担的疫苗批签发和实验室管理两个关键项目取得了“双百”的好成绩。

二是医疗器械检测能力持续增强。“十一五”时期，仅中央财政对医疗器械检测基本建设的投入就达到4.8亿元。经国家食品药品监督管理局认可、具备检测资质的机构由“十五”末的28家增加到52家，人员由800多人增加到2000多人。目前，国家级医疗器械检测机构对归口产品的检测能力达到了95%，省级检验机构对市场常规产品的检验能力达到90%。与“十五”期间相比，医疗器械标准制修订经费投入从2000万元增加到2.2亿元，共计完成标准制修订571项。国家食品药品监督管理局医疗器械标准管理中心成立后发挥了积极作用。

此外，餐饮服务食品安全监测能力建设规划已报国家发改委。截至目前，全系统已有100多家机构取得了食品检测资质。

三是技术支撑作用得到充分发挥。“十一五”时期，全国各级检验机构共完成各类检验任务近200万批次。组织开展国家评价抽验，累计完成467个高风险品种30万批次的评价抽验任务。承担完成了大量监督抽验工作，在打假治劣、净化市场中发挥了关键性作用。全力开展基本药物全品种覆盖抽验。在齐二药、甲氨蝶呤、欣弗、肝素钠、双黄连注射液、人血白蛋白等药品突发事件应急检验中，发挥了重要作用。特别是在2009

年甲流防控工作中，中国食品药品检定研究院带领全系统发挥技术优势，开展应急攻关，为我国甲流疫苗在全球率先上市做出了突出贡献，受到国务院领导及卫生部、世界卫生组织的高度评价。出色完成了北京奥运会、建国60周年庆典、上海世博会、广州亚运会等重大活动和汶川特大地震等重大自然灾害的检验检测任务。很好地完成了2010版《中国药典》标准修订、起草和复核任务，为我国药品标准提高工作做出了重大贡献。

四是科研工作取得显著成绩。各级检验机构积极参与“药品安全科技行动”计划，共同打造药品安全评价技术平台。共承担国家科技重大专项、支撑计划等科研项目402项，科研经费3.4亿元，是“十五”时期的12倍。参加项目的人员达3000多人次，锻炼了队伍，培养了人才，初步形成了以中国食品药品检定研究院为核心，各省所、口岸所以及相关研究院所相配合的技术研究平台。共有78个项目获得省部级以上科技奖励，其中2项获国家科技进步二等奖。在应对禽流感、甲型H1N1流感等重大流行疾病和重大药品安全事件中，这些科研成果和技术储备发挥了不可替代的支撑作用。

五是对外交流与合作不断扩大。中国食品药品检定研究院和部分省级检验机构与世界卫生组织、美国、英国、德国、加拿大、日本等国际组织和国家的先进实验室开展了广泛合作。据统计，共派出培训和访问人员达到近1600人次，接待国外来访人员近1400人次。共举办、承办56次国际会议，参会人数近1.5万人次。积极参与国际标准、技术指南、指导原则的制定和标准物质国际协作标定，在生物制品、快速检验技术、组织工程、生物材料、中药技术等领域逐步形成了一定的技术优势。国际影响力和话语权正逐步增长。

六是中国食品药品检定研究院改革发展取得较大进展。“十一五”时期，是中国食品药品检定研究院发展较快、较好的时期，各项工作均有新突破。调整并基本形成了11大检验检测业务体系；仪器设备达到9000多台套，价值近3.6亿元，比“十五”时期翻了一番；培养集聚了一批国内外优秀的专业技术人才；科研创新能力显著提高，承担省部级以上科研项目153项，比“十五”期间增加5倍，获省部级以上奖励12项。实验室管理逐步向国际一流水平靠近。国家投资近11亿元的中国食品药品检定研究院迁建项目开始动工兴建。对全国药检机构的业务指导明显加强，通过搭建系统工作指导、层级交流、科研协作、信息化和文化建设等五大平台，全系统的凝聚力、战斗力和整体功能大大增强，合力打造“中国药检”新形象取得新进展。

除此之外，解放军和武警部队药品、医疗器械检验检测工作也为保障官兵、服务社会作出了应有的努力和贡献。

实践证明，检验检测队伍是我国食品药品监管工作中一支“日常监督离不了、关键时刻用得上、自始至终靠得住”的重要技术力量，是一支政治坚定、业务精良，扛得起重担、经得住考验的队伍！在此，我代表国家食品药品监督管理局党组向各级食品药品、医疗器械检验检测机构的广大干部职工，表示衷心感谢和亲切慰问！

二、科学分析“十二五”时期面临的形势

在我国食品药品监管中，行政监管和技术监督犹如“鸟之双翼、车之两轮”，缺一不可。检验检测是技术支撑的主体和基础，在确保公众饮食用药安全、促进食品医药产业健康发展中，具有不可替代的重要作用。“十二五”时期，是我国大力加强和发展食品药品监管事业的重要机遇期，深刻认识经济社会以及食品药品监管出现的新情况、新变化，深入分析检验检测面临的新形势和新任务，对于做好工作具有十分重要的意义。

（一）人民群众健康生活的新期待，对加强检验检测工作提出了更高的要求。党中央、国务院高度重视食品药品安全，强调“强化食品药品监管工作”、“用最严格的标准确保安全”。对各级政府而言，保障和改善民生，对食品药品安全负总责，就必须把食品药品监管摆上重要议事日程，拿出实实在在的措施加强监管。可以说，重视和加强食品药品监管工作已经成为全社会的共识。加强监管工作、解决突出问题、确保食品药品安全，离不开科学技术的作用，离不开检验检测强有力的技术支撑。“十二五”期间，加强食品药品监管工作必须始终加强技术支撑体系建设，加强检验检测体系建设，提高检验检测能力。

（二）深化医药卫生体制改革，对加强检验检测工作提出了更高要求。党的十七届五中全会和中央经济工作会议都对深化医药卫生体制改革、建立完善基本药物制度做出了部署，为强化食品药品监管提供了历史机遇。随着把基本医疗卫生制度作为公共产品向全民提供、基本药物逐步覆盖城乡居民，医药卫生需求总量将大幅上升，用药结构和药品供应渠道将发生重大变化，产业结构调整成为大势所趋。为加强基本药物质量监管，了解和掌握基本药物质量状况，科学评价基本药物安全风险，国家要求每年对纳入国家基本药物目录的品种进行全覆盖抽验，通过国家评价抽验和地方监督抽验，为加强基本药物质量监管提供科学依据。各级检验机构在这项工作中，既有责任，又有机遇。只要紧紧把握机遇，乘势而上，就完全可以在全面提升检验检测能力等方面大有作为，通过技术支撑手段为解决药品安全的深层次问题做出新的重大贡献。

（三）食品药品领域日趋激烈的竞争与融合，对加强检验检测工作提出了更高要求。食品医药经济是国民经济中增长最快、最为活跃的朝阳产业之一。在经济全球化深入发展，特别是在国际金融危机“倒逼机制”的直接推动下，健康食品、生物医药正成为各国争夺发展制高点的重要“竞技场”，相互围绕技术、标准、人才和市场开展激烈竞争。同时，随着科学技术不断创新，食品药品的技术含量越来越高，高科技造假问题也可能更加突出，加强监管、规范市场、确保产品质量与安全正成为各国共同面临的难题。检验检测技术创新面临巨大压力。各级检验机构将在确保产品质量与安全、为公众饮食用药把关、促进产业健康发展中，发挥越来越重要的作用。

三、努力推进“十二五”时期检验检测工作新发展

在刚刚结束的全国食品药品监管工作会上，国家食品药品监督管理局确立了“十二五”时期我国食品药品监管工作的主要目标，即：食品药品安全保障全面步入科学监管的轨道，整体接近国际先进水平，实现食品药品安全形势稳步好转和监管工作持续加强，为保障和改善民生、实现食品药品长治久安奠定具有决定性意义的基础。

希望各级检验机构深入贯彻落实全国食品药品监管工作会议精神，紧紧围绕确保公众饮食用药安全这个中心，服务监管大局，力争通过“十二五”时期的努力工作，建立健全适应监管需要的餐饮服务食品、保健食品、化妆品检验检测体系和医疗器械标准管理体系；日常检验检测能力接近或达到国际先进水平；中国食品药品检定研究院实验室管理达到国际一流水平；努力建成一支总量适宜、结构合理、素质优良、廉洁奉公的专业技术队伍。

在此，我提几点要求：

（一）坚定不移地践行科学监管理念。按照科学监管理念的要求，认真研究总结检验检测工作的内在规律，把确保公众饮食用药安全作为一切工作的出发点和落脚点，要以确保检验检测质量、安全和效率为重点，提高检验检测的科学性、独立性和公信力。树立责任意识，牢记服务公众健康、服从监管需要的职责；树立大局意识，增强“全国一盘棋”的观念；树立服务意识，提高服务监管、服务公众、服务社会的水平；树立廉政勤政意识，严格执行廉政从检的各项要求，培养良好的职业操守。

（二）坚定不移地加强能力建设。不断提高检验检测能力，始终是我们的核心任务。一要完善体制机制。科学设置各级检验机构。研究探索符合餐饮服务食品、保健食品、化妆品新职能特性的检验检测机制。着力形成系统资源优化配置、优势互补、运转高效的检验检测工作新格局。二要推动创新。紧跟科技创新步伐，着力检验检测科学研究，实现检验检测技术能力与生物医药科技创新同步发展。充分调动广大科技人员积极性，增强检验检测科研创新对监管工作的支撑力度。探索管理创新，增强检验检测的内生动力与内在活力。推动手段创新，全面推行质量管理体系（QMS）建设，在创新中努力实现效能的稳步提高。三要实现信息化。力争普及地市级药检所的局域网建设，建成覆盖全系统的信息管理网络，初步建成覆盖全系统的业务数据管理平台，实现中央、省、地市三级的药品质量数据共享与深层次的数据挖掘。用信息化推动规范化，构建综合管理型的“数字检验”。

（三）坚定不移地抓好人才队伍建设。着力创新人才工作机制，破除束缚人才发展的思想观念和制度障碍。要围绕检验检测能力建设，培育和造就一支专业化的人才队伍。建立完善人才选拔任用、培训开发体系和评价发现、激励分配、职业通道、合理流动等机制。加大人才培养力度，重点培养检验检测高层次国际化技术人才和紧缺专门人才。尤其是中国食品药品检定研究院，要力争集聚国内外最顶尖的检验检测人才。要树立人才投入优先的理念，加大检验检测人才深造、培训、奖励投入，为人才发展项目提供有力保障。

（四）坚定不移地走外向型发展道路。继续扩大检验检测技术对外合作与交流。开展各领域、多学科、分层次的技术交流，探索以项目为纽带的合作模式，充分利用全球技术资源提高自身技术力量。积极实施“走出去”战略，在交流推广的过程中完善提高，不断扩大优势技术领域。要积极实施技术标准国际化战略。积极参与相关国际标准制定，有意识地扩大各领域技术的话语权，争取成为越来越多技术标准的引领者。运用技术手段引导企业重视标准、提高标准、引领国际标准，以提高我国食品医药产业的国际竞争力。要努力实现实验室管理达到国际先进水平。有条件、有需要的实验室，特别是省级检验检测机构，要积极主动参与国际实验室能力验证和比对，实现检验结果国际互认，主动为我国监管工作应对国际挑战做好充分的技术准备。

（五）坚定不移地推进党风廉政建设。各级检验机构要充分认识加强党风廉政建设对于做好“十二五”时期各项工作的重大意义。坚持标本兼治、综合治理、惩防并举、注重预防的方针，结合检验检测工作实际落实好惩防体系建设各项任务，坚定不移地抓好“廉洁从检”各项工作。要加大宣传教育力度，使干部职工认清检验检测权力的公共属性。要建立健全检验检测权力监督制约机制，采取切实措施确保检验检测权力处于有效监督之下，打造“阳光检验”。要坚持“一岗双责”，把党风廉政建设各项举措落到实处，贯穿到检验检测工作的各个方面，切实解决隐蔽性、苗头性问题，防患未然，从源头上保障队伍安全。

这里我还要特别强调，“十二五”期间，中国食品药品检定研究院要进一步发挥龙头带动和引领作用，在各个方面做好全国检验检测系统的“排头兵”和“领头羊”，努力实现“国际一流，国内领先”的奋斗目标。进一步加大对各级检验机构的业务指导力度，进一步推进各级检验机构的创新能力建设和水平提升，进一步发挥检验检测机构整体功能，不断创新业务指导和管理的机制，进一步深入参与国际交流与合作，指导全国的检验检测机构共同塑造“中国药检”新形象，为食品药品监管事业增光添彩！

同志们，今年是中国共产党成立 90 周年，也是“十二五”开局之年，做好今年的食品药品医疗器械检验检测工作具有十分重要的意义。各级食品药品监管部门要更加重视检验检测工作，国家食品药品监督管理局机关各司室和相关直属单位要更加关心和支持检验检测工作的发展。希望检验检测系统的广大干部职工和科技工作者坚定信心，知难而进，开拓创新，团结协作，不断开创我国食品药品医疗器械检验检测工作的新局面，为全面提升我国食品药品安全保障水平、推动经济社会平稳较快发展作出新的更大贡献！（2011 年 1 月 19 日）

抓住机遇　锐意进取　在新起点上推进检验检定事业跨越发展

——党委书记、院长李云龙在中国食品药品检定研究院2010 年总结表彰大会上的讲话（节录）

这次会议的主要任务是：贯彻落实全国食品药品监管工作会议和全国食品药品医疗器械检验工作会议精神，回顾总结中国食品药品检定研究院“十一五”时期及2010 年的主要工作，表彰先进，明确“十二五”时期发展目标和重点任务，部署2011 年的重点工作。

下面，我讲三个问题。

一、“十一五”时期工作的回顾

“十一五”时期，是中国食品药品检定研究院历史上发展较好、较快的时期之一。在国家食品药品监督管理局的领导下，我们大力践行科学监管理念，忠实履行“为国把关、为民尽责”的职责，事业发展步伐明显加快，检验检测能力明显增强，没有发生大的检验检测质量安全事故，国际影响力和话语权不断攀升，广大干部职工和科技工作者精神面貌昂扬向上、干事创业的积极性空前高涨，对国家食品药品监管工作的技术支撑作用越来越突出，为确保公众饮食用药用械安全做出了应有的努力和贡献。

（一）推进职能整合优化，检验检测体系不断完善。“十一五”期间，为适应我国食品药品监管工作的需要，我们先后理顺、整合和调整了药理、标准物质、实验动物、标准化研究、体外诊断试剂、医疗器械遗传毒理，以及质量管理、市场监督、安全保卫、教育培训和新闻宣传等职能。新增了食品、保健食品、化妆品检验检测职能。建立并正在不断完善食品保健食品化妆品、中药民族药、化学药品、生物制品、医疗器械、标准物质、实验动物、药物安全评价、标准化研究、市场技术监督和医疗器械标准管理等 11 大业务体系，成为世界各国中相关职能比较全面、集中和权威的国家级检验检测机构之一。2010 年 3 月 30 日，经中编办批准，中国食品药品检定研究院加挂“国家食品药品监督管理局医疗器械标准管理中心”的牌子，标志着我国医疗器械标准管理工作翻开了新的一页。2010 年 9 月 25 日，经中编办批准，原中国药品生物制品检定所更名为中国食品药品检定研究院，同时保留中国药品检验总所的牌子，实现了“所变院”的目标。

（二）忠实履行法定职责，检验检定任务圆满完成。“十一五”期间，累计完成药品、医疗器械检验检测 5.6 万余批次，比“十五”期间增加了 61%。生物制品批签发实现全覆盖，检验批次比“十五”期间增加了 4.6 倍，签发各类检验检测报告近 5.7 万份。在生物制品、快速检验技术、安全评价、组织工程、生物材料、中药技术等领域逐步形成了一定的技术优势。全面加强标准物质管理，国家药品标准物质从 2006 年仅能提供 600 多种到 2010 年可提供 2676 种，增长了 3.4 倍；国家药典收载品种所需标准物质可提供 98%。标准化研究和标准管理工作取得新进展，承担并较好地完成了 2010 版《中国药典》145 个品种的标准提高工作，标准复核品种 280 多个，起草药典附录及注释等 93 项，英文版标准 140 余个。组织修订并发布医疗器械国家标准 182 项、行业标准 800 项。建立了药品标准电子目录数据库，现收集散行注册标准共 8170 个。药品快检技术研究取得国际前沿成果，国家投入已为全国配备了近 400 辆药品快速检测车，已建立了

1600余种快检方法，研发出第二代药品检测车，受到了WHO等国内外的广泛关注。较好地完成了基本药物抽验任务，组织并承担国家评价抽验为主体的市场技术监督工作得到新进展。

（三）不断增强应急检验能力，为确保安全做出突出贡献。在广东佰易、江西博雅免疫球蛋白、欣弗、甲氨蝶呤、肝素钠、刺五加注射液、人用狂犬疫苗、双黄连注射液等药品安全事件中，以及在重大活动和重大自然灾害中，全院在大局面前，快速响应，整体配合，协同努力，昼夜奋战，比较圆满地完成了各项应急检验检测任务，受到好评。在确保2010年对1.1亿儿童大规模接种麻疹疫苗的强化免疫疫苗质量安全和EV71疫苗质量控制技术等方面，做出了重要贡献。特别是在2009年甲型H1N1流感防控工作中，通过科技攻关在研发环节发挥关键作用，使国产疫苗在全球率先上市，为我国防控工作赢得了先机，获得了广泛赞誉。2009年11月，李克强副总理亲临中检所，对中国食品药品检定研究院在甲流防控工作中做出的努力给予了充分肯定。卫生部陈竺部长和国家食品药品监督管理局邵明立局长专程来院为获奖者颁奖。2010年7月，世界卫生组织总干事陈冯富珍博士访问中国食品药品检定研究院，高度赞扬了中国食品药品检定研究院为全球防控甲流做出的突出贡献。

（四）注重强化业务管理，质量保障体系有效运行。继2002年首次通过中国合格评定国家认可委员会的实验室认可后，2007年顺利通过复评审，2010年再次通过了CNAS和国家食品药品监督管理局组织的“三合一”评审，目前中国食品药品检定研究院的认可参数已达1002项，涉及药品、生物制品、实验动物、医疗器械、药品包装材料和保健食品等检验领域，并在积极准备食品、化妆品等检验领域的扩项。坚持以检验检测质量、安全和效率为重点，全面加强质量管理，独立设置了质量管理处，对全院质量管理体系运行工作统一协调；以程序文件和SOP为重点，修订完善了质量管理体系文件；以内审、检验效率督察和质量管理监督检查为重点，强调质量管理体系文件的落实和执行；以参加国内外实验室能力验证和国际协作标定为重点，检验和展示我院检验水平和管理能力。在2010年WHO对我国疫苗监督体系评估的7个板块中，中国食品药品检定研究院承担的批签发和实验室准入两大板块以两个满分通过，达到国际先进水平，为我国疫苗监督体系通过WHO认证做出了贡献。申请参加WHO组织的化学药品质控实验室的预认证，前期工作取得较大进展，在正式检查中也有望取得好成绩。安评中心顺利通过了AAALAC认证，接受了美国FDA检查，通过了美国病理学家学会（CAP）认证，标志着实验室达到世界顶尖标准，成为我国通过该认证中唯一从事药物临床前安全性评价研究的实验室。

（五）坚持人才保证发展的正确导向，为履行职能提供队伍保障。认真贯彻干部选拔任用《条例》，充实了4名院领导班子成员，选拔调整了139名中层领导干部。引进和公开招聘各类专业技术人员209名。人员结构得到进一步优化：截至2010年底，全院大学以上学历人员约占总人数的73%，比2005年高出21个百分点；硕士以上人员约占36%，比2005年高出14个百分点；博士以上人员约占12%，比2005年高出6个百分点。五年共培养硕士研究生77名，9名专家被聘为博士生导师。2008年6月，经国家人力资源和社会保障部批准设立了博士后科研工作站，目前已招收4名博士后人员。加大学习国际先进技术力度，5年共派出45名业务骨干赴国外先进实验室研修学习。设立药品和生物制品两个实训基地，共举办10期培训班，累计培训87人。委托清华大学举办了两期中层以上干部管理高级研修班。选派18名骨干到中央党校进修学习。与中国药科大学和沈阳药科大学联办的“全国药检系统硕士研究生课程进修班”共培养学员123名。发挥国内外高层次人才的学术带头作用，设立了以桑国卫院士为组长的专家组，聘任了5名首席专家。聘任4名国外专家担任客座研究员。

（六）坚持科研提升水平的正确导向，检验检测技术水平不断提升。“十一五”期间，出现了立项课题明显增多，科技成果明显增多，发表论著明显增多，关键技术突破明显增多的良好局面。累计承担国家科研课题153项，比“十五”时期增长6.12倍；科研经费2.37亿元，比“十五”时期增长了16倍，仅2010年经费就达1.4亿元；获得省部级及其他科研奖励30项，其中获得国家科技进步二等奖两项，省部级奖21项。在刚刚闭幕的全国科技工作会议上，中国食品药品检定研究院荣获“十一五”国家科技计划执行优秀团队奖。出版专著43部，发表论文1364篇，其中在国外刊物发表106篇。初步形成了以中国食品药品检定研究院为核心，各省所、口岸所及相关研究单位、高等院校相配合的技术研究平台。2009年开始实施培养青年人才、培育科研项目的“苗圃工程”，设立中青年发展研究基金，两年共支持48个课题，经费达360余万元。定期举办全院学术成果报告活动，每年举办百余次学术讲座；每年开展科研成果评比，举办全院青年外语大赛，努力形成浓厚的学术氛围。

（七）不断推进信息化建设，“数字药检”迈出新步伐。“十一五”期间，累计投资2000万元用于信息化建设。信息点数量从1100点到2000多点，翻了一番。服务器数量从最初的10余台到40余台，翻了两番。互联网接入从10M扩充到60M，实现了中国食品药品检定研究院与生物制品批签发所的VPN连接。五年间，管理软件从最初的综合管理系统，到协同办公、物资供应管理、标准物质管理、人事管理、考勤管理等业务和行政管理于一体的信息化管理平台。在系统内开发应用了进口药品入关检验报告书发布系统、药品检验所管理系统2008版、国家药品抽验管理系统、生物制品批签发管理系统、标准物质管理等管理软件。建成了包括中文外网、英文外网、内网和专网在内的网站管理平台。2010年组织实施投资近1.3亿元涉及全国药检系统350多个药检所的基本药物信息平台建设项目，借助此平台，中国食品药品检定研究院有望建成全国药品质量数据中心。

（八）坚持合作促进提高的正确导向，国际交流合作迈上新台阶。确立了走能力建设的外向型发展道路。与世界卫生组织、美国、英国、德国、加拿大、日本等国际组织和国家的先进实验室开展了广泛合作，先后与USP、PEI、CBR、NIBSC、EDQM等国外知名机构签署了合作备忘录，合作项目22项。作为WHO药品质量保证合作中心，中国食品药品检定研究院6次得到WHO总部的再确认，在WHO基本药物基础测试、药品标准物质建立及提供和其协作标定、国际药典各论修订、WHO药品技术指导原则制订及其标准修订和打击伪劣药品的国际合作、生物制品批签发及生物制品和疫苗安全性评价及质量管理等工作中发挥了重要作用，得到WHO总部的认可。2008年7月，开始为WHO总部的药品预认证部门承担部分药品抽验品种检验工作。积极参与国际标准、技术指南、指导原则的制定和标准物质国际协作标定，积极参与WHO国际药典标准起草工作，共完成7个品种国际药典英文版标准的起草与复核工作。承担全球基金项目中“加强国家药品质量检验体系”的建设任务。采取“走出去”和“请进来”相结合等多种方式加大国际交流合作力度，共派出培训和访问人员近700人次，共邀请20多个国家近千名专家来院进行学术交流；举办承办国际会议34次，培训6100多人次。通过深入的合作交流，不仅使中国食品药品检定研究院检验能力和水平得到了提高，同时在国际同行中的话语权、影响力和良好形象也得到了明显增强。

（九）坚持管理服务检验的正确导向，规范化管理工作有很大进步。突出抓了更新思想观念的工作，为适应食品药品监管需要提供思想保证。制定并颁布了《2008～2015年发展规划纲要》，确立了检验理念、发展目标、发展战略、发展思路和发展重点。坚持按制度办事、用制度管人的原则，相继制订或修订了《收入分配管理办法》、《考勤管理办法》、《干部值班值宿规定》和《仪器设备管理办法》等30多项规章制度，并及时进行了“回头看”，干部职工遵守纪律、按制度要求行动的意识和自觉性明显增强。建立了院学术委员会、标准物质委员会和仪器设备审核委员会等决策参谋工作机制。建立了以日常检查和年终考评相结合的综合考评制度。院容院貌、工作秩序和工作环境都有了较大改善。积极创造条件开办职工食堂。初次引进成本核算机制，节约型中国食品药品检定研究院的建设积极推进，财务管理得到加强。妥善解决了多起遗留的上访事件。成功举办了建所60周年的各项庆典活动。档案、老干部服务、杂志编辑等工作也取得了显著成绩。

（十）改造完善基础设施建设，条件保障能力得以提升。经过积极力争，迁建项目于2010年5月13日获得国家发改委正式批复，确定建设规模为100383平方米、概算总投资10.9亿元，东区于2010年9月26日先期开工。天坛现址实验室和办公条件有较大改善，克服各种困难，新增建筑面积达5000多平方米。仪器设备稳步增长，累计新购置设备近4800台套，价值超过1.88亿元，台数和资金均超过“十一五”以前的总和。2009年对固定资产进行了清理整治、全面核查，基本盘清了国有资产的总量，实现了全部固定资产和设备的条码管理，建立了清晰的资产账目。目前，中国食品药品检定研究院仪器设备达到9000多台（套），价值近3.6亿元，比“十五”期间翻了一番。投资近2000万元改造动物资源中心基础设施，新增建设符合国家标准的实验动物生产设施1800平方米，已经具备保种和批量生产供应20余种清洁级和SPF级常用实验动物的能力。

（十一）着力加强党的建设，政治保障更加切实有力。一是紧紧围绕中心开展各项工作，注重抓好党委、行政领导班子和党员干部理论学习提高。二是按照上级要求，精心组织开展党的各项重大活动。结合实际有效开展了保持共产党员先进性教育；紧紧围绕“践行科学监管理念、适应食品药品监管需要、确保检验质量和安全、树立中国药检新形象”的主题，开展学习实践科学发展观活动；积极开展构建学习型党组织活动。扎实推进创先争优活动，确立了“创先争优打头阵，科学检测当先锋”的活动主题，党员干部立足本职，自觉承诺，积极践诺，取得了阶段性成果。三是强化党的基层组织建设。坚持完善“党委领导下的院长负责制”，定期召开各级组织的民主生活会，按照“坚持标准，保证质量，改善结构，慎重发展”的原则，共发展57名新党员；积极做好党派工作，发挥职工代表参与管理的作用。四是加强文化建设并向全系统延伸。确立了理念文化、管理文化、环境文化、廉政文化和和谐文化，创作“中国药检之歌”，打造“中国药检”系统品牌的任务取得阶段性成果。五是党风廉政建设得到切实加强。认真贯彻落实上级有关精神，特别是2010年集中开展了廉洁从检教育，组织开展全员风险排查活动，落实防控措施；制定并有效实施了《廉洁从检若干规定》，设立综合服务平台，构建监督制约长效机制，努力打造“阳光检验”，使干部职工进一步澄清了模糊认识，达到了刻骨铭心的效果，进一步提高了广大干部职工和科技工作者防腐拒变的认识和能力。

（十二）业务指导明显加强，系统整体功能稳步上升。在国家食品药品监督管理局的重视和支持下，本着“强化自身，成长系统”的整体工作思路，进一步加强并完善了对全国系统的业务指导工作，并由全国药检系统扩展到全国医疗器械检测系统。积极探索和丰富业务指导内容及方式，紧紧围绕整体功能发挥和能力建设，搭建了系统工作指导、层级交流、科研协作、信息化和文化建设等五大平台。除定期召开全国系统工作会议和工作座谈会外，还举办了不同层次、不同领域和不同专业的研讨会和培训班，仅2008年到2010年就办班近百次。组织有关药检所对中西部地区253名技术人员进行了培训；积极争取并配合国家食品药品监督管理局人事司对360名全国地市药检所长进行国家级培训；派出专家为26个省市培训药品检测车技术人员837名。派出援藏干部1名，对口扶贫干部3名。协助国家食品药品监督管理局实施中西部地区药检所仪器设备配备项目，并对6个口岸药检所改造项目的实施情况进行监督检查。接收外来进修人员约500多人。努力构建全系统协同检验机制，倡导建立系统微生物检验重点实验室。组织全系统科研项目的合作研究；积极组织搭建国际合作交流平台；积极倡导系统文化建设，合力打造“中国药检”品牌。全国食品药品医疗器械检验检测系统的凝聚力、向心力和战斗力显著增强。

过去的5年，是中国食品药品检定研究院发展历史上极不平凡并取得较大成绩的5年，所积累的经验更是弥足珍贵：一是必须始终把服从监管需要、服务公众健康作为我们一切工作的出发点和落脚点。二是必须始终把更新观念和技术创新作为推动事业发展的先导。三是必须始终紧紧抓住检验检测能力建设这条主线不动摇。四是必须始终坚定不移地实施“人才兴检”和“科技强检”战略。五是必须始终强化业务、行政和党群管理。六是必须始终走能力提高和水平提升的外向型发展道路。七是必须始终切实加强以廉洁从检为着力点的队伍建设。八是必须始终带动和引领全系统整体功能的发挥和能力的增强。

同志们，“十一五”期间中国食品药品检定研究院取得的每一点成绩和进步，都是国家食品药品监督管理局正确领导的结果，都是广大干部职工和科技工作者辛勤劳动、不懈努力的结果。在此，我代表院党委及行政领导班子向为中国食品药品检定研究院发展奉献智慧和付出辛劳的全体员工表示衷心的感谢！

同时，我们更应该看到，我们事业发展和工作推进中还存在一些不容忽视的问题和不足。主要有：事业发展，特别是迁建项目与整体搬迁还面临很多矛盾和困难；各处室和各科室管理能力和技术水平发展还不平衡；一些基础管理，特别是以实验室管理为重点的业务管理总体上还很薄弱；有的同志事业心、责任感和执行力还不很强；廉洁从检仍面临很大挑战等等。但是，请同志们相信：发展必然会带来问题，发展中的问题必须通过，而且只能通过发展来解决。这样，中国食品药品检定研究院的未来将随着这些问题的解决一步步走得更稳、更好。

二、“十二五”时期的发展目标和重点任务

“十二五”时期，是中国食品药品检定研究院全面建设“国际一流、国内领先”检验检定机构的关键时期，是着力跨越发展、加快能力创新、打造和发展“中国药检”新形象的攻坚阶段。党和政府、社会各界及公众对食品、药品质量安全的高度关切和期望，食品药品安全面临的严峻形势和加强监管的更高要求，中国食品药品走向世界的新期待，国际先进检验检测技术发展日新月异的挑战，都对中国食品药品检定研究院“服从监管需要，服务公众健康”、全面履行好职能提出了新的更高的要求。因此，在“十一五”发展的基础上，更加全面、高质量、高水平地完成好“十二五”规划的各项任务，对于推进中国食品药品检定研究院检验检定事业新的跨越发展，为保障公众饮食用药用械安全做出新的更大的贡献，具有十分重要的意义。

（一）“十二五”时期整体发展目标

力争经过2011~2015年5年的努力奋斗，基本建成检验理念科学、基础设施完备、资源配置合理、体系运行有效、人才队伍精良、科技能力领先，适应国家监管需要的国家级食品药品医疗器械检验检定机构，总体上实现“国际一流、国内领先”的发展目标。

（二）“十二五”时期具体发展目标

1. 基本形成符合科学发展观和科学监管理念要求的科学检验理念。“中国药检”的国内外影响力显著增强。

2. 巩固和发展具有国际先进水平的生物制品检验检测技术和能力。

3. 中药、民族药检验检测技术和能力站在国际前沿位置。

4. 化学药品检验检测能力和水平进入国际先进行列。

5. 组织工程、生物材料和体外诊断试剂检验检测保持国内领先，增强国际影响力和话语权。

6. 餐饮食品、保健食品、化妆品检验检定能力和水平达到国内领先地位。

7. 标准物质标定和管理水平与国际先进接轨。

8. 基本形成完善的医疗器械标准管理体系。

9. 药品、医疗器械评价抽验机制更加科学、完善。

10. 药品快检快筛技术保持世界领先地位。

11. 药品标准化研究和管理达到国内外领先水平。

12. 完善国家实验动物资源和质量检测技术的研究与指导，丰富动物资源，提高检测技术。实验动物生产质量和管理达到国内领先水平。

13. 巩固和发展药物安全性评价国内一流水平，逐步进入国际先进行列。

14. 实验室综合管理水平达到国际一流水准。

15. 力争成长 1 ~ 2 名中国工程院院士。集聚和培养检验检测领域的顶尖人才 5 ~ 10 名。

（三）“十二五”时期三大重点任务

第一，进一步更新思想观念。一要着力强调思想的先导作用。要完成新时期的新任务，必须首先在科学发展观的指导下，大力践行科学监管理念，与时俱进地更新观念，为中国食品药品检定研究院事业和各项工作的科学发展奠定思想基础。二要确立科学的观念。一定要树立科学的职责观，从单纯完成检验任务向确保食品药品质量安全转变；一定要树立科学的检验观，从单纯强调自身发展需求向适应科学监管需要转变；一定要树立科学的人才观，从单纯重视人才的基础条件向创造人才成长环境和充分使用人才转变；一定要树立科学的业务观，从单纯技术、业务观点向业务和管理“两手抓、两手硬”转变；一定要树立科学的创新观，从固守传统技术向推动技术方法创新转变；一定要树立全面的安全观，确保检验安全、质量安全、队伍安全和单位安全。三要在不断更新思想观念的基础上，总结发展的经验和教训，提出并树立科学检验理念。从理论上和行动上回答科学检验理念的本质、核心、目标、基本要求和路径选择问题。

第二，进一步发展创新能力。一要认真查找和分析检验检测各领域的技术现状与差距，加快解决制约能力提升和水平提高的技术瓶颈，全面完善质量控制检测技术平台，完成一批关键技术的研究和储备。开展针对高新医药产品的前瞻性研究和技术储备工作。做到面对国内外新品种、新剂型和新标准，有能力、有技术、有方法开展检验检测工作；面对应急突发事件和大型活动，有能力、有措施、有手段保证公众饮食用药用械安全。二要确定发展技术能力的重点。食品、保健食品和化妆品领域，要构建适应监管需要的国家级检验检测中心，开展相应技术研究，提高监督检验和技术仲裁能力。中药民族药领域，要结合中药现代化进程，重点突破质量评价与控制的关键技术，建立并完善国际认同的中药民族药检验检测技术规范体系。化学药品要加强各种新剂型、新品种相关的新方法、新技术研究，重点完善注射剂等高风险产品安全检测技术体系。生物制品领域需进一步发挥学科优势，提高质量控制技术能力，促进相关制品质量标准达到国际先进水平。医疗器械领域，要不断完善质量标准体系，提高生物材料类医疗器械的检测技术水平，重点发展光机电检测能力，进一步整合诊断试剂检测资源，完善检测技术平台。加大力度，不断完善标准物质管理、食品药品市场技术监督、医疗器械标准管理、药品医疗器械安全评价和实验动物管理等体系。继续保持和发展在生物制品、快速检验技术、安全评价、组织工程、生物材料、中药技术等领域的技术优势，争创国际一流。三要搭建系统技术平台，发挥龙头示范作用，带动各级食品药品医疗器械检验检测机构，共同打造监管技术支撑平台。加强食品药品快检技术体系研究，加强质量标准和质控技术研究，加强国际国内标准物质协作标定，加强建立各类信息数据库，加强技术共享服务平台和网络建设，创新业务指导机制，提高全系统的整体工作水平。

第三，进一步完善基础保障。一要在进一步完善体制、创新机制上狠下功夫。要按照国家食品、药品及医疗器械“十二五”规划要求，重新修订并发布《中国食品药品检定研究院发展规划纲要》。建立并不断完善院所（中心）体制，全面实行院所（中心）二级管理新机制。在竞争性领域适时引进市场机制。结合事业单位人事制度改革，建立健全岗位设置和管理制度，优化人才和人员结构，实现机构配置和人事管理的科学化、规范化和制度化。二要紧紧把握大方向，不断向既定目标迈进。要始终弘扬“一切为了人民生命安全”的检验精神；坚持“为国把关，为民尽责”的检验理念，履行“服从监管需要，服务公众健康”的工作宗旨。坚定不移、一以贯之地实施“一条主线，五个支撑”的发展战略，一以贯之地坚持“人才为本，体系发展，科学管理，赶超先进”的发展思路，坚持不懈地抓好检验检测质量、安全和效率这个工作重点，不断推动检验检定事业实现新的历史性跨越。三要切实加强基础设施建设和基础管理。要按照“国际一流”的标准完成大兴新址建设，力争2014年上半年前实现整体搬迁。推动新院后勤保障服务体系创新，改进运行模式。结合搬迁工作，强化和创新仪器设备配备和管理，争创一流。要加强和不断完善以责任为主导的制度建设，建立责任分解、考核和追究等环节的工作机制，建立健全各类激励机制，调整和优化分配制度。进一步推进药检文化建设，适时制定“中国药检”品牌发展战略规划，探索建立全院乃至全系统参与的文化建设工作新机制。四要确保安全稳定，实现健康发展。没有安全稳定就没有一切。要设定专门职能，加强相关法律法规研究，不断提高全院依法检验、依法管理和依法办事的意识、能力和水平。要确保检验检测质量安全、技术安全和实验安全。要建立并不断完善安全风险防范机制，健全并严格执行制度，落实安全责任。强化监督检查，确保生物危险品和特殊药品安全。加强防火防盗和防事故工作，进一步加强信访工作。特别是要进一步加大廉洁自律和廉洁从检工作力度，确保队伍安全及广大干部职工和科技工作者的人身安全。

三、2011年的重点工作

2011年是“十二五”开局之年，也是我们“所变院”的第一年，全面做好今年的工作意义很大。今年工作总的指导思想是：深入贯彻落实科学发展观，自觉服从、服务于全国食品药品监管工作大局，全面履行检验检定职能，以践行科学监管理念为主题，以提高检验检测能力和水平为主线，以不断推进技术创新为动力，以加强实验室全面管理为重点，以提升队伍整体素质为保证，着力实施“人才兴检”和“科技强检”战略，更好、更全面地发挥技术支撑、技术保障和技术服务作用，努力实现食品药品医疗器械检验检定事业新的跨越，为实现“十二五”发展规划目标迈出坚实的第一步！

为此，要突出做好以下五项重点工作：

（一）以完善体制机制为重点，进一步加强创新能力建设。要坚定不移地紧紧抓住能力建设，特别是创新能力建设这条主线不动摇。一是要以“所变院”后报请国家食品药品监督管理局批准新“三定方案”为契机，理顺、明确、强化职能和工作关系，努力做到科学、合理、高效。调整并重新聘用各所及中心领导班子。积极探索院所（中心）实行二级管理体制的试点，充分调动各检定所和各中心的积极性、主动性和创造性，使院所（中心）结构的体制充满创新活力。二是要着力加强食品、保健食品、化妆品和医疗器械检验检测能力建设。充分利用建立晚的后发优势，按照“高起点，强基础”的要求，力争尽快启动并完成食化实验室的认证认可工作。按照“强能力，当排头”的要求，继续提高生物材料、组织工程产品和体外诊断试剂，特别是光机电检验检测能力和水平，努力实现检验检测的同时向技术仲裁或组织技术仲裁转变。完善符合国际规范的 GLP 管理体系和药物安全评价体系。完善国家实验动物资源和质量检测技术的研究与指导。三是要继续完善国家评价抽验管理机制，从按质量标准检验逐步向全面考察药品质量转变，不断提高监督抽验对监管工作的支撑能力。四是要以建立国家基本药物质量信息平台为契机，努力实现全国检验检测系统互联互通、资源共享，为实现国际一流的发展目标提供全面、可靠的信息技术保证。五是要建立并不断完善国际合作促进能力提高的长效机制。大力发展以技术攻关和人才培养为主体的合作交流机制，力争在科研课题合作研究、建立联合实验室、互派专家访问进修和把国际顶尖专家请进来讲学等方面有所突破。六是积极创新系统业务指导机制。继续完善系统工作指导、层级交流、科研协作、信息化和文化建设等五大平台，鼓励各地建立区域性协作机制，制定并下发检验检测实验室管理规范。

（二）以集聚和培养顶尖人才为重点，进一步加强检验检测队伍建设。要坚定不移地实施“人才兴检”战略。一是要切实注重人才的培养和开发。尤其要切实更新、优化各级领导干部和科室主任的人才观。抓好优化人才发展环境和充分发挥人才作用这两个重要环节，推动检验检测人力资源可持续发展，实现人才资源向“人才资本”的转变。着力培养和造就现有人才，特别是中青年骨干人才。二是要根据学科建设的需要和检验检测科室发展的需要，进一步加大高端人才的引进力度。尤其是要以较高的待遇、特殊的政策招揽全球顶尖人才，充实科室（中心）主任级位置。要调整和优化研究生培养机制。三是要采取更加有效的措施成长和发展人才。在继续发挥好中青年发展研究基金作用的同时，探索建立学科带头人发展基金。继续采取“送出去”和“请进来”等高端培训，参与国际学术交流、博士后工作站、在职学习深造、组织科研成果评选、学术成果交流评选等有效方式，加速培养和造就一大批业务及管理骨干和拔尖人才。四是要着力培养一大批德才兼备的检验检测能手和专业外语能人。检验能手和专业外语能人也是人才，是培养和造就顶尖人才的重要基础保证。今年要加大检验人员的基本操作以及基本技能的演练和比赛，造就和选拔一批专项检验技术能手。要进一步加大培训力度，建立并不断完善院、体系、处室三级培训机制。院级培训重点是国际性、综合性、高层次的培训；体系培训重点是跨学科培训，强调比较深入的学术和技术交流，主要面向院内各部门，也可以向系统开放；处室，特别是业务科室的培训，应当强调因时制宜，灵活多样，形成制度。继续抓紧抓好到生产企业实训工作；大力倡导和鼓励创办跨科室、跨领域的学术研究小组和技术沙龙。

（三）以提升实验室管理水平为重点，进一步提高全面管理能力。继续坚持管理服务检验的理念。一是要紧紧围绕优化和完善质量保证体系建设为核心加强实验室全面管理。实验室管理能力和水平是实现“国际一流、国内领先”的重要载体、主要标志，是加强业务管理重中之重的任务。要坚定不移地贯彻“科学、独立、公正、权威”的质量方针，使实验室质量管理体系与国际先进接轨；召开加强实验室全面管理研讨会；以刚刚通过的WHO疫苗评估和即将接受化学药品预认证为契机和标准，达到所有的检验检测实验室都进入国际先进水平的行列。二是要强化以明确责任为核心的检验检测时限管理、流程管理和综合咨询服务平台建设。尤其要通过建立时限管理、绿色通道机制和提高自动化水平等措施，提高检验检测效率。切实加强以准确可靠为核心的实验用仪器设备状态管理。开展实验室岗位资格认证试点。树立全面的安全观，确保质量安全、技术安全、实验安全和人身安全，巩固和不断扩大检验检测的权威性和公信力。三是要着力提高全员执行力、工作效率和科学化管理水平。不断调整、完善和优化综合考评机制。继续实行严格的问题管理，重点是强化各单位和各处室主要负责人的责任。完善和加强督办检查工作，在建立和完善各项规章制度的基础上，重点抓好严格执行纪律、按制度办事的工作。夯实基础管理措施，积极推进行政后勤管理体制和服务机制的创新。切实强化对各级管理人员的培训，努力改善服务观念和服务态度。四是迁建项目西区按期开工，为建设“国际一流”的中国食品药品检定研究院而不懈努力。

（四）以推进技术创新为重点，进一步加强科研管理工作。继续实施“科技强检”战略。一是要坚定不移地推进科研提升水平的工作。总的要求是科研工作既要出成果，也要成长人才，从而带动全院浓厚学术和研究风气的形成。二是要把前瞻性领域研究、关键技术方法研究、标准和标准物质研究、合作协同研究有机地结合起来，高质量、高标准地完成WHO等国际组织和有关国家委托或参与的国际标准、技术规则及国际标准物质的协作标定任务，不断增强国际影响力和话语权。要确保完成2010年和2011年确立的229项医疗器械标准制修订任务，全力加强医疗器械标准数据库和信息系统建设，力争建立适合我国国情的医疗器械标准体系框架。三是要着力提升中国快检技术研究和应用水平，保持我国在快速检验领域处于国际领先地位。有效整合全国快检快筛技术资源，加快快检技术国际化步伐，推动快检技术为加强市场监管、服务公众健康做出新的更大的贡献。四是要进一步完善科研管理机制。建立并不断完善科研验收、评估和奖惩机制；以科研项目为纽带，整合好系统内外优势资源；强化科研经费管理和科研时限管理。

（五）以深入开展创先争优为重点，进一步全面加强党的建设。继续紧紧围绕“创先争优打头阵，科学检测当先锋”这一主题深化创先争优工作，把创建先进基层党组织、争做优秀共产党员的各项工作继续抓好。要突出抓好三个重点：一是切实加强院级领导班子思想、作风和能力建设。二是全体党员干部紧紧围绕检验检测中心工作承诺、践诺。三是要以党员示范岗为载体，推进文明服务窗口建设。充分发挥党员干部干事创业的热情和积极性，把创先争优活动与今年的各项工作有效结合起来，使创先争优活动成为推动各项工作取得新成效的重要抓手。要积极稳妥推进院党委、纪委换届工作。要着力推进文化建设，进一步丰富干部职工的业余文化生活，营造积极向上、健康活泼的工作环境和氛围。

这里我要特别强调的是：今年要继续以落实廉洁从检各项措施为重点，进一步加强党风廉政建设，确保队伍安全，不出问题。加强党风廉政建设是确保事业健康发展、工作人员幸福安康的大事，对此，全院干部职工务必保持清醒头脑和正确的认识。各单位和各部门都要按照去年确定的风险等级，落实好风险防控措施，必须一抓到底，落到实处。要强调各级领导干部带头，一定要严格贯彻执行《廉洁从检若干规定》，认真落实党风廉政建设责任制，全面承担起确保队伍安全的政治责任。纪委监察部门要进一步发挥职能作用，切实抓好党风廉政建设的督导、检查、考核和查处工作，尤其要加大对迁建等建设及维修项目和节假日廉洁自律的监督，加大内部审计监督力度，为事业安全发展和各项工作顺利进行保驾护航。

同志们，时代在进步，事业在前进，中国食品药品检定研究院的发展又站在了一个新的起点上。让我们深入贯彻落实科学发展观，大力践行科学监管理念，在国家食品药品监督管理局的坚强领导下，全院上下团结一心，励精图治，锐意进取，大胆创新，扎实工作，进一步开创食品药品医疗器械检验检定工作新局面，为保障公众饮食用药用械安全、支撑食品药品科学监管、促进食品医药产业科学发展做出新的更大贡献！(2011 年 2 月 21 日)

中国食品药品检定研究院党委书记、院长李云龙在“党旗颂”主题歌会暨“两优一先”表彰大会上的讲话（节录）

中国共产党走过了 90 年的光辉历程。90 年来，我们党团结带领全国各族人民，以一往无前的精神气概，战胜了一个又一个艰难险阻，谱写了一曲曲自强不息、顽强拼搏的壮丽篇章，开辟了中国特色社会主义的光辉道路，带领中华民族走上了伟大的复兴之路。在党的正确领导下，我国的综合国力，人民群众的生活水平都得到了极大提高，党领导的中国特色社会主义伟大事业取得了举世瞩目的成就。实践一次又一次证明，没有共产党就没有新中国，没有共产党就没有中国的繁荣富强，没有共产党就没有人民群众的美好生活。今天，是我们党的 90 岁生日，作为一名普通党员，我们感到无比光荣、无比骄傲、无比自豪！我提议，在场的全体同志以热烈的掌声庆祝我们党的 90 岁生日！

同志们，在党中央、国务院的正确领导下，在国家食品药品监督管理局党组的坚强领导下，我国食品药品监管事业取得了巨大成绩，为保障公众饮食用药安全做出了突出贡献。60 年来，在历届党委的团结带领下，全院干部职工艰苦奋斗、勇于拼搏、大胆创新，以科学严谨的工作服务监管大局，检验检测事业取得了十分显著的成绩。特别是 2007 年以来，按照国家食品药品监督管理局党组提出的“国内领先、国际一流”的发展目标，我们深刻分析食品药品检验检测工作的形势和任务，提出了“一条主线、五个支撑”的发展战略，着力推进检验检测能力建设，积极推进体系调整，不断加强基础管理，着力加强人才队伍建设，努力提高实验室管理能力和水平，院容院貌焕然一新，检验能力显著提升，各项工作取得了有目共睹的成绩，在抗震救灾、北京奥运会、甲型 H1N1 流感疫情等重大事件中经受了考验，受到了国家食品药品监督管理局党组的充分肯定，获得了社会各界的广泛好评。

中国食品药品检定研究院改革发展取得的成绩，正是党领导的中国特色社会主义事业的伟大成就在食品药品监管领域的生动写照。这些成绩再一次表明，我们的事业要发展，检验检测事业要前进，任何时候都离不开党的坚强领导，任何时候都离不开各级党组织的战斗堡垒作用，任何时候都离不开每一名党员的先锋模范作用，任何时候都离不开全体干部职工的共同奋斗。在此，我代表院党委向为中国食品药品检定研究院改革发展做出突出贡献的历届党委领导、老党员和奋战在检验检测一线的党员干部职工致以崇高的敬意！向今天获得表彰的先进党支部、优秀共产党员和优秀党务工作者表示热烈的祝贺！

雄关漫道真如铁，而今迈步从头越。面对新形势新任务，面对难得的发展机遇，我们信心百倍，充满力量。让我们在院党委的领导下，深入贯彻落实科学发展观，大力践行科学监管理念，按照既定的发展战略、发展思路和工作重点，团结一心，协同努力，奋力拼搏，开拓创新，为实现“国内领先、国际一流”的发展目标，为保障公众饮食用药安全而继续努力奋斗！(2011 年 7 月 1 日)

加强食品药品检验检测能力建设的思考

——院长李云龙在国家食品药品监督管理局中期会议上的讲话（节录）

为了实现国家食品药品监督管理局党组提出的建设“国际一流、国内领先”检验检定机构的目标，我们制定实施了“一条主线、五个支撑”的发展战略，即：以加强检验检测能力建设为主线，人才保证发展，管理服务检验，科研提升水平，文化创造环境，合作促进提高。

一、以加强能力建设为主线，更好地适应食品药品监管需要

一是履行法定职责必须加强能力建设。确立了检验检测工作必须自觉“服从监管需要、服务公众健康”的宗旨。实践这一宗旨，一要靠基础建设，二要靠队伍建设，三要靠能力建设。其中，能力建设是核心。能力不仅包括国家级检验机构的能力，也包括全系统的能力，更包括我国检验检测技术水平与国际先进接轨的能力。

二是具备了加强能力建设的职能基础。2010年9月，原中国药品生物制品检定所更名为中国食品药品检定研究院，同时保留中国药品检验总所的名称，加挂国家食品药品监督管理局医疗器械标准管理中心的牌子。目前，已建成了食品、药品、医疗器械等十一大业务体系。与其他国家相比，我们也是相关职能比较全面、集中和权威的国家级检验检定机构之一。

三是奠定了加强能力建设的工作基础。经过六十多年的发展，特别是“十一五”时期，我们大力践行科学监管理念，检验事业发展步伐明显加快。检验检测能力不断增强，实验室管理逐步与国际一流水平接轨。仪器设备、信息化等基础设施保障能力有较大提高。迁建项目已动工建设。干部职工干事创业的积极性空前高涨。对全国检验检测机构的业务指导明显增强。国际影响力和话语权不断攀升。

二、以人才保证发展为支撑，不断提升检验队伍素质

一是明确人才发展指导思想。坚持“人才兴检”战略，坚持人才优先发展，按照培养和造就世界级科学家、高层次领军人才、创新型中青年科技人才、高能力管理者和高水平检验检测能手的目标，不断完善尊重、培养、吸引和用好人才的政策，努力营造人才发展的良好环境。

二是着力高层次人才集聚。设立了专家组，聘任了5名首席专家；设立了终身成就奖；还聘任了4名国外专家任客座研究员。近三年，公开招聘和引进各类专业技术人员近130名。其中，从国外引进11名。今年，面向全球特招室主任4名，其中外籍专家两名。博士后工作站已有4名博士后进驻。

三是强化针对性业务培训。“十一五”期间，派出45名业务骨干赴国外先进实验室研修；培养硕士研究生77名。每年组织国际学术和技术交流活动，邀请国内外专家学者讲学达100多次。每年组织一次专业外语大奖赛。建立了两个人才实训基地，累计培训100多名一线检验人员。

四是带动系统检验人员提高能力。定期或不定期举办不同层次、不同专业领域的研讨班和培训班，仅2008至2010年就组织了近100次。组织有关药检所对西藏，新疆等中西部地区253名技术人员进行了培训。配合国家食品药品监督管理局对全国360名地市所长分4期进行培训。“十一五”期间，先后接受500多名系统技术骨干来院进修学习。

三、以管理服务检验为支撑，不断提高科学管理水平

一是明确管理的科学定位。作为国家监管的技术支撑单位，必须立足于服务检验检测这一中心任务加强管理。为此，确立了评价管理工作成效的标准：即主要看检验检测水平是否提高，检验检测保障是否有效，服务质量是否满意，资源节约是否实现，人的能动性是否充分发挥。

二是全面提升科学化、程序化和规范化管理水平。建立了行政管理、业务管理和党群管理三位一体的综合管理体系；建成了覆盖全院的网络体系和综合管理系统计算机平台；强化以质量保障体系为核心的符合国际标准的实验室建设与管理，不断修订并完善《质量手册》、程序文件和检验检测流程管理；不断提高应急检验管理能力。

三是加强基础管理。坚持用制度管人、按制度办事、促制度落实的原则。出台并不断完善30多项规章制度。制定并颁布中国食品药品检定研究院《发展规划纲要》。建立了技术决策参谋机制。引进成本核算办法抓节约型中国食品药品检定研究院建设。建立了以日常检查和年终考评相结合的综合考核评价体系。

四是加强以质量保证体系为核心的实验室管理体系建设。在2010年世界卫生组织对中国疫苗监管体系评估的7个板块中，承担的批签发和实验室管理两大板块以两个满分通过。安评中心通过了美国病理学家学会（CAP）认证，成为我国通过该认证中唯一从事药物临床前安全性评价研究的实验室。今年底将接受世界卫生组织化学药品实验室预认证，力争取得满意结果。

四、以科研提升水平为支撑，不断提高技术创新能力

一是确立依靠科研提升能力和水平的主导思想。按照“突破关键技术、掌握核心技术、研究前沿技术”的目标，构建“检验依托科研，科研提升检验”的良性运行机制，加快与国际先进水平接轨的步伐。重点推进机制创新，改进科研成果评价和奖励制度。同时形成以科研为导向、以课题协作为纽带、以信息沟通为平台、以共同发展为目标的全国系统协作研究新机制。

二是调动科研人员自主创新积极性。制定《科研工作管理办法》，加大科研激励力度。目前，在生物制品、安全评价、组织工程、生物材料、中药技术等领域逐步形成了一定的技术优势。甲流疫苗质量控制关键技术在国际上取得重大突破。药品快检技术研究取得国际前沿成果，受到了世界卫生组织等的广泛关注，美国FDA派专家专门来中国食品药品检定研究院学习。

三是以国家重大课题带动系统合力攻关。承担“重大新药创制”重大专项等科技任务61项。参加各类科研课题160多项。带动全国20多个药检所及相关科研单位和大专院校共同开展研究。

四是加大人才和技术储备力度。设立院中青年发展研究基金和学科带头人发展研究基金，开展前沿性、超前性技术和方法的研究。定期举办学术报告会。每年组织开展学术论文交流评奖和科研成果评奖活动。

五、以文化创造环境为支撑，不断增强凝聚力和向心力

一是充分认识文化建设重要性。先进的文化能够陶冶人性、凝聚力量、形成合力，创造出推动人和事业全面发展的好环境。因此，创建先进文化、营造良好环境是能力建设的重要组成部分，必须适时摆在事业发展的重要位置。

二是全面丰富药检文化内容。创建理念文化、管理文化、环境文化、廉政文化、和谐文化。创作《中国药检之歌》，设计系统标识。通过践行共同的理想和信念，提升人生和工作的追求境界，强化行为监督和自律，在事业的发展中找到归属感和成就感。

三是合力打造“中国药检”品牌。“中国药检”文化已经成为中国食品药品检定研究院及各级检验检测机构的重要软实力之一。准备适时制定“中国药检”品牌发展战略规划，探索确立科学检验精神，建立广大干部职工共同参与的文化建设机制。

六、以合作促进提高为支撑，加快能力水平提升步伐

一是高度重视合作交流工作。以全球视野推进技术创新能力建设，不断增强和扩大“中国药

检”国内外话语权和影响力。积极参与国际能力验证和实验室比对；争取国际权威机构实验室认可；建立合作实验室；互派访问学者；培养和造就一批在国内外相关技术领域发挥主导作用、引领发展方向的科学家或学科领军人物。

二是对外合作交流已具有较好基础。与20多个国际组织、国家和地区的相关机构开展了多渠道、多领域、深层次的合作交流果。作为世界卫生组织药品质量保证合作中心，6次得到世界卫生组织总部的再确认。“十一五”期间，共派出和接待访问人员近700多人次，共邀请20多个国家近千名专家到我国进行学术交流和研讨。

三是积极发挥对内合作的“龙头”引领作用。始终坚持“强化自身、成长系统”的总体思路，不断加强和完善对全国系统的业务指导，搭建并不断完善系统工作、技术交流、科研协作、信息化和文化建设五大平台，带领全国食品、药品、医疗器械检验检测系统，为整体提升能力和水平而共同不懈努力！（2011年7月6日）

确立科学检验精神 引领食品药品检验事业科学发展

——院长李云龙2012年全国食品药品医疗器械检验电视电话工作会议讲话

同志们：

2012年全国食品药品医疗器械检验工作总的指导思想是：深入贯彻科学发展观，认真落实全国食品药品监督管理工作会议精神，在科学监管理念指导下，以确立科学检验精神为主题，以提高检验能力为主线，以推进技术创新为动力，以强化实验室规范化管理为重点，以提升队伍整体素质为保证，进一步统一思想，凝聚力量，真抓实干，以科学检验精神引领和推动全国食品药品检验事业科学发展。

关于明年全系统工作的安排，请各地按照国家食品药品监督管理局和边振甲副局长的要求以及地方食品药品监管局的具体部署，并结合各自工作实际认真抓好落实。下面我仅就确立和实践“为民、求是、严谨、创新”的科学检验精神这一主题，讲三个问题，与大家共同讨论。

一、为什么要确立科学检验精神

在药品医疗器械及食品化妆品检验实践中，适时总结和提出充分体现与时俱进时代特征的科学检验精神，是立足于用共同的精神追求引领全系统前进方向，凝聚奋斗力量的“顶层设计”，是着眼于我国食品药品检验事业科学发展和长远发展的战略选择。

（一）确立科学检验精神，是中国药检人优秀品质的历史传承。在我国监管体制下设置的食品药品检验机构，经历了几十年的发展变化，在各个不同的历史时期，始终不渝地忠实履行着药品医疗器械及食品化妆品的质量技术监督和安全把关的神圣职责。特别是改革开放30多年来，各级检验机构利用人才和技术优势，充分发挥监管的技术支撑、技术保证和技术服务作用，为不断提高我国食品药品监管水平、公众饮食用药用械安全保障水平和食品医药产业发展水平付出了辛勤努力，做出了应有贡献。在长期的检验实践中，一代代中国药检人艰苦奋斗，爱岗敬业，无私奉献，认真负责，严谨求学，勇于创新，逐渐形成、沉淀和凝结了许多极其宝贵的精神财富。这些优良传统、优秀品质和良好作风需要我们继续传承下去，在不断总结完善的基础上赋予它时代的特征并将其发扬光大。确立科学检验精神就是对食品药品检验系统优秀传统与现代核心价值理念的总结、提炼和升华，进而继续引领和激励全国食品药品检验战线广大干部职工和科技工作者阔步向前。

（二）确立科学检验精神，是大力践行科学监管理念的现实需要。国家食品药品监督管理局提出的科学监管理念，是中国食品药品监管实践和理论的创新。作为食品药品监管技术支撑的检验机构，为适应监管需要，适时确立科学检验精神，与科学监管理念一脉相承，既是科学监管理念的有机组成部分，更是对科学监管理念的丰富和发展，是我国食品药品检验事业沿着科学化轨道健康发展的重要思想保障。科学检验精神要从根本上回答和解决“为谁检验”和“怎样检验”等许多重要问题。它将始终贯穿于全国食品药品检验工作的全过程。它是凝聚、统一全国药品、医疗器械、保健食品、化妆品及餐饮食品等不同检验领域广大科技工作者行动、力量和创造力的源泉。科学检验精神的确立、实践和发扬光大，必将在全国食品药品检验系统建设与发展中发挥重要的指导和推动作用。

（三）确立科学检验精神，是加强系统文化建设的内在要求。党的十七届六中全会发出了进一步兴起社会主义文化建设新高潮的动员令，提出了努力建设社会主义文化强国的奋斗目标。“十一五”期间，中国食品药品检定研究院在全国食品药品检验系统积极倡导以理念文化、管理文化、环境文化、廉政文化、和谐文化为主要内容的“中国药检”文化建设，并取得了积极成效，积累了成功经验。“中国药检”文化已经成为中国食品药品检定研究院及全国系统重要的软实力之一。“中国药检”文化所追求的就是一种内在的向心力，一种共同的价值观和行为准则。它所贯穿和体现的核心就是科学检验精神。因此，确立科学检验精神就是贯彻落实十七届六中全会精神的实际行动，是食品药品检验系统形成共同核心价值观的积极探索，是进一步加强“中国药检”文化建设、合力打造“中国药检”品牌、树立“中国药检”国内外新形象的实际步骤。

二、科学检验精神的实质与内涵

科学检验精神是指在检验活动中以科学为准则所形成的共同信念、价值标准和行为规范的总称。它是从事食品药品医疗器械检验的机构及其科技工作者在长期的履职实践活动中所形成的行业文化，是科学精神的一种表现形式。

（一）“为民”是科学检验的宗旨。科学检验精神的核心是“为民检验”。这必须成为食品药品检验队伍及其工作者根本的思维方式和价值取向。确保饮食用药用械安全是人民群众最直接、最现实的利益诉求，是一项重大的民生问题。作为监管的技术支撑机构，其核心使命：一是要对药品、医疗器械及食品化妆品的质量安全把关，二是要为加速药物、医疗器械研发进程做贡献，从而为保证公众饮食用药用械安全提供科学技术保证。

为民检验要求我们必须把“服从监管需要、服务公众健康”作为工作宗旨，自觉地把监管需要作为第一信号、第一选择。坚持“为国把关、为民尽责”的检验理念，以保证药品、医疗器械的安全、有效、质量可控及食品化妆品安全为目标，以不断加强技术能力建设为重点，以强化队伍整体素质提升为保证，不断创新检验体制机制，以适应食品药品监管工作的需要，为满足人民群众的健康需求做出应有的努力和贡献。

为民检验要求我们必须坚持依法从检、公正检验的原则。牢固树立法治观念，严格遵守相关的法律法规、技术和管理规范，不断提高各级食品药品检验机构的法治化水平。必须始终坚持“科学、独立、公正、权威”的质量方针，在科学性的前提下，保持检验工作的独立性和权威性。同时，还要确保检验的公正，取信于民，不断巩固和提升我国食品药品医疗器械检验的公信力。

为民检验要求我们必须坚持文明服务。食品药品检验机构从属于专业服务部门，加强精神文明建设和服务文明建设至关重要。要树立强烈的为民服务意识。不断提高检验队伍的思想道德素质和科学文化素质，大力倡导检验的职业操守，恪守高度负责、严谨认真、诚实守信的职业道德。不断提高全员服务监管、服务公众、服务社会的能力和水平，巩固和树立食品药品检验窗口服务部门的良好形象。

为民检验要求我们必须坚持“全国一盘棋”

思想。强调系统思维和整体观念，进一步增强全国食品药品检验系统发展的整体性、一致性和协调性。推动体制机制创新和优质资源整合，搭建好系统工作、技术交流、科研协作、现代信息和文化建设等五大平台，强化区域协作配合，为全面提高各级检验机构能力水平，为全面、深入和充分发挥监管的技术支撑作用奠定更加坚实的基础。

（二）“求是”是科学检验的本质。科学检验的技术体现就是在求是上。药品医疗器械及食品化妆品检验面对的是与人的生命安危息息相关的高科技产品。因此，要求我们必须始终尊重科学规律和专业技术规律，崇尚理性，通过科学技术手段准确可靠地评价产品的安全性、有效性和质量可控性，保持检测或校准实验室的独立性，提高诚信度。这是食品药品检验机构必须努力完成好的第一要务。

求是要求我们必须始终秉持“用数据说话”的原则。本着依据标准科学、程序规范、方法合理和结果准确等四项要素来开展检验工作。承担药品医疗器械及食品化妆品检验的实验室，在工作过程中，从受检样品出发，依据高科技手段取得的数据，经过整理、统计、分析和判断，得出最终结论，这就是检验求是的过程。由于检验数据来源于实验，因此必须确保检验过程，数据和结果真实、准确、可靠、可验证和可溯源。

求是要求我们必须坚持研究型检验的技术路线。摒弃单一检验的传统思维模式和工作方式，在有条件的院（所），试行药物及医疗器械研发早期技术介入工作，为加速研发进程，为提高公众对安全有效药物及安全可靠医疗器械产品的可及性做出努力和贡献。要拓展质量安全把关链条，把产品标准、生产工艺和质量控制等过程考察，样品在实验室检验过程，产品质量安全趋势分析和可能存在的风险预警等产品质量安全全过程有机结合起来，实施相关的科学技术研究与评价。

求是要求我们必须具备良好的实验保证条件。要严格按照实验室设置技术规范及条件要求，以食品药品医疗器械各专业为基点，建设一批学科齐全、学术特色各异的国家级重点实验室。按照 WHO 国家准入实验室管理规范要求，全面加强实验室管理。开展及时、有效的实验室间能力验证和实验室比对工作，特别是要加强与国际先进实验室的合作。要确保检验用仪器设备的技术参数和指标设置合理，确保实验用试剂耗材的质量安全可靠，确保检验人员技术操作规范，准确无误。

求是要求我们必须在应急检验中认真、准确、及时地做出技术判断。要快速正确地确定检验技术路径。把对问题产品检验与相关企业的现场生产工艺考察有机结合起来；把通过查询国内外相关资料与对相关样品的检验及检验技术、方法的全面覆盖结合起来，突出检验的针对性和靶向性。做到按照标准检验和采用非标准检验同步进行，内部检验论证与外部平行检验、联合检验同步进行。同时，及时组织相关学科领域的专家对检验的技术路径、方法以及检验结果进行分阶段跟进、论证，确保检验报告的准确性，为科学定性及行政执法提供可靠的技术依据。

（三）“严谨”是科学检验的品质。严谨既是科学态度，也是优良作风，还是一种良好的行为习惯。态度决定行为，行为体现作风，长期坚持良好作风和习惯会养成优秀品质。严谨集中体现的是务实、认真、负责、细致、深入的工作作风。

严谨要求我们必须以高度负责的精神和态度做好检验工作。要始终牢记食品药品检验机构承担的法定职责，牢记检验工作者的神圣使命。要建立健全确保检验质量、安全和效率的运行机制，建立并不断完善以责任为核心、以责任可追究为重点的检验流程管理，真正做到检验环节及子环节、关键控制点和风险点、检验操作人员责任和综合服务措施保障等 4 个明确，并加以认真落实，确保检验过程和结论万无一失。

严谨要求我们必须强化实验室全面管理。不断提高实验室科学化、规范化和精细化管理能力和水平。要加强以质量保证体系为核心的实验室管理体系建设；建立以科室主任为第一责任人的实验室全面管理责任制；推进以效率为核心的检验时限管理，探索以准确可靠为核心的实验用仪器设备状态管理，加强以建立怀疑及纠错机制为核心的风险管理，不断提高实验室科学化管理水平，逐步实现建设“国际一流”食品药品检验实验室的目标。

严谨要求我们必须加快信息化建设。坚持用现代信息技术改造和提升检验工作。充分发挥信息技术在管理，特别是在业务管理和运行中的主导作用，为确保检验过程及结果的准确可靠等提供技术保障。积极建设覆盖全系统的网络体系和综合管理系统计算机平台，推进实验室信息管理系统（LIMS）建设，加强对全国食品药品检验系统信息化建设工作的管理与规范，努力开创中国药检数字化新时代。

严谨要求我们必须高度重视文化建设。严谨的素质是科学素质和文化自觉养成的结果。严谨的素质养成需要有能够养成严谨习惯的文化跟进。要始终坚持“以文化人”的理念，发挥先进文化在陶冶人性、凝聚力量、推动人与事业全面和谐发展中的作用。因此，需要通过创建和不断完善适应时代发展要求，来体现科学精神与人文精神和谐统一，体现食品药品检验行业特色的“中国药检”文化，为科学严谨地工作打下坚实的思想基础。

严谨要求我们必须严格自律，廉洁从检。牢固树立人民利益高于一切的思想。坚定不移地推进党风廉政建设，把廉洁从检各项要求贯穿于履行职能，开展检验工作的始终。正确处理好经济发展与安全健康、个人利益与公共利益、商业利益与公众利益等方面的关系，保持药品医疗器械及食品化妆品检验的科学性、独立性、公正性和权威性，确保检验安全、队伍安全和员工个人安全，不断推动食品药品检验事业又好又快发展。

（四）“创新”是科学检验的灵魂。科学检验的不竭动力来源于不断创新。保持与时俱进、开拓创新的精神状态，永不自满，永不僵化，永不停止，以创新不断推动检验事业的科学发展，是食品药品检验机构履行职能、做好工作的永恒主题。

创新要求我们必须始终把加强能力建设放在首位。食品药品检验事业发展离不开三大建设，即基础建设、队伍建设和能力建设。其中能力建设是核心，是评价基础建设和队伍建设成效的主要标志，也是基础建设、队伍建设的最终目的。能力建设应主要包括组织领导能力、检验技术能力和行政业务管理能力。因此，要自觉地把创新能力建设确定为统领食品药品检验事业发展的战略主线。

创新要求我们必须把建立良好的人才发展机制放在关键位置。要坚持一手抓事业发展，一手抓人的发展。人才是发展的第一资源，决定核心竞争力，是科学检验的第一要素。要实施“人才优先发展”和“人才兴检”两大战略。制定和不断完善尊重人才、吸引人才、培养和储备人才、激励人才和用好人才的制度，营造真抓实干、人才辈出、风清气正的良好环境，把各类人才团结凝聚到食品药品检验事业发展上来。

创新要求我们必须切实加强检验技术创新能力建设。实施“科技强检”战略。以“科研提升水平”为支撑，按照掌握核心技术、突破关键技术、研究前沿技术的总体目标，构建“检验依托科研、科研提升检验”的良性发展机制。要瞄准和适时跟踪生命科学和科技发展进步带来的新产品、新技术和新方法，积极开展创新药物质量标准、标准物质、质量评价技术和安全性评价研究，保证临床研究和上市产品质量可控，在产品研发中发挥重要技术支撑作用。在全系统真正形成以科研为导向，以课题协作为纽带，以信息沟通为平台，以共同发展为目标的技术创新能力建设新机制。

创新要求我们必须不断提高全面管理能力。要以“管理服务检验”为基点，以客户满意为根本标准，强化以思想政治过硬，建设综合型和复合型管理团队为重点的各级领导班子管理，强化以业务建设、业务管理、应急管理和信息化建设为基础的技术管理，强化以质量保证体系为核心的实验室规范管理，强化以创建“科学、热情、高效、节俭”的服务体系为目标的行政管理，推行问题管理的新机制，不断提升科学化管理水平。

创新要求我们必须坚持“合作促进提高”的发展思路。以全球视野全力推进人才培养、技术创新和管理创新。实施国际合作的跟随者战略、参与者战略和引领者战略，坚持不懈地学习先进，目的在于赶超先进，力争在全球药品医疗器械及食品化妆品检验领域国际舞台上有所作为，不断增强和扩大“中国药检”话语权和影响力，为保障公众饮食用药用械安全，为中国医药产品走向世界创造和奠定质量安全的技术保障条件，为人类健康事业做出贡献。

三、如何践行科学检验精神

践行科学检验精神，必须把保障和服务于人民群众健康福祉作为首要的价值取向。紧紧围绕保障公众饮食用药用械安全这个中心，自觉服从服务于食品药品监管大局，大力推进食品药品检验事业科学发展。

（一）深刻理解，提高认识。科学检验精神源于食品药品检验实践经验的总结，源于时代发展和监管事业发展的现实需要。是全系统抢抓机遇、迎接挑战，进一步推动食品药品检验事业科学发展的思想武器。因此，全系统都要高度重视科学检验精神的学习、讨论和践行工作，自觉把它作为当前和今后一个时期的重要任务，把思想认识统一到科学检验精神的要求上来，为不断开创我国食品药品检验事业的崭新局面提供精神动力。

（二）联系实际，努力实践。践行科学检验精神，就是要自觉用科学检验精神去引领、指导和推动食品药品检验工作，把它贯穿于、融化于履行法定职责，加强行政和业务管理，强化队伍建设，实施检验国际化战略等各项工作之中。践行科学检验精神，还要重点突破僵化落后、墨守成规等传统观念束缚，努力开拓创新，充分调动检验工作者干事创业的积极性、主动性和创造活力，进一步推动食品药品检验工作走向“为民检验，科学发展”之路。

（三）不断完善，引领未来。科学检验精神来源于实践，高于实践，并接受实践的检验。它构建的是一个开放的探究系统，需要广大食品药品检验工作者在实践中认真研讨，深刻理解，不断丰富、完善和发展科学检验精神的实质与内涵，不断摸索和总结符合食品药品检验客观规律的理念和思想观念，不断摸索和总结符合科学检验精神的技术路线，赋予其顽强的生命力和现实的指导意义。

同志们，食品药品医疗器械检验工作责任重大，使命崇高光荣。我们一定要认真贯彻落实，精心做好国家食品药品监督管理局部署的各项工作任务，努力践行科学监管理念指导下的科学检验精神，抓住机遇，励精图治，奋发有为，不断推动全国食品药品检验事业科学发展，以优异的成绩迎接党的十八大胜利召开！（2011 年 12 月 28 日）

纪　事

中国食品药品检定研究院（国家食品药品监督管理局医疗器械标准管理中心）主要职责内设机构和人员编制规定

根据中央编办《关于中国药品生物制品检定所（国家食品药品监督管理局医疗器械标准管理中心）更名的批复》（中央编办复字〔2010〕282 号），中国食品药品检定研究院（国家食品药品监督管理局医疗器械标准管理中心）为国家食品药品监督管理局直属事业单位（正局级）。

一、主要职责

（一）承担药品、医疗器械的注册审批检验及其技术复核工作，承担保健食品、化妆品审批所需的检验检测工作，负责进口药品注册检验及其质量标准复核工作。

（二）承担药品、医疗器械、保健食品、化妆品和餐饮服务食品安全相关的监督检验、委托检验、抽查检验以及安全性评价检验检测工作，负责药品进口口岸检验工作。

（三）承担或组织药品、医疗器械检验检测的复验及技术检定工作。

（四）承担生物制品批签发相关工作。

（五）承担药品、医疗器械和餐饮服务食品安全相关标准、技术规范及要求、检测方法制修订的技术复核与验证工作，承担保健食品、化妆品技术规范、技术要求及检测方法的制修订工作。

（六）承担药用辅料、直接接触药品的包装材料及容器的注册检验、监督检验、委托检验、复验及技术检定工作，以及承担相关国家标准制修订的技术复核与验证工作。

（七）负责药品、医疗器械国家标准物质的研究、制备、标定、分发和管理工作。

（八）负责生产用菌毒种、细胞株的检定工作，承担医用标准菌毒种、细胞株的收集、鉴定、保存、分发和管理工作。

（九）承担实验动物质量检测和实验动物保种、育种和供种工作。

（十）承担有关药品、医疗器械和保健食品广告以及互联网药品信息服务的技术监督工作。

（十一）承担全国食品药品监管系统检验检测机构的业务指导、规划和统计等相关工作，组织开展药品研究、生产、经营相关单位以及医疗机构中的药品检验检测机构及人员的业务指导工作。

（十二）组织开展药品、医疗器械、保健食品、化妆品和餐饮服务食品安全相关标准研究以及安全监测和质量控制新方法、新技术研究。

（十三）承担国家食品药品监督管理局科技管理日常工作，承担保健食品、化妆品和餐饮服务食品安全相关专家委员会的日常工作。

（十四）承担严重药品不良反应或事件以及医疗器械不良事件原因的实验研究。

（十五）组织开展药品、医疗器械、保健食品、化妆品和餐饮服务食品安全相关检验检测工作的国际交流与合作。

（十六）承办国家食品药品监督管理局交办的其他事项。

二、内设机构

根据上述职责，中国食品药品检定研究院（国家食品药品监督管理局医疗器械标准管理中心）设置以下26个内设机构。

（一）食品化妆品检定所

承担保健食品、化妆品和餐饮服务食品安全检验以及安全性评价、监测工作；组织开展相关检验检测方法的制定、验证和技术评定工作；承担餐饮服务食品安全相关标准、技术规范及要求、检测方法制修订的技术复核与验证工作；承担保健食品、化妆品技术规范、技术要求及检测方法的制修订工作；组织相关技术检定工作；开展保健食品、化妆品和餐饮服务食品安全检验检测机构的资质认定与实验室规范化管理工作；研制相关标准样品、质控样品和对照物等；承担保健食品、化妆品风险评估工作；承担餐饮服务食品安全的质量监督抽验工作，拟订餐饮服务食品安全的年度抽验计划，汇总、分析、上报抽验数据；承担国家食品药品监督管理局保健食品、化妆品和餐饮服务食品安全相关专家委员会秘书处的工作；承办院交办的其他事项。

（二）中药民族药检定所

承担中药民族药注册检验、监督检验、委托检验、口岸检验以及相关检验检测的复验和技术检定工作；负责中药民族药新药和进口药品的注册检验、质量标准复核以及国家标准制修订的技术复核与验证工作；承担中药民族药标准物质研究和标定工作；开展与中药民族药检验方法、质量标准等相关的新方法、新技术研究；负责中药民族药标本的收集、鉴定、整理及中药标本馆管理工作；承办院交办的其他事项。

（三）化学药品检定所

承担化学药品注册检验、监督检验、委托检验、口岸检验以及相关检验检测的复验和技术检定等工作；负责化学药品新药和进口化学药品的注册检验、质量标准复核以及国家标准制修订的技术复核与验证工作；承担化学药品标准物质研究和标定工作；开展与化学药品检验方法、质量标准等相关的新方法、新技术研究；组织开展细菌耐药性监测工作；承担“国家麻醉品检定实验室”工作；承办院交办的其他事项。

（四）生物制品检定所

承担生物制品注册检验、监督检验、委托检验、口岸检验以及相关检验检测的复验和技术检定等工作；负责生物制品新药和进口生物制品的注册检验、质量标准复核以及国家标准制修订的技术复核与验证工作；承担生物制品批签发具体技术工作；承担生物制品标准物质研究和标定工作；承担生产用菌毒种、细胞株的检定以及医用标准菌毒种、细胞株的收集、鉴定、保存、分发和管理工作；开展与生物制品检验方法、质量标准等相关新方法、新技术研究；承担“国家病毒性肝炎研究中心”、“中国医学细菌菌种保藏管理中心”工作；承办院交办的其他事项。

（五）医疗器械检定所

承担医疗器械注册检验、监督检验、委托检验和进口检验工作；承担全国医疗器械检验检测复验和技术检定的相关组织工作；承担相关医疗器械标准制修订及其实验室验证等工作；承担医疗器械标准物质研究和标定工作；开展与医疗器械检验检测方法、质量标准、技术规范等相关新方法、新技术研究；承担院交办的其他事项。

（六）包装材料与药用辅料检定所

承担药包材等相关包装材料和药用辅料的注册检验、监督检验、委托检验、进口检验以及相关检验检测的复验和技术检定工作；承担相关国家标准制修订的技术复核与验证工作；承担药包材等相关包装材料和药用辅料对照物质研究和标定工作；承担有关药包材等相关包装材料和药用辅料与药品相容性研究工作；承担药品包装材料注册技术审评工作；承办院交办的其他事项。

（七）实验动物资源研究所

承担实验动物保种、育种、生产和供应工作；负责实验期动物饲养管理及相关条件保障；负责实验动物质量和实验环境设施与设备检测；负责动物源性材料病毒安全性检测和病毒灭活效果验证；开展转基因动物和动物模型研发；开展与实验动物相关新技术、新方法研究；承担“国家啮齿类实验动物种子中心”、“国家实验动物质量检测中心”工作；承办院交办的其他事项。

（八）标准物质与标准化研究所

承担药品、医疗器械国家标准物质管理工作；负责组织药品、医疗器械等标准物质研究、制备、标定、审核和分发等工作；负责相关培养基制备及供应工作；组织开展药品、医疗器械相关质量标准、快检技术等方面的新技术、新方法以及新检测仪器的标准化研究工作；承担对全国药品检验机构快检技术的业务指导工作；承担有关技术服务的组织、协调和管理工作；承担“中国药品生物制品标准化研究中心”工作；承办院交办的其他事项。

（九）食品药品安全评价研究所

组织开展药品、医疗器械、保健食品、化妆品和餐饮服务食品安全相关的安全性实验研究工作；开展与非临床安全性相关的新技术、新方法实验研究；组织开展严重药品不良反应和医疗器械不良事件原因的实验研究；承担“国家药品安全评价监测中心”工作；承担对国家食品药品监督管理局认可的非临床安全评价检测机构相关技术人员的培训工作；承办院交办的其他事项。

（十）食品药品技术监督所

承担药品、医疗器械、保健食品、化妆品质量监督抽验和监督调查工作；拟订药品、医疗器械、保健食品和化妆品年度抽验方案，汇总、分析、上报抽验数据，拟订质量公告；承担药品、医疗器械和保健食品等有关广告和互联网药品信息服务等技术监督工作；组织协调全国药品快速检测技术应用管理工作；承办院交办的其他事项。

（十一）医疗器械标准管理研究所

承担“国家食品药品监督管理局医疗器械标准管理中心”日常工作；承担医疗器械标准拟定的相关事务性工作；组织协调相关医疗器械专业标准化技术委员会开展医疗器械标准制修订工作；组织开展医疗器械标准体系研究，提出标准工作政策及规划建议；承担医疗器械命名、分类和编码技术研究工作；承担全国医疗器械标准相关机构的业务指导工作；承办院交办的其他事项。

（十二）院长办公室

综合、组织和协调院政务工作；制修订院中长期发展规划和规章制度并组织实施；负责文电、会务和机要等日常工作以及保密、来信来访、统计和印章管理等工作；负责重要政务及领导批示情况的督办工作；负责应急管理的综合、组织和协调；负责政务信息、新闻发布和宣传报道相关工作；负责年鉴编辑工作；承担有关技术政策法规研究及法律事务工作；承担全国食品药品检验检测系统发展规划制修订和相关统计工作；承办院交办的其他事项。

（十三）党委办公室

承担院党委日常工作；承担院党组织建设及统战、侨务等相关工作；负责督促检查院党委决议、决定的贯彻执行情况；负责院精神文明建设等工作；承担职工代表大会日常工作，负责工会会员的管理；协调并指导工、青、妇等群团组织的工作；承办院党委交办的其他事项。

（十四）纪委监察室

承担院纪委日常工作；负责落实党风廉政建设和反腐败工作部署，对贯彻落实党风廉政建设责任制情况进行监督检查；协助院纪委受理及处理职权范围内的党员违纪行为；协助上级部门查办案件；负责组织内部审计以及监督工程建设、政府采购招投标等工作；承办院交办的其他事项。

（十五）人事教育处

承担机构编制、人事管理、劳动工资和教育培训等相关工作；拟订人才发展规划和培训计划并组织实施；负责来院进修、培训和实习人员的管理工作；负责研究生教育及博士后科研工作站管理工作；拟订全国药品医疗器械检验检测系统继续教育和业务培训计划并组织实施；协助开展国家食品药品监督管理局相关专业技术职务任职资格评审工作；承办院交办的其他事项。

（十六）计划财务处

拟订财务规章制度并组织实施；承担财务管理和会计核算工作；负责组织编制年度预算、决算并监督执行；承担国有资产监督管理工作；组织开展会计人员业务培训工作；承办院交办的其他事项。

（十七）综合业务处

承担院检验检测业务工作的综合、组织、协调和管理；组织开展相关业务计划、技术文件的制修订及实施工作；负责检验检测样品收检、留样、检验检测相关标准的管理及报告书制发等工作；承担食品药品检验检测领域相关质量和标准等信息的统计、分析和报告；组织开展补充检验方法的复核、审核和综合等相关工作；承担“世界卫生组织药品质量保证中心”的相关工作；承办院交办的其他事项。

（十八）质量管理处

承担质量管理文件的制修订、组织实施等工

作；负责组织协调质量管理体系运行日常监督、内部审核、管理评审、接受外部审核以及实验室能力验证等工作；负责与质量管理相关投诉受理、组织调查及回复和参与投诉处理工作；承担中国合格评定国家认可委员会实验室技术委员会药品专业委员会秘书处的工作；承办院交办的其他事项。

（十九）科研管理处

承担组织相关科研项目的全程管理工作；负责组织科研成果与奖励的申报工作；负责组织院内支持项目的立项评审、结题验收等工作；负责学术交流、科研奖励评选、论文发表和专利申报等管理工作；承担国家食品药品监督管理局科技管理的日常工作；承办院交办的其他事项。

（二十）仪器设备管理处

拟订仪器设备、装备的年度购置计划并组织实施；负责仪器设备的购置、维护、处置及供应商的评估等固定资产管理工作；负责检验检测仪器设备、计量器具的计量校准和期间核查工作；开展与检验检测仪器设备相关的培训工作；协助国家食品药品监督管理局制订检验检测仪器设备配备相关标准；指导全系统检验检测仪器设备的管理和配备工作；承办院交办的其他事项。

（二十一）档案室

承担档案管理工作；指导和监督档案材料立卷归档及相关专、兼职档案人员业务培训工作；承办院交办的其他事项。

（二十二）国际合作处（港澳台办公室）

承担外事管理工作；负责拟订相关管理规定并组织实施；承担国际及港澳台交流与合作项目的综合管理与协调工作；负责因公出国（境）任务计划的申报并组织实施；承办公务出访和外国及港澳台专家来访的申报等外事工作；负责院内国际合作组织的有关综合工作；承办院交办的其他事项。

（二十三）安全保卫处

承担安全保卫和秩序维护工作；承担有关生物、化学和辐射等实验安全和技术安全的综合管理及监督工作；负责组织安全隐患排查及安全事故处置工作；负责安全工作的宣传和培训工作；承办院交办的其他事项。

（二十四）离退休干部管理处

承担离退休干部管理工作；负责贯彻有关离退休干部政策，落实相关待遇；负责组织离退休干部的政治学习、文体活动、医疗保健、生活福利等服务保障工作；会同有关部门办理离退休干部丧葬、抚恤等善后工作；承办院交办的其他事项。

（二十五）信息中心（图书馆）

承担信息化建设与运行等相关工作；负责信息网络系统、信息管理系统、信息资源管理系统的建设规划、组织开发、推广应用、运行维护及协调管理；承担全国药品医疗器械检验检测系统信息化建设的规划、组织、实施及相关技术培训工作；承担学报、杂志的编辑、出版和发行工作；负责图书馆相关工作；承办院交办的其他事项。

（二十六）后勤服务中心

承担后勤保障和管理工作；承担基本建设规划及年度建设计划的编制、报批和实施工作；负责基本建设项目的全程管理；负责招投标管理相关工作；负责房地产、家具、车辆等固定资产管理；负责家具、车辆和实验用试剂、耗材等物资的采购供应和管理工作；负责环境卫生、人防工程、废弃物处理、医疗保健、食堂等工作；负责职工住房管理以及院办公区、住宅区物业管理工作；承担人口及户籍等相关管理工作；承办院交办的其他事项。

三、人员编制

中国食品药品检定研究院（国家食品药品监督管理局医疗器械标准管理中心）事业编制核定为821名。其中：院长（主任）1名、副院长（副主任）5名、党委书记1名、党委副书记1名、纪委书记1名。

四、其他事项

中国食品药品检定研究院加挂国家食品药品

监督管理局医疗器械标准管理中心的牌子，对外开展工作时可使用中国药品检验总所的名称。

中国食品药品检定研究院（国家食品药品监督管理局医疗器械标准管理中心）根据业务工作需要设置各所、中心的内设机构。

中国食品药品检定研究院2011年工作要点

2011年中国食品药品检定研究院的总体工作思路是：深入贯彻落实科学发展观，自觉服从、服务于全国食品药品监管工作大局，全面履行检验检定职能，以践行科学监管理念为主题，以提高检验检测能力和水平为主线，以不断推进技术创新为动力，以加强实验室全面管理为重点，以提升队伍整体素质为保证，着力实施“人才兴检”和“科技强检”战略，更好、更全面地发挥技术支撑、技术保障和技术服务作用，努力实现食品药品医疗器械检验检定事业新的跨越，为实现“十二五”发展规划目标迈出坚实的第一步。

一、深入开展创先争优活动

切实加强党支部建设，推进学习型党组织建设，围绕检验检测中心工作开展党员承诺、践诺活动。进一步做好领导点评工作。以庆祝建党90周年为主线，以党员示范岗为载体，推进文明服务窗口建设。注重文化宣传，做好“两优一先”评选表彰工作。（党委办公室牵头）

二、全力做好基本药物检验检测相关工作

积极开展相关政策研究。配合有关部门开展基本药物相关品种标准提高工作。全力确保基本药物全品种覆盖抽验所需标准物质供应，完成好相关品种的检验检测任务，认真做好基本药物信息化工作。（办公室牵头）

三、切实提高业务管理能力和水平

（一）进一步加强质量管理

加强实验室全面管理。召开加强实验室全面管理研讨会。强化以明确责任为核心的检验检测时限管理、流程管理和综合咨询服务平台建设。开展实验室岗位资格认证试点。做好实验室认可、资质认定监督评审工作。完成WHO化学药品预认证工作，力争通过食品化妆品实验室认证认可。（质量管理处牵头）

（二）努力提升科研管理水平

建立并不断完善科研验收、评估和奖惩机制。以科研项目为纽带，整合系统内外优势资源。强化科研经费管理和科研时限管理。做好发展规划纲要的修订工作。在继续发挥好中青年发展研究基金作用的同时，探索建立学科带头人发展基金。做好院学术委员会换届工作。（科研管理处牵头）

（三）全面加强标准物质管理

进一步完善国家标准物质的供应模式，利用信息平台，提高供应保障效率。确保基本药物全品种覆盖抽验、国家评价性抽验、《中国药典》（2010版）收载品种检验等所需标准物质的充足供应。（标准物质管理处牵头）

（四）切实加强标准化研究工作

着力提升快检技术研究和应用水平，加大系统快检技术整合力度，审核发布近红外模型，初步建立药品检测谱库系统。筹备第三届中美药品分析技术与检测研讨会暨第二届国际药品快速检测技术论坛。督促全球基金项目年度计划实施工作。（标准化研究中心牵头）

（五）协助国家食品药品监督管理局做好药品市场监督工作

组织全系统落实国家药品、医疗器械抽验计划。完善国家评价抽验管理机制，从按质量标准检验逐步向全面考察药品质量转变，不断提高监督抽验对监管工作的支撑能力。配合国家食品药品监督管理局开展保健食品、化妆品、药品、医疗器械违法案件督查督办工作。规范广告监测工作。推进第二代全国药品检测车配备和使用。（市场监督办牵头）

（六）认真开展医疗器械标准管理工作

确保完成确立的229项医疗器械标准制修订

任务。全力加强医疗器械标准数据库和信息系统建设。开展医疗器械标准体系框架的研究工作，力争年底提出适应我国监管现状和产业实际，并对产业发展具有一定促进作用的标准体系框架建设思路。（械标管中心牵头）

四、认真履行职责，高效开展检验业务工作

（一）继续提升中药民族药检验工作水平

全力做好中药化学对照品研制与标定工作，着力开展对照药材原料的收集与标定。加快推进数字标本馆建设步伐。（中药民族药检验管理处牵头）

（二）加强生物制品检验工作

按照2010年版《中国药典》的要求强化生物制品批签发工作。继续完善血液制品的原料血浆和疫苗、血液制品、五种诊断试剂的批签发监管网络信息系统。加强生物效力标准品的研究和定期检测工作。（生物制品检验处牵头）

（三）做好医疗器械检验检测工作

加强对检验人员基本操作及基本技能的培训。继续提高生物材料、组织工程产品和体外诊断试剂，特别是光机电检验检测能力和水平。完成20项医疗器械标准的制修订工作。做好全国医疗器械检验实验室比对工作。（医疗器械检验处牵头）

（四）全力做好实验动物供应保障工作

完善国家实验动物资源和质量检测技术的研究与指导作用。召开全国药检系统实验动物学术交流会，加强对系统的交流指导。加强实验动物品种（品系）引进和收集，确保实验动物供应保障。成立中国食品药品检定研究院实验动物管理委员会，开展动物实验的福利伦理审查工作。（实验动物管理处牵头）

（五）加强药物安全性评价工作

完善符合国际规范的GLP管理体系和药物安全评价体系。做好国家食品药品监督管理局GLP复查的准备工作。按时启动LIMS数据采集系统。（国家药物安全评价监测中心牵头）

五、大力加强检验检测创新能力建设

（一）加强检验检测队伍建设

做好新“三定”方案的申报和落实工作。积极探索院所（中心）实行二级管理体制。调整并重新聘用各所及中心领导班子。做好岗位设置相关工作。面向全球公开招聘高层次专业人才。着力加强培训工作，探索院、所、部门三级培训体制，切实提高干部职工检验技能、业务管理和行政管理能力。认真做好博士后科研人员和研究生培养工作。（人事教育处牵头）

（二）广泛开展国际交流合作

建立并不断完善国际合作促进能力提高的长效机制。大力发展以技术攻关和人才培养为主体的合作交流，力争在科研课题合作研究、建立联合实验室、互派专家访问进修和把国际顶尖专家请进来讲学等方面有所突破。（国际合作处牵头）

（三）加快推进信息化建设

建立完善国家基本药物质量信息平台，为基本药物质量监督提供覆盖全国的高效、稳定、可靠的专网，努力实现全系统互联互通、资源共享。初步整合各管理系统。探索实行电子化公文运转。对院中文外网和内网网站进行改版。（信息处牵头）

（四）切实加强新闻宣传工作

围绕检验检测中心工作和重大活动，做好宣传报道工作。完善新闻宣传管理制度，制定《新闻宣传管理办法》和《新闻宣传管理SOP》。调整宣传联络员队伍，开展宣传业务培训。完善信息报送发布系统，建立激励考核机制。积极做好政务公开工作。（办公室牵头）

六、全力做好条件保障工作

（一）认真做好计划财务工作

建立符合中国食品药品检定研究院实际的预算体系，完善专项资金预算体系。进一步加强财务制度建设，完善内部控制，规范资金使用行为。（计划财务处牵头）

（二）认真做好档案管理工作

着力提高归档率和归档质量。开发利用管理软件，实现档案管理信息化。做好老旧档案的抢救整理工作。（档案室牵头）

（三）不断提高保障服务质量

积极推进行政后勤管理体制和服务机制创新。切实强化对各级管理人员的培训，努力改善服务观念和服务态度，提高服务质量。调整食堂管理模式，切实提高职工就餐质量。协调大兴区政府，做好大兴新址职工住房相关工作。（行政处牵头）

（四）提高仪器设备管理科学化水平

切实加强以准确可靠为核心的实验仪器设备状态管理。实现固定资产管理、购置管理和计量检验管理信息化。加快推进大型设备共享平台建设工作。（仪器设备处牵头）

（五）全力以赴做好迁址建设工作

做好东区施工管理的同时，完成西区施工图设计、报批以及相关配套设计工作。开展西区施工、监理单位的招标工作，实现年内西区开工。（迁建办牵头）

（六）加强安全保卫工作

做好实验室生物安全技防措施改造和安全维护工作。有针对性地开展实验室安全培训。（安全保卫处牵头）

七、切实加强系统建设

（一）深入开展业务指导工作

继续完善系统工作指导、层级交流、科研协作、信息化和文化建设等五大平台，鼓励各地建立区域性协作机制，制定全国检验检测实验室管理规范草案并上报国家食品药品监督管理局。（办公室牵头）

（二）积极做好援藏援疆相关工作

按照国家食品药品监督管理局的部署，认真做好援藏援疆相关工作，包括人才培训、课题研究等。（办公室牵头）

八、着力加强党的建设

（一）切实加强党的建设和文化建设

加强理论学习，推进学习党组织型建设。认真做好党委、纪委和党支部换届选举工作。着力推进文化建设，进一步丰富干部职工业余文化生活，营造积极向上、健康活泼的工作氛围。（党委办公室牵头）

（二）加强行政管理和党政管理

提高干部职工执行力、工作效率和科学化管理水平。不断完善综合考评机制，继续实行严格的问题管理，强化部门主要负责人的责任。在完善各项规章制度的基础上，提高全院严格执行纪律、按制度办事的意识。（党委办公室牵头）

（三）坚定不移推进党风廉政建设

认真落实党风廉政建设责任制，认真执行廉洁从检各项措施和风险防控措施。严格贯彻执行《廉洁从检若干规定》，切实抓好督导、检查、考核和查处工作，尤其要加大对迁建等建设及维修项目和节假日廉洁自律的监督，加大内部审计监督力度。（纪委监察室牵头）

药品中邻苯二甲酸酯应急检验工作

2011 年 5 月，我国台湾地区发生“塑化剂”事件，为调研药品中可能出现的允许范围外的邻苯二甲酸酯类物质，国家食品药品监督管理局下达了应急检测任务，由中国食品药品检定研究院组织对相关药品进行筛查。院长李云龙高度重视，立即启动应急预案，成立了以副院长李波为组长的应急工作组，药检所牵头组织实施。

在近 3 个月的时间内中国食品药品检定研究院组织全国 35 个省、市、口岸药品检验所共完成 83 个品种、1437 批次药品中的邻苯二甲酸酯类物质的筛查工作，并组织相关专家对邻苯二甲酸酯类物质进行了风险评估。在此期间共向国家食品药品监督管理局发出 16 期报告，申报并获批准9个品种的补充检验方法，向国家食品药品监督管理局发出正式的检验报告书4份。最后向国家食品药品监督管理局上报“关于药品中邻苯二甲酸酯类物质的应急检验工作的报告”。装订档案20余册。

此项工作面临的困难与挑战一是品种多、协调面广：与以往应急检验工作不同的是，此次应急检验任务涉及面广，药品生产产地分别为国外生产企业，我国台湾地区和境内生产企业涉及品种也较多，承担应急任务的不再是一个或几个药品检验机构，而是整个药品检验系统。解决困难的思路一是周密部署：为保证应急检验工作的有序进行，中国食品药品检定研究院在全国药品检测系统内建立了协作机制，确定了以中国食品药品检定研究院为中心，各省、市、口岸所协同的检验机制。将同一品种固定由一个所检验，由相邻的药品检验所进行交叉验证。将应急检验任务与国家评价性抽验的工作相结合，可疑样品由中国食品药品检定研究院进行复核、验证。二是科学检验：由于无通用的标准和检测方法，经查阅大量文献，参照食品及塑料的检测方法，中国食品药品检定研究院研究建立了“力百汀”中邻苯二甲酸酯类物质的补充检验方法并获得批件。同时，总结经验，组织专家起草了《药品中邻苯二甲酸酯类检测方法学研究指导原则》，编写了《药品中邻苯二甲酸酯类物质检测常见问题解答》，设立专人进行答疑咨询，以解决检测过程中的技术难题，保证了各单位顺利检测。为保证标准物质的供应，在不到一周的时间内将12种共计1200余支标准物质下发至各单位。三是合理评估：按照国家食品药品监督管理局的要求，中国食品药品检定研究院邀请相关领域的专家，召开了“药品中邻苯二甲酸酯类物质安全性风险评估研讨会”，对8个重点品种检出的邻苯二甲酸酯类物质的安全性、潜在风险等问题进行评价，形成了安全性风险评估报告。此项工作的圆满完成，得到了国家食品药品监督管理局有关领导及各单位高度评价。

第一部分　检验检测

2011 年检验检测工作概况

2011 年中国食品药品检定研究院共受理样品 14734 批次，含能力验证 339 批，与 2010 年同期数据 14239 批次相比，增加 495 批，整体增幅为 3.5%。2011 年共签发报告 12731 批次，含能力验证 82 批，与 2010 年同期数据 13144 批次相比，减少 413 批，整体降幅为 3.1%。

注：样品受理指接收检验的样品批数（进口药品按检样数计），安评中心按合同数计；2011 年全院实行检验检测样品统一受理登记后，合同检验和部分委托检验受理按项目进行登记。报告签发指技术负责人已签发报告书的样品批数（检样数），安评中心按完成合同数计，不包括其他函复结果或出具研究性报告的检验批数。由于系统外登记的批次无法跟进检验完成情况，该样品的报告签发情况未统计在内。

检验检测样品受理

2011 年 1 月 1 日～12 月 31 日，中国食品药品检定研究院共受理样品 14734 批次。与 2010 年同期数据 14239 批次相比较，受理批次增加 495 批，整体增幅为 3.5%，较去年同期稍有增长。其中，样品受理量居前的分别为疫苗及血液制品批签发 38.6%，注册检验 23.4%，合同检验 11.1%，监督检验 10.5%。在各体系的样品受理情况中，位列前三的分别为生物制品检验体系 60.0%，化学药品检验体系 15.4%，医疗器械检验体系 13.6%。

按检定业务类别分，2011 年受理注册检验 3449 批、进口检验 293 批（不含进口生物制品批签发）、生物制品批签发 6461 批（其中进口制品 345 批）、监督检验 1547 批、委托检验 854 批、复验 152 批、合同检验 1639 批（个）、实验室比对与能力验证 339 批。与 2010 年同期相比，监督检验、实验室比对与能力验证、复验受理数量增长明显，涨幅分别为 20.2%、97.1% 和 114.1%。

按检验体系分，化学药品检验体系承检 2276 批、生物制品检验体系 8847 批、中药民族药检验体系 741 批、医疗器械检验体系 2011 批、食品化妆品检验体系 374 批、实验动物研究体系 369 批、标准化研究体系 100 批、安全评价研究体系 16 个合同。与 2010 年同期相比，生物制品检验体系业务量增加 628 批，涨幅 7.6%。

2011 年检验检测样品受理情况

（2011 年 1 月 1 日～12 月 31 日）　　　　（单位：批、件、个）

检定业务分类	化学药品	生物制品	中药民族药	医疗器械	食品化妆品	实验动物	标准化研究	安全评价	全院
注册检验	405	1204	79	1761	0	0	0	0	3449
进口检验	87	206	0	0	0	0	0	0	293
批签发（疫苗及血液制品）	——	5693	——	——	——	——	——	——	5693
批签发（血源筛查试剂）	——	768	——	——	——	——	——	——	768

续表

检定业务分类	化学药品	生物制品	中药民族药	医疗器械	食品化妆品	实验动物	标准化研究	安全评价	全院
监督检验	1117	123	196	44	0	0	67	0	1547
委托检验	212	100	272	20	121	103	26	0	854
复 验	57	0	94	1	0	0	0	0	152
合同检验	379	753	98	121	0	265	7	16	1639
实验室比对或能力验证	19	0	2	64	253	1	0	0	339
合 计	2276	8847	741	2011	374	369	100	16	14734

2011 生物制品批签发样品受理情况

制品分类	疫苗	血液制品	血源筛查试剂	总计
国产	5177	206	733	6116
进口	239	71	35	345
总计	5416	277	768	6461

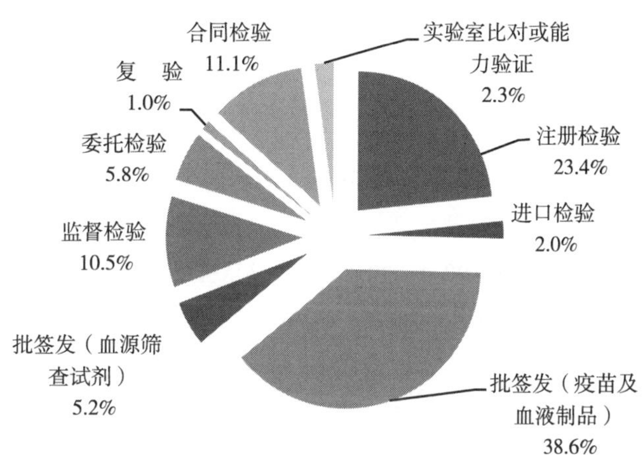

2011 年各类检定业务样品受理情况比例图

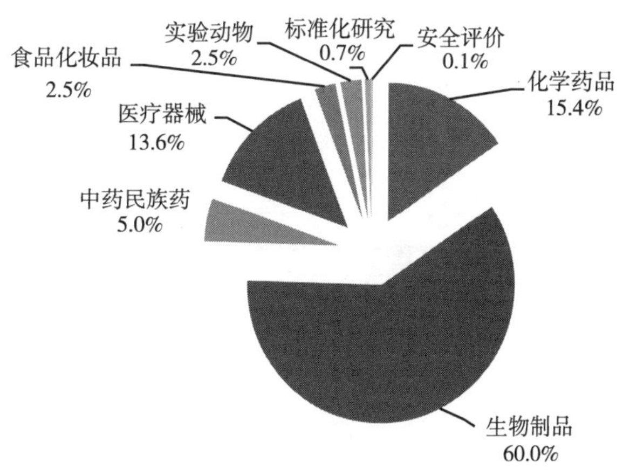

2011 年各检验体系样品承检情况比例图

2010～2011 年各类检定业务样品受理情况比较

年度	注册检验	进口检验	批签发(疫苗及血液制品)	批签发(血源筛查试剂)	监督检验	委托检验	复验	合同检验	实验室比对或能力验证	合计
2010	3684	312	5357	681	1287	1045	71	1630	172	14239
2011	3449	293	5693	768	1547	854	152	1639	339	14734
增长%	-6.4%	-6.1%	6.3%	12.8%	20.2%	-18.3%	114.1%	0.6%	97.1%	3.5%

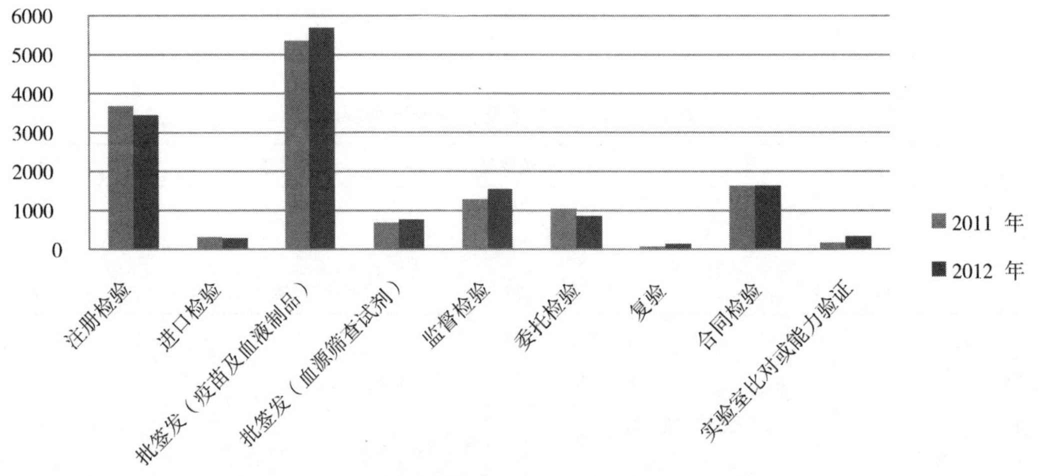

2010～2011 年样品受理情况（检定业务分类）

2011～2012 年各检验体系样品承检情况比较

年度	化学药品	生物制品	中药民族药	医疗器械	食品化妆品	实验动物	标准化研究	安全评价	合计
2010	2223	8219	1087	2108	0	481	100	21	14239
2011	2276	8847	741	2011	374	369	100	16	14734
增长%	2.4%	7.6%	-31.8%	-4.6%	——	-23.3%	0.0%	-23.8%	3.5%

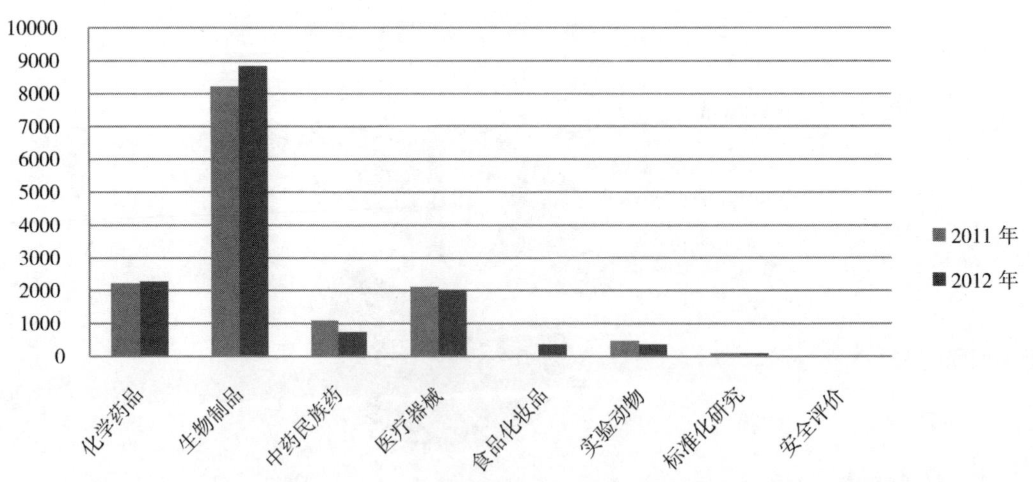

2010～2011 年样品受理情况（检验体系分类）

检验检测报告签发

2011 年 1 月 1 日 ~12 月 31 日，中国食品药品检定研究院共完成检验 12731 批次。与 2010 年同期数据 13144 批相比较，签发批次减少 413 批，整体降幅为 3.1%。其中疫苗及血液制品批签发占总签发量第一位，占 39.9%，其次为注册检验 24.9%，第三位监督检验和第四位合同检验分别为 10.8% 和 9.9%。在各体系的报告签发情况中，位列前三的分别为生物制品检验体系 61.9%，化学药品检验体系 15.7%，医疗器械检验体系 14.4%。

按检定业务类别分，2011 年完成签发注册检验 3169 批、进口检验 306 批（不含进口生物制品批签发）、生物制品批签发 5828 批（其中进口制品 292 批）、监督检验 1379 批、委托检验 632 批、复验 72 批、合同检验 1263 批、实验室比对或能力验证 82 批。与 2010 年同期数据相比，监督检验签发数量增加 108 批，涨幅 8.5%。

按检验体系分，2011 年化学药品检验体系完成报告签发 1998 批、生物制品检验体系 7883 批、中药民族药检验体系 611 批、医疗器械检验体系 1830 批、实验动物研究体系 362 批、标准化研究体系 25 批、安全评价研究体系 22 个合同。与 2010 年同期数据相比，医疗器械检验体系签发数量略有增长，增加 67 批，涨幅 3.8%。

2011 年检验检测报告签发情况

（2011 年 1 月 1 日 ~12 月 31 日）　　（单位：批、件、个）

指标名称	化学药品	生物制品	中药民族药	医疗器械	食品化妆品	实验动物	标准化研究	安全评价	全院
注册检验	398	1081	58	1632	0	0	0	0	3169
进口检验	118	188	0	0	0	0	0	0	306
批签发（疫苗及血液制品）	——	5086	——	——	——	——	——	——	5086
批签发（血源筛查试剂）	——	742	——	——	——	——	——	——	742
监督检验	1016	123	195	45	0	0	0	0	1379
委托检验	165	112	217	16	0	103	19	0	632
复　验	43	0	29	0	0	0	0	0	72
合同检验	238	551	100	88	0	258	6	22	1263
实验室比对或能力验证	20	0	12	49	0	1	0	0	82
合　计	1998	7883	611	1830	0	362	25	22	12731

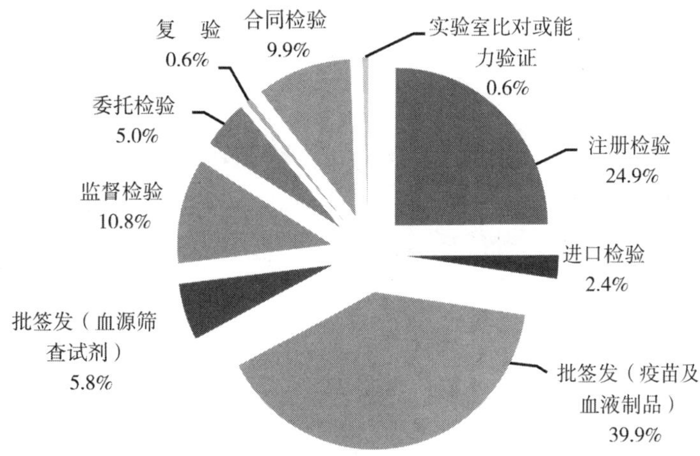

2011 年各类检定业务报告签发情况比例图

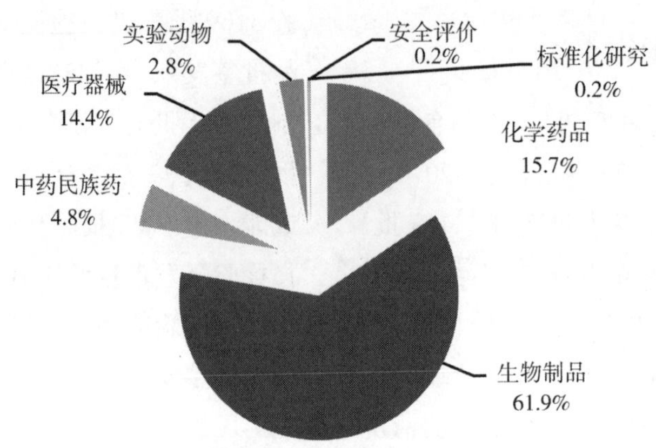

2011 年各检验体系报告签发情况比例图

2011～2012 年各类检定业务报告签发情况比较

年度	注册检验	进口检验	批签发（疫苗及血液制品）	批签发（血源筛查试剂）	监督检验	委托检验	复验	合同检验	实验室比对或能力验证	合计
2010	3122	281	5413	660	1271	791	105	1342	159	13144
2011	3169	306	5086	742	1379	632	72	1263	82	12731
增长%	1.5%	8.9%	-6.0%	12.4%	8.5%	-20.1%	-31.4%	-5.9%	-48.4%	-3.1%

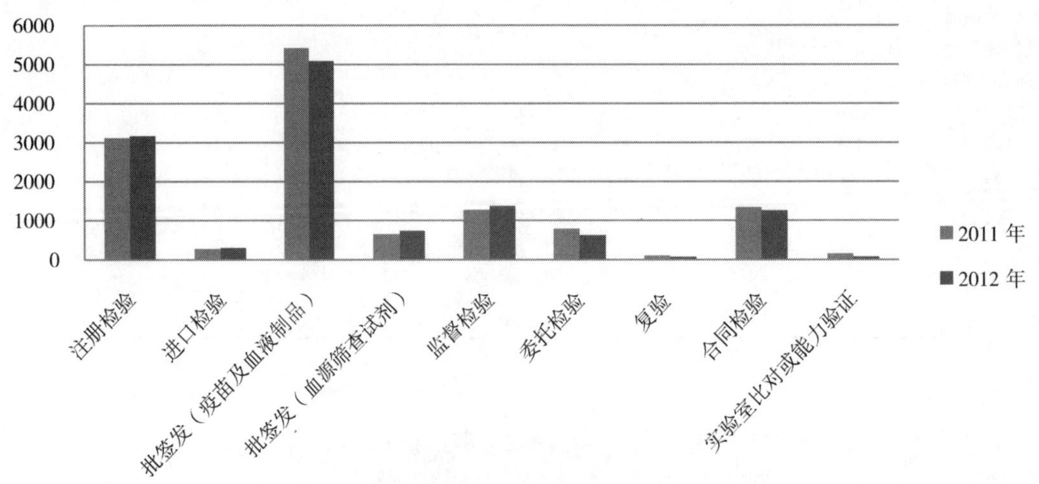

2010～2011 年报告签发情况（检定业务分类）

2011～2012 年各检验体系报告签发情况比较

年度	化学药品	生物制品	中药民族药	医疗器械	食品化妆品	实验动物	标准化研究	安全评价	合计
2010	2100	8129	685	1763	0	439	20	8	13144
2011	1998	7883	611	1830	0	362	25	22	12731
增长%	-4.9%	-3.0%	-10.8%	3.8%	——	-17.5%	25.0%	175.0%	-3.1%

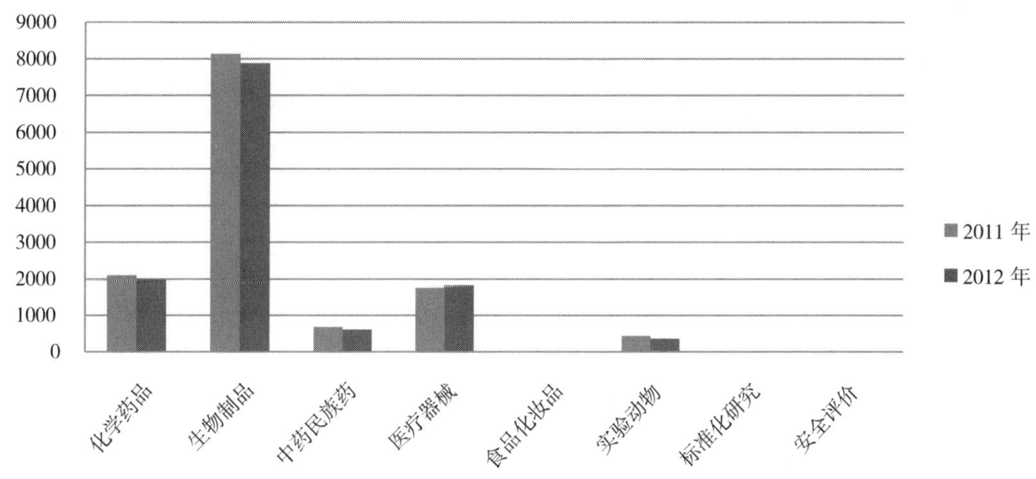

2010～2011 年报告签发情况（检验体系分类）

食品化妆品检验检测

食品化妆品检定所机构编制变更

2011 年 9 月 23 日，根据“中国食品药品检定研究院（国家食品药品监督管理局医疗器械标准管理中心）主要职责内设机构和人员编制规定”，食品化妆品检验检测中心更名为食品化妆品检定所。

2011 年 12 月 28 日，《中国食品药品检定研究院食品化妆品检定所主要职责内设机构和人员编制规定》经第 38 次院长办公会研究后批准。

中国食品药品检定研究院食品化妆品检定所主要职责内设机构和人员编制规定

一、主要职责

（一）承担保健食品、化妆品和餐饮服务食品安全检验以及安全性评价、监测工作。

（二）组织开展相关检验检测方法的制定、验证和技术评定工作。

（三）承担餐饮服务食品安全相关标准、技术规范及要求、检测方法制修订的技术复核与验证工作。

（四）承担保健食品、化妆品技术规范、技术要求及检测方法的制修订工作。

（五）组织相关技术检定工作。

（六）开展保健食品、化妆品和餐饮服务食品安全检验检测机构的资质认定与实验室规范化管理工作。

（七）研制相关标准样品、质控样品和对照物等。

（八）承担保健食品、化妆品风险评估工作。

（九）承担餐饮服务食品安全的质量监督抽验工作，拟订餐饮服务食品安全的年度抽验计划，汇总、分析、上报抽验数据。

（十）承担国家食品药品监督管理局保健食品、化妆品和餐饮服务食品安全相关专家委员会秘书处的工作。

（十一）承办院交办的其他事项。

二、内设机构

根据上述职责，食品化妆品检定所设置以下 4 个内设机构：

（一）综合办公室

负责所内相关制度的制修订；负责实验室质量管理体系的建立与运行；负责仪器设备、标准、标准物质的综合协调管理；负责检验业务的综合管理；负责文档、科研、人员培训、国际交流合作的综合协调管理；承办所交办的其他事项。

（二）风险评估研究室

承担国家食品药品监督管理局餐饮服务食品

安全、保健食品、化妆品相关委员会秘书处的日常工作；承担相关标准、技术规范、安全事件应急、风险监测、风险评估等工作；承办所交办的其他事项。

（三）生物检测室

承担食品、保健食品、化妆品的微生物检验、功能学动物试验、安全性毒理学试验及其相关研究工作；承担相关标准、技术规范及要求、检测方法制修订工作；研制相关标准样品、质控样品和对照物等；承办所交办的其他事项。

（四）理化检测室

承担食品、保健食品、化妆品的理化检测及其相关研究工作；组织开展相关检验检测方法的制定、验证和技术评定工作；承担相关标准、技术规范及要求、检测方法制修订工作；研制相关标准样品、质控样品和对照物等；承办所交办的其他事项。

三、人员编制

食品化妆品检定所设所长1名，副所长2名，正副室主任8名。

食品检验机构资格认定、实验室认可、实验室资质认定

2011年11月26日～27日，由认证认可委委派的现场评审组对食品化妆品检定所进行了为期两天的现场评审活动。按照评审组要求，食品化妆品检定所准备相关文件、组织80个参数86项现场实验，其中包括理化39个、微生物17个和毒理12个参数实验，圆满完成现场实验，通过现场评审。

2011年11月26日～27日，食品化妆品检定所申请并通过食品检验机构资格认定（CMAF）、实验室认可（CNAS）和实验室资质认定（CMA）现场评审，具备包括食品、保健食品和化妆品420余项检测项目的检验检测能力，涉及理化、微生物、毒理和功能/功效等多个不同专业领域，覆盖了餐饮服务食品、保健食品和化妆品大部分的检测项目。

质量管理系统的建立

根据认证认可要求，食品化妆品检定所组织起草了506项质量体系文件，其中管理类程序文件50份、仪器设备标准操作规程（SOP）166份（操作规程151件、检定规程15件）和作业指导书290份。同时结合中国食品药品检定研究院质量体系文件改版，对质量手册和程序文件中涉及食品、保健食品和化妆品相关内容提出了修订意见；食品化妆品检定所起草的质量体系文件已报质量管理处备案，并按规定批准执行。在相关部门支持下，建立了完整的人员培训档案、仪器设备档案。由此，食品化妆品检定所质量管理文件系统初步建立。

拟定扩项参数及模拟实验

食品化妆品检定所组织技术人员反复研究、多次讨论，确立并申报了认证认可扩项参数表，为整体认证认可工作打下基础。截至2011年底，拟申报的认证参数共计426项（扩项276项），其中包括食品91项、保健食品237项、化妆品79项扩项。

2011年度，结合拟定的认证认可参数，组织采购食品样品50种、267件，保健食品样品62种、372件，化妆品样品94种、1728件，组织开展了259项扩项参数预实验和模拟实验，出具了290份模拟报告，为认证认可扫清障碍。2011年，参加CNAS组织的能力比对和验证活动，结果为满意。

承担国家食品药品监督管理局工作

2011年共承接国家食品药品监督管理局委托的工作任务18项，包括：《保健食品化妆品“一中心、三网络、五平台”检验检测体系建设方案》，《保健食品化妆品重点实验室基本条件和标准》，《保健食品食品化妆品区域性检测中心基本

条件》，《化妆品卫生规范》修订，“保健食品化妆品标准数据库建设”、“保健食品标准物质研究”，“餐饮服务食品安全检验项目研究”，化妆品中二噁烷、季铵盐－15、氯仿和苯的风险评估，餐饮服务食品安全监测，保健食品、化妆品风险监测检验数据统计报告等。

标委会工作

食品化妆品检定所承担餐饮服务食品安全监测快检方法认定，以及化妆品标准专家委员会、化妆品安全专家委员会、保健食品安全专家委员会、餐饮安全专家委员会等7个秘书处工作等长期性工作。除成功组织化妆品安全专家委员会、保健食品安全专家委员会成立大会外，还组织召开9次化妆品标准专家委员会、化妆品中禁限用物质检测方法和已使用化妆品原料名称目录审评会、化妆品中邻苯二酸酯类物质安全性评估研讨会等，并形成汇总意见上报国家食品药品监督管理局，为保健食品化妆品安全监管决策提供建议和意见。

能力建设

食品化妆品检定所本着提升整体能力的目标原则制定了较完善的培训计划，组织开展全员技术培训，建立较完善的培训档案。2011年度年共组织各类培训47次，涉及政策法规、技术操作、上岗资格培训、实地考察培训等内容。根据培训内容，在相关部门配合下完成技术人员上岗资格确认，取得上岗证。派出2名技术人员参加国家食品药品监督管理局瑞士食品补充剂培训班，实地学习了解欧盟保健食品监管法规及状况。同时组织多人次参加食品、保健食品和化妆品检验检测与研究相关的研讨会，实行以会带训，取得良好的效果。

课题研究

食品化妆品检定所在积极推进实验室基础建设的同时，对科研工作予以充分重视，采取“抓立项、促研究、重交流”的有力措施，有力推进科研与交流工作。一方面积极申请科研课题立项，另一方面加紧对在研课题的研究工作。上述科研项目共22项，包括：其国家自然科学基金项目5项、国际合作项目1项、“十一五”科技支撑计划项目3项、“十二五”国家科技计划社会发展科技领域项目1项、“十二五”“重大新药创制”科技重大专项4项和食品安全国家标准项目1项，以及国家食品药品监督管理局委托化妆品原料标准项目2项、化妆品风险物质评估2项、人力资源和社会保障部项目1项、云南重大项目1项、北京市教委项目1项，发表论文40余篇。

中药民族药检验检测

2011年中药民族药检定所完成各类检验721批。其中完成国家评价性抽验品种活血止痛散（胶囊）93批和生脉注射液98批。完成国家食品药品监督管理局阿胶专项监督抽验124批。完成监督检验4批、注册检验和标准复核72批、合同检验71批、中成药复验23个品种，46批、药典修订标准复核3个品种，9批、人工麝香专项检验200批。

中药民族药检定所挂牌

2011年12月27日，中药民族药检定所正式挂牌成立，现分为6个室：综合办公室、中药材室、中成药室、天然药物室、民族药和中药标本馆，现有在职人员37人。

国家评价抽验

中药民族药检定所完成活血止痛散（胶囊）和生脉注射液两个品种的评价抽验工作。按法定标准对全部样品进行检验，全面分析不同企业同一品种及同一企业不同抽样地区样品的质量状况。同时，还进行较为深入的探索性分析方法研究和检测工作，按照拟订的质量标准对样品进行了检测，提交质量分析报告，在院内报告评议。其中活血止痛散（胶囊）检测发现乳香掺伪松香的问题，建立检测方法，申报补充检验方法并得到国家食品药品监督管理局批复。

中药标准物质制备标定工作

中药民族药检定所继续《中国药典》（2010年版）对照物质增加品种的制备、标定工作，已基本解决新增品种的问题。同时，抓紧进行了基本药物品种和换批品种的制备。

中药化学对照品方面，2011年度主要完成2010年版药典新增对照品的保障和困难品种的研制工作。2010年版药典新增140个品种中除个别不稳定（乙酰缬草三酯）和难于制备（夏佛塔苷和水晶兰苷）外，其余137个品种已基本解决，完成率占97%。在保障2010版药典对照品及时研制的同时，保证了老品种的正常运行。全年共标化品种166批，新增品种12个。

对照药材方面，主要解决新增品种和遗留的疑难品种的制备标定问题，同时保证短缺品种的制备工作。全年完成175批次的标定制备工作，其中新增品种48个。

签署香港中药材标准合作协议

2011年11月22日，中国食品药品检定研究院院长李云龙与香港特别行政区政府卫生署林秉恩署长共同在京签署了《建立香港中药材标准合作协议》。该协议的签署为内地与香港在中药材标准领域的交流与合作奠定基础。中国食品药品检定研究院将按照《香港中药材标准科研及化验工作技术指引（第五期）》，组织全国24家药品检验所及大学科研单位，起草制定（港标）第七期中的24中香港中药材标准，该项工作2013年完成，2014年第一季度提交国际专家委员会审核。

标准修订与编写工作

1.《药品检验技术》一书中“中药检验技术”的编写。

2. 完成《中国药材标准名录》的编纂工作，于2011年5月出版。

3. 提交《中国药典》（2015年版）一部项目建议书：

（1）人工牛黄、体外培育牛黄类标准研究。

（2）动物胶类标准研究。

（3）动物角类标准研究。

（4）矿物药标准研究。

（5）中成药显微鉴别标准研究。

（6）药材栽培变异及标准研究。

（7）蜂产品系列标准系统提高与修订。

4. 检测用中药对照提取物的研究与建立。

5. 红花注射液标准提高和再评价工作，已完成标准修订任务，并上报药典会。

6. 参麦注射液和生脉注射液标准的标准提高工作，已完成，修订标准经药典会审核，已颁布执行。

7.《中国药典》（2010年版）一部菝葜药材标准修订，完成产地调研、130批药材检测和测定方法研究。

8.《中国药典》滑石粉、鹿角胶、龟甲胶质量标准修订（进行中）。

9. 完成保健食品中总黄酮、皂苷类成分含量测定测定方法的起草。

10. 完成国家食品药品监督管理局交办项目“大活络丸中贵细药检测方法的研究”，申报补充检验方法。

11.《中国药典》（2010年版）一部品种注释的编写，共完成12个品种。

质量管理工作

组织全国药检系统黄曲霉毒素残留检测实验室比对，包括实验设计、样品制备、方法学考察、样品发放、数据统计、形成报告等。通过这项工作锻炼了检验员队伍，促进了药检系统内部残留物检测整体水平的提高。

参加了由中国合格评定国家认可委员会（CNAS）组织的全国食品分析实验室能力验证工作；参加并完成、两批“酱油”盲样中食品添加剂“山梨酸”和“苯甲酸”的含量测定。两次参加药典二氧化硫检测方法的实验室比对工作。

实验室管理与建设

实验室环境整治：对实验室环境进行清理整治，对仪器设备标签进行检查补正，对所有储物柜、储物间和实验室进行清理。

中药分子生物学实验室的建设：在2010年初步建成中药分子生物学实验室的基础上，开展蕲蛇和乌梢蛇聚合酶链式反应法的鉴别实验和对照药材的制备标定；开展冬虫夏草的分子生物学鉴定的研究工作；开展铁皮石斛疑难品种DNA检验。

课题研究

“十一五”国家科技支撑“重大新药创制专项”平台项目“中药中有害残留物检测技术标准平台”课题研究。课题重点研究中药中外源性有害残留物检验检测技术、标准建立以及检验检测操作规范等，构建技术支撑体系，搭建中药安全性的技术保障平台。建立具有国际先进水平的中药中外源性有害残留物检测技术标准平台，提出限量标准，构建基础数据库，建立痕量分析质量保证体系规范及相关标准操作规程（SOP）。该课题建立了重金属、农残、真菌毒素、二氧化硫残留、色素残留检测方法和快检筛查法，进行样品普查及数据库构建。《中国药典》（2010年版）进行完善提高的“农药多残留测定法”、“黄曲霉毒素HPLC光化学衍生检测法及LC/MS/MS法”、“二氧化硫残留离子色谱测定法”等方法已经上报国家药典委员会；“注射液中重金属及有害元素检测法及限量标准”已通过药典会复核，在《中国药典》（2010年版）一部增补本收载；多项中药中工业色素检查法已向国家食品药品监督管理局申报补充检验方法。

“十一五”国家科技支撑“重大新药创制专项”平台项目“中药标准物质研制和开发的技术平台建设”由中国食品药品检定研究院牵头完成。课题在现有国家中药药品标准物质研制的基础上，采用现代植物化学、生药学及生物学方法，先进的提取、分离、纯化、分析检测技术，加快了中药标准物质的研制及其评价体系和标准物质库的建设，从而构建具有我国自主知识产权，国际一流国内领先的中药标准物质研制和开发的技术平台。课题在新品种研制，形成相关中药化学对照品原料的制备技术方法；中药标准物质的基准物制备、评价和量值传递；标准物质标定标准和稳定性技术规范研究；“对照药材制成品”研制；构建的中药标准物质研究与开发信息仓库等方面取得了重要进展。通过本课题的实施，进一步完善和规范了中药化学对照品的标定方法，逐步与WHO、USP标准物质标定程序接轨。

“十一五”国家科技支撑专项“矿物药中金属含量检测技术及中药中外源性有害残留物检测技术研究”课题研究。项目采用现代测试分析仪器（电子探针技术、X－衍射光谱、红外光谱、热分析技术等）对20种矿物药进行化学成分全分析，科学地识别矿物药材品种及结构类型，为矿物药准确定名（正本清源）。对矿物药安全（毒性元素）、质量控制技术进行系统研究。完成24种含矿物药制剂的主元素质控研究，形成标准5个。申请发明专利三项。

“十一五”国家科技支撑项目“中药材资源与生产标准规范”课题研究。通过调研、样品采集、实验研究、文献研究等工作，起草并完成人参规范种植技术和GAP种植规范。

“十一五”国家科技支撑“重大新药创制平

台项目“种子种苗和种植（养殖）标准平台”（参与）课题研究。

药典会软课题国家科技支撑计划“中药标准规范体系的研究”子课题（6）、（7）已完成结题验收。

院内中青年研究发展基金“动物胶类药材的异类胶原检测方法研究”。课题建立了胶类药材的蛋白质酶切技术和液质联用多肽识别技术，形成胶类药材检测技术研究模式。建立了龟甲胶、鹿角胶、阿胶的专属性检测方法，使之应用于胶类药材的质量控制。获国家食品药品监督管理局批准阿胶中牛皮源成分补充检验方法1项。

获得两项国家自然科学基金项目立项：娑罗子中四种异构体皂苷成分的分离及抗肿瘤活性构效关系研究；金银花咖啡酰奎宁酸类成分分离及其抗呼吸道合胞体病毒活性和作用机制研究。

2011年，中药民族药检定所共发表文章52篇。其中，获得岛津杯全国药物分析论文评奖二等奖1项、三等奖一项。

“动物胶类药材的异类胶原检测方法研究”获得2011年中国药学大会暨第11届中国药师周优秀论文“二等奖”、2011年度中国食品药品检定研究院科技评优“一等奖”。

“保健食品功效成分及安全性检测技术和方法研究”课题获得中国药学会科学技术奖三等奖。

化学药品检验检测

2011年化学药品检定所受理安排进口药品注册检验400件，组织专家审核进口药品注册标准270份；审签进口药品再注册核档近300件。完成各类检验批次约4000批；审核各类发文约650份；审核技术服务合同约80份；审核标准物质报告约70份；审签药包材注册技术资料综合意见约1600份；督办完成7个品种国抽药品检验及质量分析工作；编制2012年度药检体系预算。

日产进口药品放射性污染检测

组织全国口岸所紧急调取日本震后进口药品，进行辐射水平监测。按国家食品药品监督管理局注册司要求紧急向各口岸所调取日本产药品留样。组织完成45个品种178批次样品的放射性核素的检测工作。

质量管理工作

1. 完善药检体系的文件管理工作。

对原有标准操作规程（SOP）文件进行了全面梳理和改版；增订药品检验不合格结果处理程序SOP；天平日常使用校验SOP、溶出度测定SOP等文件；对药检体系SOP的制定和执行督查。组织药检体系各科室完成对检验时限管理规定的反馈意见汇总工作。就药检体系的文件管理工作和药品检验不合格结果处理程序SOP，对全体系人员进行宣传和研讨。

2. 落实质量方针，迎接WHO预认证

（1）初步建立实验室的考核上岗制度

根据WHO预认证和国内实验室认可的要求，在麻醉药室实行全部检测项目及实验仪器的考核上岗制度，并在内部建立授权管理SOP。将日常工作中涉及到的检验检测项目细分为25项。对新入所和进修人员制定个人培训计划，结合日常的工作已开始进行考核及授权。

（2）落实ISO17025及WHOGPCL对药品质量控制实验室的要求。

在相关科室指定专人负责，组成工作小组，制定科室的质量管理培训计划；采用每周定期召开质量管理会议，强化ISO17025及WHOGPCL有关条款及新版或新增SOP等文件的宣贯和培训，集体探讨质量活动中的有关事项。在整改工作中，以管理制度、实验室样品、试剂/试液、仪器管理为重点，规范试剂/样品管理制度、仪器使用记录、数据备份；并根据发现的问题和不足，制定相应的整改措施和落实计划。

召开各类质量管理会议，对天平、数据备份、GC、纯水器、试剂管理、样品管理、玻璃仪器清洗 、滴定、水分、pH 计 、WHOGPCL、公文运转等进行了培训。

3. 完善麻醉精神药品对照品的管理制度

根据《麻醉药品和精神药品管理条例》的相关规定，化药所对科学研究及药品检验使用的相关对照品进行严格管理。2011 年又进一步对管理制度进行了细化和完善，包括在保存间设置“外来人员出入登记本”，针对外来参观检查人员的出入情况实行登记；针对对照品的合成、标化及分装的过程做到全程管理，在原料药领用原有记录的基础上进行完善和更新，建立了新领用登记表；针对每一种对照品建立台账，全部实行电子化管理，并且定期核对账目，做到账物相符；定期对对照品销售情况进行统计，并根据销售数据形成分析报告，为后期对照品的制备工作提供数据支持；建立对照品使用登记本，对科室内部使用对照品，包括本所对照品和进口注册检验的对照品统一造册登记，记录使用情况，防止流失，确保麻醉精神药品对照品的绝对安全。

药品标准相关工作

1. 承担《中国药典》(2015 年版）附录整合任务以及药典注释工作

(1）完成《中国药典》(2015 年版）附录中 6 个检查方法的合并工作，包括：绒促性素生物测定法、升压物质检查法、生长激素检查法、细胞色素 C 活力测定法、玻璃酸酶测定法、细菌内毒素检查法。

(2）完成《中国药典》(2010 年版）附录中 3 个检查方法注释撰写工作，包括：细菌内毒素检查法、绒毛膜促性腺激素检查法、促黄体生成素检查法。以及热原检查法和胰岛素检查法药典注释的复核工作。

(3）承担 19 种放射性药品标准提高起草、5 种标准复核任务。

(4）承担《中国药典》附录“放射性药品检定法”注释起草任务。

(5）《中国药典》（2010 年版）注释附录，包括：柱色谱法、纸色谱法、高效液相色谱法、溶液颜色与澄清度、分子排阻色谱法中的高分子杂质测定法、微生物限度检查法。

(6）完成《中国药典》（2010 年版）二部 12 个品种英文版及注释的修改和定稿工作。

(7）完成 14 个基本药物化药标准提高品种国内外药品标准比对工作。

(8）起草 27 份药典会标准提高课题任务书。目前已经完成 6 份标准起草工作，1 份复核工作。

2. 组织实施新药试行标准转正品种标准统一工作。

组织 31 个药检所共同完成新药试行标准转正品种标准统一工作，争取到国家食品药品监督管理局经费支持 200 万，并落实经费划拨工作。此次品种共计 128 个，涉及企业 1367 家。制定工作方案，并在中检院外网向企业公布各品种承检单位级送样要求。在 9 月份召开了新药试行标准转正品种标准统一工作研讨会，会议分三个报告组对 2011 年度各承担任务单位提交的 128 个转正品种的标准草案进行了研讨，与会专家分别对各组相关草案进行点评并形成书面意见。各专家组组长对标准草案中的共性问题进行讲解。会议通过实验人员与专家的互动，提出问题，共同讨论，解答了工作中碰到的困难和问题。第 1 批 84 个标准计划于 11 月上旬起草上报，年底前完成第 2 批上报工作。

3. 国家药品标准提高工作

(1）承担并完成 2011 年马来酸依那普利分散片等 28 个品种（14 个厂家，80 批）的国家药品标准提高，及 8 个品种（12 个厂家，30 批）的国家药品标准提高的复核。

(2）完成硫酸吗啡注射液和吗啡阿托品注射液二个品种的注射液质量标准提高工作，涉及 2 个生产厂家，共检验 7 批样品。

(3) 完成基本药物—注射用盐酸纳洛酮质量标准统一和提高工作，涉及13个有文号的生产厂家，共检验20批样品。

药品管理及信息化建设工作

1. 进口药品网络信息平台建设。

汇总整理17个口岸所的征求意见，提出进口药品管理相关改进工作建议书，拟定进口药品监管网络平台方案，完成进口药品批件及其注册标准电子化数据库建设，初步实施进口药品网络信息平台的方案的设计及应用。

组织召开2011年全国口岸药品检验所工作会议，药检处作了“口岸药检工作汇报”、并就进口药品网络信息平台的建设、拟定进口药品注册标准审核专家库的建立工作进行了专项工作汇报。同时邀请了进口药品质量标准复核的专家就进口药品拟定注册标准中常见的问题进行了技术培训。

2. 做好药包材注册审评工作并完成“药包材注册审评查询”信息公开栏目的启动工作。

组织药包材注册技术审评会5次（1月、3月、5月、8月、10月），原药用辅料及包材室有四位同志作为专家参加了药包材注册审评工作，整理注册资料近2000份。向国家食品药品监督管理局药品注册司发函回复各类药包材注册问题10份，向各有关省局及专家发文5份（药包材专家审评会）。

为提高药包材注册审评效率，改变技术审评超时的问题，包材室将药包材注册技术审评各环节作为一个整体进行通盘考虑，逐项控制时间明确了各个部门间的转接工作流程以及各部门具体负责接收人员，从多个层面多方位来确保在工作时限内完成药包材注册审评工作。已在中国食品药品检定研究院网站（www. nicpbp. org. cn）的“检务公开”栏目开辟了“药包材注册审评”查询事项。

通过查询网站信息，各省局注册处、各位申请相对人可动态跟踪从“药包材注册资料寄出”至“技术审评结束”的整个过程。网站信息包括两个方面，一是邮寄资料的收到情况查询，查询人填写邮件号和寄件单位后，可查询中国食品药品检定研究院药用辅料及包材室的收到状态；二是技术审评阶段状态查询，查询人填写药包材受理号和药包材申请表填写时产生的核对码后，可查询技术审评阶段的五个状态，这五个状态分别是①资料整理→②已上技术审评会→③技术审评意见整理完毕→④已向省局发出补充通知→⑤技术审评完毕，此工作为试运行阶段，申请相对人在查询时可以提出意见和建议。

另外，还承担国家食品药品监督管理局注册司21项药包材技术审评指导原则的组织制定和复核工作。

课题研究

1. 申请和完成国家和省部级课题30余项

(1) 完成科技部“十一五”国家科技支撑计划资助项目——我国当前急需建立和提高的药品监督检验技术研究项目子课题“微生物相似性快速分析技术及其在药品安全保障中的应用研究”（项目编号：2008BAI55B06）。顺利通过课题验收。

(2) 正进行科技部“十一五”国家科技支撑计划资助项目——重要科研用核心试剂中间体研发及产业化应用示范子课题“10种药品微生物检验及控制关键对照培养基的研制”（项目编号：2009BAK61B00），专项经费40万元，已基本完成课题各项任务指标，为课题的结题验收奠定了良好的基础。

(3) 完成科技部“十二五”支撑计划“科研用试剂研发与集成示范”项目“科研用生化与分子生物学试剂研发与集成示范”课题子课题——红外光谱（FTIR）微生物相似性分析关键培养基研究的课题申报，争取到专项经费70万元。

（4）国家药品标准提高研究课题子课题：微生物限度检查验证试验的方法及标准修订研究；项目编号：1679；参加单位：中检院、黑龙江省所、浙江省所、四川省所、广东省所；经费：50万；2011年3月完成课题总结。

（5）完成国家标准提高品种“头孢克肟分散片”的标准修订工作，上报国家药典会。

（6）负责编写国家“十二五”科技支撑计划“科研用试剂与集成示范”子课题“新型分离材料研发与集成示范”前期材料。

（7）协助编写国家科技重大专项“微生物药物技术创新与新药创制产学研联盟”课题中期材料。

（8）协助编写“质量标准规范体系建设”课题前期材料。

（9）负责国家科技重大专项课题“微生物药物技术创新与新药创制产学研联盟”的联系、组织、研究和汇报工作。

（10）负责国家科技重大专项课题“β－内酰胺类抗生素微量杂质的监控和分析技术平台”的联系、组织、研究和汇报工作。

（11）国家“十二五”重大新药创制课题——“生物技术药物质量标准和质量控制技术平台”1项（课题编号：2009ZX09307），化药所承担子课题2“酶与激素类药物质量标准与质控方法研究”，已获批立项。

（12）国家重大新药创制课题1项，“十二五”重大新药创制——化学新药质量标准研究与评价技术平台（项目编号：2011ZX09303－001）。化药所参与子课题2“化学药制剂及工艺评价系统及其应用”，已获批准立项。

（13）“重组糖蛋白激素鉴定用技术标准的研究”，国拨经费80万元。进展情况：已完成，通过财务审计和验收初审。

（14）“十一五”“863”——“核酸和多肽药物的质量控制研究”1项，为主要参加部门，此部分国拨经费90万元。已完成，并于6月通过验收。

（15）国家“十一五”重大新药创制课题——“生物技术药物质量标准和质量控制技术平台”1项，承担子课题2“酶与激素类药物质量标准与质控方法研究”，此部分国拨经费109万元。已完成，项目组优异成绩通过验收答辩，并成功滚动入“十二五”。

（16）国家科技支撑计划“我国当前急需建立和提高的药品监督检验技术研究”——“药品注射剂检测技术体系研究”1项，承担子课题3研究工作，此部分国拨经费143万元，已顺利通过验收。

（17）由麻醉药品室牵头负责，与江苏所、湖北院合作承担的国家科技支撑计划项目“我国当前急需建立和提高的药品监督检验技术研究”中的子课题“常用麻醉药、放射性药品安全控制检验技术研究”工作按任务书的要求全部完成，顺利结题，并于2011年6月顺利通过科技部的项目验收，得到评审专家的认可。

（18）与合作单位——公安部物证鉴定中心合作的课题《人体生物样本尿液中毒品检测标准方法研究》获得公安部科技一等奖。

（19）参与“十一五”国家科技支撑计划“我国当前急需建立和提高的药品监督检验技术研究”的子课题：临床使用量大面广的药品杂质检测技术和安全控制指标研究（非洛地平、紫杉醇等品种）。

（20）“重大新药创制”科技重大专项“化学新药质量标准研究与评价技术平台”。

（21）国家科技支撑计划课题“药品安全关键技术的研究”的子课题：化学制剂安全性主要影响因素的研究与标准修订。

（22）完成卫生行业科研专项项目子课题：“临床用药安全检测技术标准的研究”，准备结题。

（23）与美国FDA实验室签署了协作研究协议，正在开展振动对溶出结果影响的国际协作研究。

(24)"药用新辅料临床前安全性评价及药品与包装材料的相容性安全研究"。

(25)参与国家"重大新药创制"科技重大专项中的"药用辅料和药包材评价系统及其应用"子课题，承担药用包材相容性研究和药用辅料功能性指标 Functionality - related characteristics (FRCs)的研究和输液袋中添加剂的安全性评价研究。

(26)开展国家"十一五"科技支撑计划项目过敏性疾病体内诊断及治疗制剂技术标准研究。

(27)完成"生物技术药物质量标准和质量控制技术平台"子课题的研究工作。

(28)完成国家药典委员会标准提高课题2项——"体外人外周血单个核细胞热原检测法的研究"和"定量鲎试剂技术指标研究"。

(29)"十一五"国家科技支撑计划项目子课题"常用麻醉、放射性药品安全控制检验技术研究"顺利通过验收。

(30)"863"课题"老年神经变性疾病的分子分型和个体化治疗研究"子课题"老年性痴呆和帕金森氏症疾病分子影像学研究"已结题验收。

(31)"十二五"课题：体外热原检测新方法及相关质控品的研究。

2. 申请和完成院内中青年及学科带头人课题15项

(1)中国食品药品检定研究院学科带头人培养基金1项——PEG修饰药物质控关键技术与方法的标准化研究（课题编号：2011X1），已获得中国食品药品检定研究院批准立项。

(2)中国食品药品检定研究院中青年基金课题2项——地特胰岛素杂质分析以及相关质量标准的研究（课题编号：2011A5)。

(3)多组分生化药注射剂的特征图谱研究。

(4)合成多肽药物相关肽的研究。

(5)尖吻蝮蛇血凝酶糖基化位点、单糖组成及寡糖谱的研究。

(6)非洛地平片体外溶出度与体内吸收的相关性研究。

(7)动态水分吸附分析技术在化学对照品水分与稳定性关系中的应用。

(8)X射线荧光法快速鉴别掺杂的聚丙烯输液瓶模型的建立。

(9)聚丙交酯/乙交酯共聚物质量标准的建立以及功能性辅料指标(FRC)对注射用微球质量的影响。

(10)"油脂类药用辅料中脂肪酸组成测定系统研究"，课题已进入待结题阶段。

(11)活血化瘀类药物生物活性测定质量标准的研究。

(12)统计学分析方法在药品检定中的应用研究。

(13)两性霉素B含量与效价的量值统一及相关标准物质的建立。

(14)药品质量控制相关生物指示剂的研制及标准化研究。

(15)关于电化学检测器在氨基糖苷类抗生素质量控制中的应用探讨。

生物制品检验检测

2011年1月1日~12月31日，生物制品检定所疫苗批签发40个品种、4779批，其中合格4768批，不合格11批，合格率99.8%；血液制品批签发共10个品种、281批，其中合格279批，不合格2批，合格率99.2%；体外诊断试剂批批检共签发5个品种、742批，其中合格842批，合格率100%。共发出有问题的反馈单55份，涉及24个生产企业，19个品种的136个批次产品。

根据国家食品药品监督管理局稽查局今年市场抽验计划，对国家基本药物涉及的免疫规划用

15种疫苗进行抽验，共计123批，已完成全检报告，合格率为100%。

口服脊髓灰质炎减毒活疫苗批签发

为配合国家2011年11月对新疆及周边地区的人群进行口服脊髓灰质炎减毒活疫苗强化免疫行动，确保所需疫苗如期运送到指定强化免疫地区，生检所启动批签发应急机制，制定了一系列工作措施。首先，组织相关人员召开落实任务会议，优先安排相关疫苗资料审核和实验检验，对急需的单价口服脊髓灰质炎减毒活疫苗进行同步检验，从受理到签发在15天内完成。其次，深入到生产企业，召开现场工作会，确保单价口服脊髓灰质炎减毒活疫苗的生产质量。2011年1月1日~10月31日共签发口服脊髓灰质炎减毒活疫苗100批、1.7亿人份；签发单价口服脊髓灰质炎减毒活疫苗7批、1700万人份，为国家强化免疫口服脊髓灰质炎减毒活疫苗任务按时完成提供了重要的保障。

EV71疫苗质量标准研究

根据卫生部部长陈竺有关疫苗研发的指示和国家食品药品监督管理局“EV71疫苗临床试验协调沟通会”会议精神的要求，保障高水平、高标准、创新型EV71疫苗的研发和临床试验的顺利进行。生检所作为EV71疫苗质量标准研究工作小组的牵头单位，承担着疫苗的质量标准、检验方法、标准品等的研究工作，并负责疫苗免疫原性检测规范化研究和临床样本的检测工作。为保证各项工作顺利进行，生检所成立EV71疫苗质量标准研究工作小组，建立工作机制和制度，制定近期工作计划和研究路线，明确近期的重点工作，以保障疫苗临床试验的顺利进行。

2011年开展的工作有：进行不同疫苗和毒株的进一步比较研究，为EV71疫苗株筛选提供充足的科学依据；进行疫苗比活质量指标的研究，考核疫苗的活性和稳定性；开展疫苗效力标准品的初步研究；完善疫苗临床评价质量控制体系，保证Ⅱ期临床样本检测结果的准确性和可靠性；建立用于中和抗体检测的标准毒株，提高中和抗体检测水平；进行EV71疫苗免疫血清不同基因型的交叉保护等研究。通过一系列研究，为提高我国EV71疫苗研发质控标准和评价水平、研发高质量的新型疫苗提供技术保障。

甲型肝炎灭活疫苗不良事件应急检验

根据国家食品药品监督管理局的要求，生检所对一家企业生产的甲型肝炎灭活疫苗上市后出现不良反应报告进行了追踪调查，对从基层单位抽取的该企业5批疫苗进行了全检，5批均合格。

WHO疫苗评估和预认证相关工作

针对2010年底WHO专家对中国食品药品检定研究院批签发和实验室管理评估中提出的问题和建议，生检所组织相关科室开展了落实整改工作，主要内容包括：针对问题，组织安排批签发人员的培训，按WHO批签发指南的要求完善了质量趋势分析、OOS处理等重要SOP以及疫苗批签发摘要审核表模板的修订工作；根据批签发工作的需要，组织科室更新、调整疫苗批签发检验项目和检验频率。整改工作完成后，协助质量管理处起草中英文整改报告，并获得WHO的认可。

2011年12月12日~16日，WHO两位专家来中国食品药品检定研究院，对批签发和实验室管理整改进行实地追踪检查。通过对批签发疫苗资料和实验室检查，WHO专家对中检院的整改工作给予认可，认为中检院疫苗批签发和实验室管理工作自去年评估以来有很大改善。借助WHO疫苗评估专家来中国食品药品检定研究院的检查工作，生检所邀请WHO疫苗评估专家就疫苗方法验证和转移、仪器设备的4Q、偏离和OOS的处理等内容进行一系列的培训，并就相关问题进行了认真的讨论，为进一步提高生检所疫苗批签发和实验室管理提供帮助。

2011 年 11 月 3 日 ~4 日，生检所协办 WHO 疫苗预认证问题非正式协商会议。会议期间，生检所就现行批签发和实验室管理工作作了汇报，WHO 专家介绍了疫苗预认证工作程序、目的和关键点，并实地参观、检查中国食品药品检定研究院病毒一室、病毒三室、血清室和动物实验中心，讨论了中国食品药品检定研究院加入 WHO 预认证疫苗产品检验实验室网络、协助 WHO 开展相关疫苗检测工作等相关事宜。

卫生部生物技术产品检定方法及其标准化重点实验室

卫生部生物技术产品检定方法及其标准化重点实验室（简称重点实验室）成立于 1988 年，是目前卫生部在全国设立的 63 个重点实验室之一，依托单位是中国食品药品检定研究院生检所。根据卫生部科教司批复，2011 年 11 月 20 日生检所组织召开重点实验室第二届学术委员会成立大会，国家食品药品监督管理局副局长边振甲、卫生部科教司副巡视员刘晓波、国家食品药品监督管理局注册司生物制品处领导、中国食品药品检定研究院领导班子成员以及重点实验室的专家和技术骨干约 60 余人参加大会。

本届学术委员会由桑国卫院士担任主任委员，赵凯院士和俞永新院士担任副主任委员，阮长耿院士、杨胜利院士、沈倍奋院士、陈志南院士、徐建国研究员、王军志研究员、沈心亮研究员和王佑春研究员担任委员。

会议由副院长、重点实验室主任研究员王军志主持，会上宣读卫生部科教司对以桑国卫院士为主任委员的第二届学术委员会组成成员的批复函，院长李云龙为到会成员颁发了聘书。王军志就重点实验室近 5 年来在生物制品质量控制与质量标准研究方面所做的工作向参会领导和专家作了报告，梁争论研究员和李长贵研究员分别就重点实验室在流感疫苗和 EV71 疫苗质量控制与评价中突破关键技术、促进研发方面的工作作了专题报告。

桑国卫在讲话中肯定标准化重点实验室在 EV71 疫苗、HIV 疫苗、戊肝疫苗、结核疫苗、幽门螺杆菌疫苗等新型疫苗以及新的基因工程药物等研发中取得的成绩，希望标准化重点实验室要勇于面对国际生物技术药物迅猛发展的挑战，抓住机遇，尽快加入 WHO 合作中心，站在生物医药行业质量标准的科技至高点，全面推动中国生物制药业的向前发展

GMP 培训及检查工作

2011 年，国家食品药品监督管理局对疫苗生产企业进行专项检查，集中检查 20 多家疫苗生产企业。生检所克服工作任务重，人员紧张的困难，配合国家食品药品监督管理局派出 GMP 检查员 30 多人次，圆满完成工作任务。

会议与培训

1. EV71 疫苗质控标准及评价研究讨论会

2011 年 5 月 28 日和 10 月 29 日，生检所在京两次组织召开“EV71 疫苗质控标准及评价研究讨论会”。卫生部、国家食品药品监督管理局注册司、国家疾病预防控制中心、药品审评中心、国家药典委员会、中国食品药品检定研究院的有关人员参加会议，会议还邀请赵铠、庄辉、俞永新院士以及江苏和广西 CDC 和三个疫苗进入临床试验的企业参加会议。

会议介绍中国食品药品检定研究院 EV71 质量检验和评价技术研究的进展，围绕 EV71 疫苗研发中的质量控制技术问题进行讨论，听取与会专家们就 EV71 质量检验和评价技术研究提出的建议，为下一步 EV71 疫苗研发的质量控制和评价起到推动作用。

2. 乙型脑炎、出血热、人用狂犬病疫苗质量控制研讨会

2011 年 9 月 1 日 ~2 日，生检所在北京组织

召开“乙型脑炎、出血热、人用狂犬病疫苗质量控制研讨会”，国家食品药品监督管理局注册司、中国疾控中心免疫规划中心、药典委、药品审评中心、中检院相关人员及疫苗生产企业代表共计100余人参加了会议。

会上，有关专家就我国乙脑、出血热和人用狂犬病疫苗不良反应监测情况、Vero细胞残余DNA检测方法的标准化和DNA标准品建立与验证、疫苗批签发中抗生素残留量测定、疫苗中Vero/PHK细胞宿主蛋白残余量检测方法/试剂盒的建立/验证总结、疫苗批签发检测、生产记录摘要中存在问题等内容做了报告。针对批签发工作中发现的问题，提示企业正确使用有机溶剂和抗生素，规范生产，按《中国药典》（2010版）要求完善批签发记录摘要，增加关键数据信息，批签发记录要详细说明产品污染和破损等情况。

3. 召开2010年度血液制品批签发工作会议

为加强血液制品批签发工作，生检所主办、吉林省药检所承办的“2010年度血液制品批签发工作会议”于2011年9月7日~8日在吉林省长春市召开。国家食品药品监督管理局注册司、吉林省药品食品监督管理局、中国食品药品检定研究院、7个承担批签发省级药检领导和技术人员参加会议。

会上，首先回顾我国2010年血液制品批签发工作情况并介绍WHO疫苗评估工作，随后生检所血液制品室专家分别作“血液制品病毒安全性及批签发相关问题”、“人血白蛋白批签发相关问题”、“免疫球蛋白类产品批签发相关问题”的报告。承担批签发药检所分别汇报各自血液制品批签发情况。与会代表就批签发所需的标准品及参考试剂、批签发资料审核表统一制定和发放、《中国药典》（2010年版）三部规定的HBsAg测定方法检测人血白蛋白产品存在的技术问题、以及《中国药典》（2010年版）三部新增项应暂时纳入批签发检定项目等问题进行讨论并达成共识。

4. 细菌类疫苗质量控制研讨会

2011年10月20日~21日，生检所在北京组织召开细菌类疫苗质量研讨会，国家食品药品监督管理局注册司、中国疾控中心免疫规划中心、中检院生检所相关人员、相关生产企业质量管理负责人及技术人员约130人参加本次会议。

会上，中国疾控中心免疫规划中心和生检所专家分别作了“2010年批签发情况、疫苗不良反应监测”、“伤寒及霍乱疫苗批签发情况”、“百白破疫苗质控情况介绍”、“WHO与我国卡介苗质量控制标准差异分析”、“细菌多糖类疫苗质量分析”学术报告。与会企业代表分别就2010年细菌类疫苗批签发情况进行大会发言，就执行标准存在的问题、解决问题等内容提出建议，希望中国食品药品检定研究院针对标准提高和检验方法改进等内容，定期对企业进行相关培训，统一相应的SOP，并定期向企业反馈检验数据等。

5. 血源筛查体外诊断试剂批签发网络管理系统培训班

为了确保2011年5月1日体外诊断试剂批签发网络系统管理工作顺利实施，生检所于2011年4月20日举办“血源筛查体外诊断试剂批签发管理系统培训班”，内容有：体外诊断试剂批签发网络管理系统使用的培训、体外诊断试剂盒取消粘贴防伪标签有关情况的说明。本次共有国内外36个血源筛查体外诊断试剂企业的88名业务技术人员参加了培训。

中检院专家详细介绍了体外诊断试剂批签发网络管理系统使用和程序，同时布置暂停体外诊断试剂盒粘贴防伪标签工作的安排，进一步强调除2011年5月1日起暂停印制、发放、粘贴防伪标签外，体外诊断试剂管理其它程序不变，确保诊断试剂批批检工作有序开展。总结了疫苗、血液制品实施批签发网络管理系统后，加强政府监管及增强产品质量的透明度的经验，指出了批签发网络管理系统使用应注意的问题。

6. 流感病毒疫苗检验及资料审核技术培训班

为提高承担生物制品批签发工作药检所的批签发检验及资料审核能力，按照国家食品药品监督管理局的总体部署，生检所先后三次对上海药检所拟从事流感疫苗批签发的人员进行检测方法、批记录审核、填写审核表等内容的培训，组织两次盲样检测考核工作，解决了该所试验中的技术难题。通过现场考核，帮助上海药检所在2011年7月7日通过从事流感疫苗批签发现场评估。

7. 组织第5、6期赴兰州生研所培训

根据院人才培养计划，生检所组织第五、六期赴兰州生研所培训。培训学员要求具有两年以上检验工作经验，其主要目的是在掌握产品检定技术的基础上，进一步了解产品的生产过程、产品质控要点等内容。通过培训达到进一步提供检验能力的目的。

课题研究

承担国家级科研项目包括“十一五”重大新药专项、创新药物研究开发技术平台建设项目，“生物技术药物质量标准和质量控制技术平台”、“乙肝疫苗质量控制及评价”、“诊断试剂质量控制”、“疫苗质量控制与评价”、“结核病预防相关制品的质量控制和评价技术研究”、“艾滋病疫苗质量评价体系建立”等课题；国家科技支撑项目，“EV71灭活疫苗研究”课题；国家科技基础平台建设，“医学微生物资源的整理、整合与共享”课题；国家科技支撑计划，“生物制品生产用细胞基质安全性研究”课题，国家“863”计划，“复合抗原的结核病疫苗研究”、“病原细菌保护性抗原快速筛选及疫苗研制”课题；国家自然科学基金，“双歧杆菌与肠道微环境相互作用的研究”课题。

医疗器械检验检测

2011年，医疗器械检定所共审核签发报告1838份/批，其中注册检验报告1595份/批，合同检验报告116份/批，国家监督抽验报告44份/批。其中，医疗器械检验中心479份，光机电室202份，体外诊断试剂报告1157份。

医疗器械检定所机构编制变更

2011年9月23日，根据“中国食品药品检定研究院（国家食品药品监督管理局医疗器械标准管理中心）主要职责内设机构和人员编制规定”，医疗器械检验处更名为医疗器械检定所。

2011年12月9日，《中国食品药品检定研究院医疗器械检定所主要职责内设机构和人员编制规定》经2011年第32次院长办公会研究后批准。

中国食品药品检定研究院医疗器械检定所主要职责内设机构和人员编制规定

一、主要职责

（一）承担医疗器械注册检验、监督检验、委托检验和进口检验工作。

（二）承担全国医疗器械检验检测复验和技术检定的相关组织工作。

（三）承担相关医疗器械标准制修订及其实验室验证等工作。

（四）承担医疗器械标准物质研究和标定工作。

（五）开展与医疗器械检验检测方法、质量标准、技术规范等相关新方法、新技术研究。

（六）承担全国食品药品监管系统医疗器械检验机构的业务指导，组织开展医疗器械研究、生产、经营相关单位以及医疗机构中的医疗器械检验机构及人员的业务指导工作。

（七）承办院交办的其他事项。

二、内设机构

根据上述职责，医疗器械检定所设置以下6个内设机构：

（一）综合办公室

负责综合协调所内各部门的有关事宜；负责

组织制订与实施所内规章制度；负责工作计划的制定和总结；组织起草所内重要会议领导讲话、综合性报告等重要文稿；负责文秘、接待、政务信息、公文、文件管理、机要工作；负责会议的组织和决定事项的督办；负责检验样品管理及检验报告汇总、审核、校对等；负责质量管理体系的建立及运行工作；负责仪器设备管理及计量管理工作；承办所交办的其他事项。

（二）生物材料和组织工程室

负责植入材料、人工器官、组织工程产品、介入材料、医用卫生材料等无源医疗器械的理化性能和生物性能检验；负责相关医疗器械国家标准和行业标准的制修订工作；参与相应品种国家标准物质的研制与标定；开展相应技术方法研究及技术人员培训；承办所交办的其他事项。

（三）光机电室

负责无源医用光学器具、有源眼科光学仪器、医用激光仪器设备以及有源机电类医疗器械和医用软件等领域的医疗器械检验；负责相关医疗器械国家标准和行业标准的制修订工作；负责相应品种国家标准物质的研制与标定；开展相应技术方法研究及技术人员培训；承办所交办的其他事项。

（四）体外诊断试剂一室

负责以非传染病诊断试剂为主的各种体外诊断试剂的检验及有关国家标准和行业标准的制修订工作；参与相应品种国家标准物质的研制与标定；开展相应技术方法研究及技术人员的培训；承办所交办的其他事项。

（五）体外诊断试剂二室

负责以传染病诊断试剂为主的各种体外诊断试剂的检验及有关国家标准和行业标准的制修订工作；参与相应品种国家标准物质的研制与标定；开展相应技术方法研究及技术人员的培训；承办所交办的其他事项。

（六）标准研究室

负责医疗器械产品标准技术委员会秘书处的日常工作；组织协调标准制修订的相关工作；负责所内相关科研管理工作；承担与标准相关的国际合作研究与活动；承办所交办的其他事项。

三、人员编制

医疗器械检定所设所长 1 名，副所长 2 名，正副室主任 12 名。

体外诊断试剂与培养基室条件保障工作

器械所体外诊断试剂与培养基室承担为中科院一线科室提供高压灭菌、制备蒸馏水、洗刷玻璃器皿、制造培养基和培养基质检等条件保障工作，直接为一线科室提供服务。灭菌组：灭菌 647 锅次，供应蒸馏水 7.1 万升。洗刷组：全年洗刷各种玻璃器皿 26 万件。制造组：为全所有关科室配制各种新鲜培养基 135 种 920 批，共计 1542 升。

微生物培养基开发工作

2010 年，共生产干粉培养基 56 个品种 490 批，生产共计 516 罐，其中混合罐 129 罐，大球磨罐 346 罐，中罐 19 罐，小球磨罐 22 罐。生产配置 41487 公斤，分装 171579 瓶，液体培养基 10000 毫升，送检 488 批。

国家监督抽验检验工作

2011 年医疗器械检定所参加了国家监督抽验导尿管方案讨论和调研工作，承担特殊（含药、润滑类）导尿管的国家监督抽验的检验工作，对 42 个特殊导尿管产品，除常规项目外还对导尿管含药量、涂层牢固度、润滑性、抑菌性等项目进行了补充检验。按计划保质保量地完成了导尿管监督检验工作，共计 44 批，合格率 89%。同时医疗器械检定所首次承担有源类医疗器械国家抽验工作。承担热疗和光疗两类物理治疗设备的资料性评价工作，带领沈阳器械中心、吉林器械中心对光疗 133 个、热疗 245 个产品进行了评价，顺利完成任务，为下一步进行抽查检验提供了详实的依据。

专项检查工作

医疗器械检定所配合国家食品药品监督管理局2011年度关于“开展部分高风险医疗器械生产企业生产质量管理体系专项检查”的工作，完成和组织起草了血液透析、腹膜透析和结肠透析的透析机、透析器、透析管路、透析粉、透析液、透析复用机、透析水处理系统等7种5类产品的专项检查方案，并向国家局器械司进行专题汇报。

标准修订工作

1. 完成2011年立项的20个标准制修订工作

2011年是“十一五”结题和“十二五”的开局之年，国家食品药品监督管理局对医疗器械标准制修订的计划下达和上报周期进行了调整，根据最新要求医疗器械标准的立项和制修订工作均应在当年完成。因此，2011年的标准制修订工作分为两部分，一是2010年申报立项的标准计划提前在2011年6月30日前完成；二是2011年申报的标准计划在2011年12月31日前当年完成。全年中国食品药品检定研究院共承担20项医疗器械标准的制修订工作，均已全部按期完成。具体标准制修订情况如下：

2011年上半年中国食品药品检定研究院共承担11项标准。其中器械中心4项：整形植入用交联透明质酸钠、外科植入物－人工韧带专用要求、外科植入物－无张力疝修补系统、外科植入物－硬脑（脊）膜；体外诊断试剂7项：游离前列腺特异性抗原（f－PSA）定量标记免疫分析试剂盒、胰岛素定量标记免疫分析试剂盒、总三碘甲腺原氨酸定量标记试剂盒、总甲状腺素定量标记免疫分析试剂盒、膀胱癌检测试剂盒（荧光原位杂交法）、肺炎支原体抗体检测试剂盒、人乳头瘤病毒核酸（分型）检测试剂盒。11项标准制修订工作均按期完成。

2011年下半年中国食品药品检定研究院申报立项9项医疗器械行业标准的制修订工作，均列为央补的项目。其中器材中心承担5项：①组织工程医疗产品－第18部分：海藻酸盐凝胶固定或微囊化指南；②组织工程医疗产品－第19部分：修复和替代骨组织植入物骨形成活性的体内评价指南；③组织工程医疗产品－第24部分 可降解支架材料植入相容性评价规范；④组织工程医疗产品－第25部分 动物源性材料中残留DNA测定法；⑤组织工程医疗产品－第26部分 聚合物支架微结构评价指南。体外诊断试剂4项：①CMVIgM/IgG检测试剂盒；②风疹IgM/IgG检测试剂盒；③弓形虫IgM/IgG检测试剂盒；④RhD（IgM）血型定型单抗试剂。以上标准均已按计划完成并上报标准报批材料。

2. 标准化技术委员会筹建工作

根据国家食品药品监督管理局标管中心“落实战略性新兴产业医疗器械标准体系建设”工作会议的要求，组织申报《组织工程标准体系》、《纳米医疗器械标准体系》、《高风险体外诊断试剂》、《医用软件标准体系》4个新产业医疗器械标准体系。

完成“组织工程医疗器械产品分技术委员会”“纳米医疗器械工作组”所有前期筹建准备工作，申请报告已经国家食品药品监督管理局标管中心、全国纳米标技委、国家食品药品监督管理局器械司同意，报国家标准化委员会批准。

标准物质研制工作

在2009年首个国家医疗器械标准物质－环氧乙烷获得批准文号、实现零的突破，2010年DEHP和HPV基因分型参考品申报批准的基础上，2011年完成的5个标准物质的研制，申报资料已上报标准物质技术委员会等待批准，分别为：

（1）混合金属元素；

（2）乳胶粒子；

（3）20 种我国常见人乳头瘤病毒全长基因分型参考品；

（4）人巨细胞病毒（CMV）IgG 抗体参考品；

（5）人风疹病毒 IgG/IgM 抗体参考品。

医疗器械实验室比对试验

国家医疗器械检测机构实验室间的比对试验是国家食品药品监督管理局和中国食品药品检定研究院 2011 年的重点工作，为做好实验室间的比对试验工作，开展如下工作：

1. 召开“2006～2010 年比对试验工作总结大会”和“2011 比对试验工作部署会议”。受国家食品药品监督管理局委托，由医疗器械检定所组织、江苏省器械所承办该次会议。提前完成《医疗器械实验室间比对资料汇编（2006－2010）》及《医疗器械实验室间比对总结大会会议文集（2011）》的编写和印发工作。

2. 确定 2011 年比对试验工作方案。根据国家局“十二五”期间比对试验的难度和密度应相应加大的要求，医疗器械检定所决定 2011 年实验室间比对计划有源试验与无源试验同时开展，经过分别对 7 套比对方案进行可行性分析，向大会提交四套方案，经大会专家组讨论，最后决定有源漏电流试验、无源避孕套爆破体积及压力试验、避孕套针孔试验为 2011 年器械比对试验项目。

3. 改选比对试验专家组。医疗器械检定所根据专家组改选原则拟推荐有源、无源比对专家组成员单位各 9 家，经大会讨论通过。5 月各成员单位已上报专家名单及资料，医疗器械检定所完成审核并上报国家食品药品监督管理局。

4. 比对试验用样品制备已按计划、有步骤的开展。按照比对工作会议上确定的方案，比对用样品按计划由协作单位（广州医疗器械检测所、株洲橡胶制品研究所）制备。

5. 2011 年 9 月 2 日～6 日统一发样，9 月 26 日全部结果均已上报，11 月 2 日召开比对结果专家研讨会，进行比对结果判定。其中，对地漏电流试验：参加实验室数量 31 家，27 家实验室结果满意，2 家结果可疑，2 家结果不满意；避孕套爆破体积和压力试验：参加实验室数量 25 家，19 家实验室结果满意，2 家结果可疑，4 家结果不满意；避孕套针孔试验：参加实验室数量 25 家，18 家实验室结果满意，2 家结果可疑，5 家结果不满意。

标准预评价工作

国家食品药品监督管理局于 2010 年 11 月 25 日发布了“关于印发医疗器械检测机构开展医疗器械产品标准预评价工作规定（试行）的通知”。由器械处牵头组织各相关部门进行标准预评价的前期调研工作，并结合调研情况讨论具体的标准预评价实施方案，经反复研究讨论修改，器械处组织制定了《拟申请注册医疗器械产品标准预评价工作管理办法》（SOP－M－F－0002），并于 2011 年 5 月 23 日通过院领导的审批。

器械处积极与信息处沟通，将“拟申请注册医疗器械产品标准预评价意见表”等相关内容与中检院检验报告系统配合上网。经过共同努力，于 2011 年 6 月 3 日组织对院内医疗器械检验相关部门进行了标准预评价工作的宣贯培训，开通标准预评价的网上运转流程，各相关部门开始试运行。试运行期间，发现一些问题，器械处与各相关试用部门进行反复沟通协调，并与院办、质量管理处共同对相关问题协商解决。2011 年 9 月 30 日，器械处联合院办、质量管理处将“关于在中国食品药品检定研究院开展医疗器械产品标准预评价工作的通知”在中检院内网上予以公布，“通知”中对有关问题作了明确说明和要求，自此医疗器械标准预评价工作正式启动。

能力建设

2010 年，医疗器械检定所通过 CNAS 监督评审、计量认证复评审、国家局复评审的“三合一”认证，新增项目637项。2011年11月，通过国家食品检验机构资质认定（初评）、国家四合一”扩项评审，共扩项162个。自此，中检院医疗器械承检认可项目达1117个，承检项目居全国器械机构之首。

1. 创建医疗器械实训基地

2011年9月1日，中检院医疗器械实训基地在深圳迈瑞生物医疗电子股份有限公司成立并举行揭牌暨第一期实训班开班仪式。副院长王云鹤和深圳迈瑞生物医疗电子股份有限公司总裁李西廷共同为“实训基地”揭牌，同时开办第一期实训，本次实训班由4人组成，从2011年8月31日到9月9日共计10天。实训人员直接走进车间，走到生产流水线旁，现场了解器械的生产流程，了解质量控制的环节及一些需要特别关注的步骤，有助于培养检验人员在检验工作中发现问题、分析问题和解决问题的能力。实训结束后，2011年9月29日，4位参加实训的人员在“质量体系及实训情况”会议上进行体会交流。

2. “操作演练日”活动

为促进工作人员间检测技术交流，提高业务能力，同时检查工作人员对《实验室认可准则》（ISO 17025）和《质量手册》执行情况，医疗器械检验中心于2011年10月10日在中心化学组开展“操作演练日”的活动。

化学组成员依据GB1172，使用火花直读光谱仪对骨水泥枪中成分进行检测，依据高效液相色谱操作规程，进行高效液相色谱仪期间核查，同时根据YY/T 0308－2004，对眼科用粘弹剂中乙醇残留量进行测定等。演练过程中，演练人员对仪器的工作原理，操作流程向大家作了详尽的讲解和介绍。

通过演练和讨论使大家相互交流学习，提高了对医疗器械产品的认识，加深了对医疗器械产品检验检测方法的理解和掌握，及时跟踪了医疗器械产品检验检测的新技术、新方法和新动态。

3. 举办医疗器械体系第一期学术沙龙

为活跃中检院医疗器械检验体系的学术气氛，推进和加强各个科室之间的交流与合作，提高医疗器械的科研与检验水平，医疗器械检验体系于2011年10月25日举办第一期医疗器械学术沙龙活动。

首次医疗器械检验体系学术沙龙活动以“纳米银医疗器械的评价技术与标准”为主题，30余人参加。本次活动特别邀请到国家纳米科学中心的蒋兴宇教授一行3人参加学术交流。蒋教授作了题为“纳米银医疗器械的表征技术“的专题报告。医疗器械检验中心介绍了纳米银医疗器械的安全性评价研究及标准的现状。

4. 建立7个新方法，为检验工作进行技术储备

高能X－射线荧光光谱技术用于医疗器械产品元素分析的方法建立；橡胶手套中蛋白质残留量检验；脱细胞生物羊膜中色氨酸含量测定方法及方法学验证；软性角膜接触镜用多功能护理液中甘氨酸含量测定方法及方法学验证；一次性输注器、储液器对胰岛素药物的吸附性能研究；分子筛制氧设备理化性能全项目检测等；聚氯乙烯类医疗器械中邻苯二甲酸酯类增塑剂溶出量检验方法。

5. 第六届无源医疗器械培训班在南京举行

2011年7月19日～22日，第六届无源医疗器械培训班在南京市举行。来自各省（市）医疗器械检验机构及相关企业代表60余人参加培训。来自不同检验机构的11名专家讲师，围绕医疗器械检验的现状、外科植入物的质量控制与规范、体外诊断试剂的量值溯源、纳米银及纳米银医疗器械的安全性评价、医疗器械免疫学评价与风险管理、医疗器械生物学评价标准－化学和毒物管理、生物材料的分子量检测、红外光谱在医疗器械检验中的应用等课题进行授课。

本次培训班是中检院举办的第六届无源医疗器械培训班，为各级医疗器械检验机构提供一个

了解医疗器械检验方法最新进展的机会。经过六届系列的培训，为各级医疗器械检验机构搭建一个能够系统并持续性地进行知识交流的平台。

课题研究

1. 申报各级科研课题8项

（1）器械处牵头，中检院9个科室参加申请的“新型体外诊断试剂质量评价体系和国家标准物质研制”科研课题已经科技部审核批准立项，前期科研经费已下拨，项目已正式启动。

（2）中检院牵头，9个国家级，5个省级器械检验中心，多所大学和研究机构参加的“十二五”国家科技支撑计划项目“医疗器械质量评价、标准研究及安全产品开发”已批准正式立项。这是经多年努力，首个医疗器械质量评价的科研项目，必将对整个体系科研工作产生巨大的影响

（3）2011年北京市自然资金面上项目一项：“纳米银透过体外血脑屏障模型引起脑神经毒性的机理研究”；

（4）“东南大学生物电子学国家重点实验室开放研究基金课题”一项：“纳米医疗器械的免疫学研究”。

（5）“条件参数对多焦人工晶体光学性能的影响及其应用研究”项目获得国家自然科学基金资助。

（6）中检院学科带头人培养基金课题——介入瓣体外脉动流性能检测平台的建立，得到批准。

（7）2011年度中青年基金课题“动物源性生物材料中免疫原性因子残留量的检测”，课题研究工作已经开始启动。

（8）“光学相干断层扫描仪检测模拟眼研究”项目获得院内中青年科学基金资助。

2. 完成了9个课题的阶段性任务

（1）通过验收或结题7项

①国家“863”重大专项（干细胞与组织工程技术标准研究，2006AA02A118），主持单位，今年3月顺利通过课题验收。

②“十一五”“863”干细胞与组织工程重大专项：组织工程神经及其支架材料研制与应用，参加单位，完成课题验收。

③“十一五”“863”干细胞与组织工程重大专项：组织工程血管研究（2006 AA02A134），参加单位，完成课题验收。

④重大传染病诊断产品质量评价综合技术平台，国家科技部重大专项课题（编号：2009ZX10004－805）：研制完成了我国常见人乳头瘤病毒L1基因分型参考品，通过中检院标准物质专家审评会专家评审，2011年结题。

⑤中检院中青年基金课题“组织工程皮肤用于体外皮肤刺激试验替代模型研究”结题。

⑥中检院中青年基金课题“纳米银透过体外血脑屏障模型引起脑神经毒性的机理研究”结题。

⑦中检院中青年研究发展基金课题“人类EGFR基因突变位点检测方法及质控品的建立”结题。

（2）中期验收或在研2项

①“863”课题“具有多孔结构的有序纳米纤维BC/HAP骨组织工程支架的构建及其应用技术”按计划进行。

②中检院青年基金课题“硅凝胶人工乳房中小分子物质的GC/MS标准检测方法的研究”（付步芳），通过中期验收。

包装材料与药用辅料检验检测

药用辅料和药包材备案管理规定相关工作

为进一步加强药用原辅材料的管理，国家食品药品监督管理局组织起草《药用原辅材料备案管理规定》（Drug Master File，DMF），包材所负责药用辅料及药包材备案管理资料申报要求的起草。配合国家食品药品监督管理局注册司于2011

年4月27日和5月9日连续两次召开DMF工作讨论会。对药用辅料和药包材的DMF推进工作提出新的加快部署。2011年5月11日、6月9日，药用辅料及包材室与中国医药包装协会共同举办两次“药包材DMF研讨会”。2011年6月1日、7月8日，药用辅料及包材室与中国医药国际交流中心共同举办两次“药用辅料DMF座谈会”。经过共同探讨备案管理草案，药用辅料及包材室汇总各方建议，拟定药用辅料及药包材DMF初稿，并参与修改国家食品药品监督管理局关于备案管理规定内容及申报具体内容，为下一步DMF制度的实施打下基础。

氟氯烷烃（CFCs）淘汰工作

1. 药用非吸入气雾剂氟氯烷烃（CFCs）淘汰工作

作为国内药用非吸入气雾剂氟氯烷烃（CFCs）替代项目国内执行机构（DIA），组织召开外用气雾剂氟氯烷烃（CFCs）替代物质量标准研究推进及合同签订会；签署合同26份，合同签署工作已100%完成，技术援助项目正按计划开展，组织审核陕西省食品药品检验所、浙江省化工研究院、浙江省食品药品检验所三个研究机构提交的项目第一阶段的研究资料；协助环保部外经办完成了第一笔项目赠款的拨付；召开外用气雾剂氟氯烷烃（CFCs）替代物质量标准研究项目中期协调推进电话会议，部署下阶段项目工作。

2. 吸入气雾剂氟氯烷烃（CFCs）淘汰工作

药用吸入气雾剂（MDI）中氟氯烷烃（CFCs）消耗分步淘汰行业计划正在顺利实施，与受益企业的合同签署工作已全面展开，发放了2011年氟氯烷烃（CFCs）豁免额度，技术援助工作开展了公共宣传、替代物质量对比等基础性的工作。派员参加药用吸入气雾剂氟氯烷烃（CFCs）淘汰项目合同书审评会；派员参与国家食品药品监督管理局药品注册司吸入式气雾剂现场核查工作。

能力建设

药用辅料及包材室于2011年3月24日邀请了日本方面的两位专家，在中国食品药品检定研究院举办日本透明质酸研究进展及质量控制专题研讨会。药用辅料及包材室、生化药品及基因工程药物室、医疗器械检测中心等部门共40余人参加此次研讨会。会议针对广泛应用于食品、化妆品、药用辅料及原料等不同领域的透明质酸类产品的制备工艺、产品特性、应用情况以及质量控制和管理进行了充分的探讨和交流。

课题研究

1. 国家“十一五”课题

药用辅料及包材室副主任孙会敏作为课题总负责人承担了“十一五”科技支撑计划课题“药用新辅料临床前安全性评价及药品与包装材料的相容性安全研究”工作（课题编号：2008BAI55B03）。课题组织合理，在规定时间内完成了任务书中规定的各项指标。在药用辅料方面：课题建立了3种新辅料的质量标准，完善了8种重要的注射用辅料的质量标准，并研制11种药用辅料所需的15种国家对照品。在药包材方面：制定了聚丙烯输液瓶添加剂列表、聚丙烯输液瓶通则，确立了关键工艺点（清洗工艺），评价了现行清洗工艺的合理性。研究成果已取得1项生产批件和1项临床批件。申请1个国际专利，9项中国专利，出版论著3本，发表文章47篇，SCI收载10篇，培养博士生10名，硕士生43名，学士40名。课题承担单位为中国药品生物制品检定所。课题起止年限：2008年12月至2010年12月，课题结题验收日期为2011年4月。

2. 国家“十二五”课题

包材所所长孙会敏作为子课题负责人承担的“十二五”课题即“重大新药创制”科技重大专项“药用辅料和药包材评价系统及其应用”子课题“药用包材相容性研究和药用辅料功能性指标

Functionality - related characteristics (FRCs) 的研究”及“输液袋中添加剂的安全性评价研究”课题开题。

3. 中国食品药品检定研究院中青年课题

谢兰桂博士成功申请中青年课题“X射线荧光法快速鉴别掺杂的聚丙烯输液瓶模型的建立”。

4. 部门申报的“常用药包材的配方和工艺研究、建立合理的工艺、质量标准和标准通则”项目作为“十一五”课题“药用新辅料临床前安全性评价与药品与包装材料的相容性安全研究”(2008BAI55 - B03)的子课题在中国医药包装协会举办的“2011医药包装新产品新技术项目发布及评价活动会”上申报，经过大会的专家委员会评比，荣获大会一等奖。

市场监督

食品药品技术监督所成立

2011年12月12日~13日，食品药品技术监督所在北京召开2011年国家药品评价抽验质量分析报告现场评议会暨中国食品药品检定研究院食品药品技术监督所揭牌仪式，国家食品药品监督管理局稽查局局长王者雄、副局长崔恩学、中国食品药品检定研究院院长李云龙、副院长李波及现场评议专家、药检机构代表约350余人参加。李波主持揭牌仪式。王者雄和李云龙共同为食品药品技术监督所揭牌，并发表讲话。中检院推选出4个质量分析报告进行大会交流。14名专家组成的评议委员会，对先期网评推选出的43个2011年国家药品评价抽验质量分析报告进行现场评议。43名报告人分别在化学药品分会场、中药分会场作了报告，并设置讨论环节，促进专业技术人员与专家的交流与研讨。

药品质量监督

2011年，加强对国家药品评价抽验品种质量分析与研究工作的指导，首次组织开展《国家药品评价抽验质量分析报告课题任务书》填报工作，并组织有关专家进行逐份审阅。组织召开国家药品评价抽验品种质量分析与研究指导会、2011年国家药品评价抽验及业务人员培训会和中期工作会议，除对各单位任务书总体点评外，还就“药品检验药品质量评价的新概念”、“关于中药注射液评价抽验的若干思考”、“有关物质研究在国家药品评价抽验质量评价分析中的应用以及注意点”和“溶出度检查在国家药品评价抽验工作中的应用”等进行专题讲座。根据以往评议工作经验，为保证评议结果的公平和公正，监督所通过开展2011年药品评价抽验质量分析报告评定原则专家讨论会，邀请专家确定2011年国家药品评价抽验工作重点，修订网评和现场评议评分标准指导原则，使质量评价报告评议工作更加科学合理。

2011年全国药品评价性抽验品种增加为211个，实际抽取205个品种，共29432批样品，其中基本药物占总批数的85.1%，总合格率为96.82%。

2011年，起草《药品质量公告》4期，组织对国家基本药物克林霉素磷酸酯注射液等41个品种，复方麝香注射液等15个其他制剂品种进行全国评价抽验。

保健食品和化妆品监管

2011年，配合国家食品药品监督管理局稽查局开展2011年保健食品化妆品专项监督抽验任务，制订《2011年保健食品、化妆品专项监督抽验工作细则》，召开2011年保健食品化妆品专项监督抽验工作会议，并完成《化妆品稽查工作指南》的编纂和印发等工作。

在全国各地分辖区组织开展专项监督抽验，共抽取美白/祛斑类化妆品847批次，辅助降血糖保健食品161批次、减肥保健食品222批次、改善睡眠保健食品215批次，缓解体力疲劳类保健食品241批次，爽身粉类化妆品111批次。将合格/未检出非法添加的报告送交相关抽样省局；不合格/检出非法添加的及时上报国家食品药品监督管理局稽查局。发出美白/祛斑类化妆品合格报告书551份、不合格报告书16份；减肥类保健食品未检出非法添加的报告书25份；辅助降血糖保健食品未检出非法添加的报告书79份；缓解体力疲劳类保健食品未检出非法添加的报告书124份，检出非法添加的报告书43份；改善睡眠类保健食品未检出非法添加的报告书81份，检出非法添加的报告书12份。

开展我国蜂胶质量状况及监管现状的调研。将在辽宁等5省市“2010年开展的针对蜂胶类保健食品非法添加化学药物专项监督抽验的检验结果”上报国家食品药品监督管理局稽查局；将“对2010年含蜂胶类保健食品非法添加化学药物专项监督抽验的检验报告书”按省别进行归类整理，并分别送达北京、辽宁、江苏、浙江、湖北省市食药监局。

广告审查

2011年，针对已经审批通过的12862个药品、医疗器械、保健食品广告，有针对性地抽查371个，占审批总数的3%，发现存在问题并调回的广告数57个，占抽查总数的13%，占审批总数的0.4%。接受广告咨询150余个。

为加强对媒体发布违法广告的监测，组织对全国31个省（区、市）（平均每个地区至少3份）总共100份报纸进行逐月监测，并对全国324个电视频道进行抽查，共发现严重违法药品、医疗器械和保健食品广告62862个。

针对当前存在的利用互联网发布虚假药品信息非法销售药品的问题，加强互联网药品医疗器械保健食品虚假信息的监测和查处力度。通过网上监测和投诉举报，发现并查处违法发布药品信息互联网站共计1770个。建议国家食品药品监督管理局责成省局核查违法网站969家，提请工信部查处286家违法发布虚假药品信息的网站，中央外宣办屏蔽135家涉外违法发布虚假药品信息的网站。在整治网上涉性用品药品非法信息专项行动中，查处并移送387家违法网站。

组织编写并发放4期《广告审查监督管理工作动态》和3期《互联网购药安全警示公告》；起草《2011年上半年广告监测分析报告》；组织汇总全国违法药品、医疗器械、保健食品广告公告4期，收集违法药品广告39020个，违法医疗器械广告5863个，违法保健食品广告11142个；上报《关于对规范撤销行政强制措施要求的建议》；起草《关于对建议在全国范围暂停销售发布严重违法广告品种追踪检查情况的报告》；建立和修订广告抽查工作程序、违法广告公告汇总工作程序、电视广告监测工作程序、报纸广告监测工作程序、汇总暂停销售行政强制措施工作程序、互联网监测工作程序、广告文案咨询登记表、广告复审评议人员数据库管理办法、广告复审制度实施办法等工作程序和制度。

组织对“国家食品药品监督管理局药品医疗器械保健食品广告审批监督管理系统”进行升级，完善审批、监测、监督三项功能，启动广告监测公司与地市监测设备衔接合作项目试点工作，组织召开广告审查监管系统升级版本讨论会。

国家专项抽检工作

1. 2011年国家药包材与药用辅料抽验

2011年，按照拟定的《2011年全国药包材与药用辅料抽验实施方案》，分赴浙江、四川、重庆、河北、山东、江苏、河南、吉林8个省（市），对66家玻璃安瓿生产企业、15家使用玻璃安瓿的药品生产企业、54家空心胶囊生产企业以及6家胶囊用明胶生产企业的相关品种开展抽样工作。实际抽到49家企业共147批玻璃安瓿样品，抽样企业覆盖率为74.2%；抽到8家企业的38批药品和14批玻璃安瓿，抽样覆盖率为53.3%；抽到39家企业的107批空心胶囊样品，抽样企业覆盖率为72.2%；抽到2家企业的4批胶囊用明胶样品，抽样企业覆盖率为33.3%；在空心胶囊生产企业抽取39批胶囊用明胶。在抽样过程中，通过监督检查及问卷调查，了解玻璃安瓿和空心胶囊生产环节的基本状况和存在的问题，为做好评价性抽验工作和加强监管打下基础。

2. 2011年国家免疫规划用疫苗抽验

根据国家食品药品监督管理局稽查局关于2011年对列入国家基本药物的“国家免疫规划用疫苗”进行监督抽验的工作要求，监督所确定了12类疫苗的抽样范围、制定抽样计划和实施方案，并组织专家对8个省开展调研和抽样。年内共计抽到12种124批，完成检验110批。

3. 2011年国家医疗器械抽验

2011年，根据《2011年国家医疗器械抽验工作计划》要求，对物理治疗设备（重点是高电位治疗设备）、体外循环及血液处理类产品（重点是透析粉（液）及配套使用的耗材）和导尿管产品进行抽验。截至2011年10月31日，共抽到高电位治疗设备24台，透析粉（液）77批，血液净化装置的体外循环血路37批，透析器66批，导尿管（含药）45批，导尿管（不含药）662批，索取物理治疗类产品资料1916套。

通过及时改进抽验系统、在抽验系统中开发标准共享模块、建立国家医疗器械抽验工作群和组织相应的中期协调会，开展过程协调；组织物理治疗设备、体外循环及血液处理设备等调研，并首次对高风险产品体外循环及血液处理设备系列产品采用“调研+抽样+现场检验”的工作方式，为深入探索再用医疗器械产品质量监管做出了有益的探索。年内完成并上报国家食品药品监督管理局稽查局4期国家医疗器械质量公告。

药品检测车管理

1. 2011年北京科技周展示

组织快检车相关人员参加北京市人民政府举办的2011年北京科技周活动。科技周期间，有关领导接受媒体采访，对药品检测车工作进行了宣传报道。通过现场演示、现场讲解、分发宣传册等方法，使参观人员了解快检技术可以有效保护患者和广大公众用药安全。在历时7天的科技周活动中，共接待参观人员2000余人次。

2. 参加2011年广州亚（残）运会和第二代药品检测车运行情况总结会

2011年1月6日~7日，主任助理黄志禄赴广州参加2011年广州亚（残）运会和第二代药品检测车运行情况总结会，对在广东省试运行的第二代药品检测车情况进行阶段性总结。亚运会期间药品检测车按时、按需、保质保量的运行，保障了亚运会期间百姓和运动员用药的安全。第二代药品检测车运行积累的数据和绿色液相色谱使用等经验，为进一步改进和推进二代药品检测车的运用奠定了基础。根据中国食品药品检定研究院与深圳市药品检验所签署大运会协同检验备忘录的有关安排，监督所协调、联络有关单位，安排药品检测车在大运会期间提供现场快速检测的相关工作。

案件督查

1. 重大假劣药械案件的督查督办

配合国家食品药品监督管理局稽查局对11次重大假劣药械案件的督查督办工作：派员分别赴甘肃、安徽、上海、吉林、贵州、南宁等地对“岷县当归药材熏蒸有关问题”、“芜湖三益信成制药有限公司涉嫌使用无文号原料药——十一烯酸、十一烯酸锌生产药品案”、“上海昊海生物科技股份有限公司涉嫌使用透明质酸生产假药案”、“3.29案件涉药企业”（2010年9月四川眉山地区破获一起非法销售含麻黄碱类复方制剂案件—3.29案）、贵州科开医药股份有限公司涉嫌销售“假冒吉林敖东洮南药业股份有限公司生产的小牛脾提取物注射液”案、广西千珍制药有限公司涉嫌违法生产消炎利胆片事件等进行督查督办。

派员参加国家食品药品监督管理局“行政执法检查工作组”对安徽、湖南、陕西、山西省局的检查工作。

2. 完善药品补充检验方法

完成对2003～2008年国家食药监局颁布的《药品补充检验方法和检验项目批准件》中限定了企业、品种范围的药品补充检验方法的完善工作。将中国食品药品检定研究院复核的盐酸吗啉胍片等11品种的“药品检验补充检验方法和检验项目修订标准”材料上报国家食品药品监督管理局批准。开展建立肺宁颗粒补充检验方法的工作，将任务下达至吉林省食品药品检验所。

3. 《稽查通讯》编发工作

协助国家食品药品监督管理局稽查局召开2011年《稽查通讯》全国信息员培训会，并完成第13期至18期《稽查通讯》和《全国食品药品监督管理系统稽查人员通讯录》的编制和发放。对2007、2008、2009、2010年稽查局受理的投诉举报函件材料进行整理、汇总，将“对2008～2010年国家食品药品监督管理局稽查局受理投诉举报函件处理情况分析报告”上报稽查局，并参加“2011年中国药学会科学技术奖”的评选，荣获科学技术奖三等奖。

能力建设

1. 完善药品抽验信息系统

2011年，继续完善药品抽验信息系统：开展系统上报抽验计划品种遴选、质量分析评价报告问题分析和发现问题反馈等工作。在抽验系统内发布药品、医疗器械抽验工作计划、实施方案及检验方案，并督促各抽样和检验单位按时操作抽验信息系统；在药品抽验系统中新增通知管理、开放式通讯录、上传下达、基本药物抽验、统计分析等多个新的功能模块；调整主菜单，修改检品状态、检验结果导入导出、公告核查、质量公告等多个环节的功能，理顺工作程序，使其便于操作和管理；严格管理药品、医疗器械抽验信息系统密钥，采用集中管理、发出登记、坏损密钥回收的方式，规范密钥的发放和使用。

2. 对新疆省所进行指导和培训

根据中国食品药品检定研究院援疆和国家食品药品监督管理局援藏工作计划安排，组织中检院和江苏、辽宁省药检所3名专家针对新疆所承检的3个品种药品质量评价进行指导和培训。

课题研究

1. 稽查人员培训机制及管理模式的课题研究

2011年，依照工作职责开展“稽查人员培训机制及管理模式的研究”课题研究。研究根据经济发展程度结合地域分布组成课题组，先后采用课题启动会、统稿会、定稿会，结合问卷调查、实地调研、查阅文献等方式，最终形成两万多字的课题报告—《全国食品药品稽查人员培训机制及管理模式研究》。

2. 2010年国家药品评价抽验课题结题会

2011年，组织召开2010年国家药品评价抽验课题结题会，并启动了6个新研究课题。目前“我国上市后药品质量现状与管理对策研究”、“循证药学及药物经济学在药品质量评价中应用的研究”、“药品质量抽验中有偿抽样可行性的研究”、“链式抽验理论实践应用研究”、“国家基本药物价格与产品质量状况关联性的研究”、“药品监管新理念：质量源于设计（QbD）”、“我国药品质量评价抽验信息平台的建立和应用”正在按计划进行中。

3. 保健食品与化妆品质量监管风险调研

2011年，与国家食品药品监督管理局稽查局、承担调研的相关部门人员进行专题讨论，最终确定将保健食品与化妆品质量监管风险调研分解为“化妆品质量风险调研”、“化妆品公众认知情况调研”、“保健食品质量风险调研”、“保健食品公众认知情况调研”4个分课题，并分别与保健食品协会、中国香料香精化妆品工业协会和传媒大学签订相关委托协议，启动此项调研工作。目前已完成“化妆品公众认知情况调研”、“保健食品质量风险调研”、“保健食品公众认知情况调研”3个分课题的研究工作。

4. 互联网信息工作和软件开发情况调研

为深入、细致的了解当今互联网发布虚假药品信息非法销售药品的状况，有效开展打击利用互联网发布虚假药品信息等行为，组织到上海调研有关互联网信息工作和软件开发情况。针对互联网药品信息和交易现状，从企业、消费者、行业协会等多角度了解现阶段互联网信息发布及互联网药品交易领域存在的问题和收集整理对监管政策的意见及建议，并完成“互联网药品信息发布及药品交易监管调研报告”。

第二部分　标准物质与标准化研究

标准物质工作

重点保障工作

2011 年，标准物质管理处制定《关于进一步加强药品标准物质管理工作的方案》，找出标准物质供应缺货、断货情况原因，提出加强原料督查、实行跟踪问效，上报问题品种、明确责任主体，强化时限管理、加快研制进度，合理利用外源、协同完成任务及扩大制备规模、确保长足供应等五项工作措施，并多次组织会议协调相关工作。截止 2011 年 11 月底，《中国药典》（2010 年版）一部和二部收载品种所需标准物质共 1754 种（其中新增品种 405 个），目前能对外提供 1702 种（提供率为 97%）；基本药物所需标准物质 384 种，目前能保障供应 358 个品种（提供率为 93.2%），26 个品种由于换批的原因暂时断货。2011 年实现标准物质供应 100 万支。

二级供应单位管理

根据《二级供应单位考核方案》要求，标准物质管理处组织相关人员对黑龙江、福建、山西、陕西、四川、天津、江西、广东等二级供应单位进行检查考核，各组与二级供应单位药品标准物质负责人进行沟通交流，就各单位征订标准物质的流程，销售人员对标准物质的熟悉程度，近年来购买标化所标准物质情况、销售价格等八条考核评估指标进行现场评分，根据评估结果的排名顺序确定最终的二级供应单位，考察评估后对符合要求的单位发出《资格确认函》，并将在网站公布国家药品标准物质二级供应单位名单。

标准物质制备

1. 制备工作

2011 年，药品标准物质共分装 736 个品种，147 余万支，超出去年 41.6 万支，与去年同比期增幅 40%。其中中药材标准物质 179 个品种，23.7 万支；化学药品室 269 个品种，60 万支；中药化学 237 个品种，53.6 万支；生化药 23 个品种，4 万支；其他 28 个品种，4.7 万余支。

包装 940 个品种，156.7 余万支，超出去年 79.3 万支，与去年同比增幅 102%；主要包装中药材 198 个品种，26.3 万支，化学药品室 349 个品种，61 万支；中药化学 315 个品种，51.8 万支，生化药品室 37 个品种，8.3 万支；其他 41 个品种，9.4 万支。

2. 改进外包装

为应对高强度的生产任务，将包装盒进行简化，由原来的单支装，改为 5 支装和 10 支装，极大的提高包装效率。修订标签内容，增加免责声明和有毒有害物质提示。实现了说明书上网，并进行美化设计，一方面减少了包装工序，另一方面方便用户的随时查阅打印。

3. 提高分包装工作效

新购置专用粉碎机，由原来的击打式变为纯剪切式，不仅效率翻倍，而且产热量极低，特别有利于降低挥发性成分损失。研究含糖量高的品种如枸杞的粉碎方法，基本解决遗留多年的问题。在安瓿熔封方面，定做新的安瓿，口径变大，方便分装。购置新安瓿熔封机一台，实现全自动封口和在线充氮，质量和效率得到极大提高。液体分装包装实现微量分装、加塞、吹干、充氮、压盖的流水线工作模式。

秘书处工作

第七届国家药品标准物质委员会负责标准物质的技术审核、标准物质管理规定和技术规范审定以及处理其他有关标准物质事宜。为发挥委员会的技术把关和技术监督的作用，多次召开药品标准物质分委员会专题会议，包括药品标准物质分委员会、生物制品标准物质分委员会、医疗器械标准物质分委员会及价格与分配委员会，对国家药品标准物质标定报告进行技术审核，对国家药品标准物质的价格进行审核。同时，针对标准物质研制报告审核中有明显争议的化学对照品定值问题进行了探讨。

规章制度建设

为进一步规范管理，在已制定的《国家药品标准物质管理办法》、《国家药品标准物质技术规范》、《药品标准物质委员会章程》、《药品标准物质供应管理规范》、《国家药品标准物质成本核算管理办法》、《国家药品标准物质研制报告技术要求》、《国家药品标准物质协作标定技术要求》等规范围性文件的基础上，组织编写了国家药品标准物质培训手册，内容涵盖了药品标准物质工作全流程（包括原料备案、原料征定、分装、标定、审核、包装、库存、供应、信息反馈及稳定性核查）的各项工作细则，实现工作每一具体环节都有规范性文件作为依据，加强了国家药品标准物质流程管理。

标准物质审批与标定

报告审核工作

1. 药品标准物质报告审批

2011 年审核通过国家药品标准物质报告 582 批，首批研制品种 156 批，换批制备标准物质报告 426 批；生物标准物质报告审批 9 份，其中首批 4 份，换批制备的药品标准物质报告 5 批，4 个报告进入审核程序；医疗器械标准物质报告 2 个品种进入审批程序，2 个品种已提交制备申请。同期受理药品标准物质原料申报及备案共计 25 件。

2. 测量审核工作

2011 年 7 月开始，受理测量审核申请 33 份，均已按照工作程序发放样品与作业指导书，其中有 30 份已完成测量审核报告。

协作标定工作

为保证特性值的准确性，国家药品标准物质的定值需要进行协作研究，标准物质管理处组织 40 多个品种的协作标定工作，进一步增加强标准物质定值的准确性。

稳定性核查工作

2011 年以来，进一步加强稳定性核查工作，根据不同种药品标准物质的用途及特性，选择有代表性的品种及特性指标考察其稳定性，2011 年，相关科室共申报 94 个品种的稳定性核查工作，且大部分已完成并上交核查报告，从而确保药品标准物质的有效性。

标准化研究

建立计量管理相关管理和操作规范

组织起草仪器自检 SOP 12 份，仪器期间核查 SOP 57 份，仪器操作规程 SOP 27 份，仪器自检 SOP 12 份，标化体系受控文件的管理 SOP 41 份。修订发布《仪器设备计量管理规定》、《仪器设备量值溯源管理规定》、《功能仪器设备管理规定》、《仪器设备期间核查管理规定》、《仪器设备自检管理规定》5 个仪器管理 SOP，并及时将上述 5 个计量管理 SOP 和 57 份仪器期间核查 SOP 分发到院内 28 个业务科室实施执行。

组织全院开展仪器计量方面的活动，其中仪仪器期间核查 SOP 起草督办 20 多次。开展了仪器期间核查SOP起草格式和要求培训、2011年仪器设备管理员计量管理SOP培训、EDQM质量管理体系和欧洲药品质控实验室介绍即人员培训等。所有受控文件均发放到有关科室，及时收回原文件，并将受控文件报质量管理处备案。这些制度文件的建立和完善，为下一步WHO实验室预认证奠定了基础。

药典工作研讨会

2011年1月10日，中国食品药品检定研究院主办药典工作研讨会。国家食品药品监督管理局副局长兼国家药典委员会秘书长吴浈、国家药典委员会副秘书长周福成出席会议，中检院第九、第十届药典委员，国家药典委员会中层干部、中检院院办负责人等50余人参加了此次研讨会。会议对今后的药典工作提出了“加强沟通，信息共享；加强科研成果转化；深入开展技术合作，充分发挥药典的引导作用和中检院的技术优势”的建议。新老委员共同畅谈中检院与药典会的密切联系，药典委员们希望多承担药典任务，支持药典委员会的工作。副秘书长周福成指出，药典每次进步与中检院分不开，中检院一代代药典委员齐心协力，把药典工作当成国家任务，尤其对《中国药典》（2010年版）的按时完成起到了很大的作用。

秘书长吴浈充分肯定中检院对药典工作的大力支持。他强调检验与研究要并行，一定要加强科研成果的转化及新方法的应用。院长李云龙在结束语中指出，中检院是全药检系统的领头，应该很好地起到示范和带头作用。希望各委员把药品标准提高工作作为中检院院职责之一，在标准起草、修订及科研成果转化中起带头作用。

快检技术研究

审核2010年191个国评品种中涉及的43个模型数据，对2011年国家评价性抽验品种近红外建模进行指导，并进一步通过网络、电话等方式加强快检技术服务工作，将药品快检技术相关的政策动向、各地情况、技术交流等内容通过《药品快检技术月刊》电子刊物向全国快检人员免费发送。同时，制作“药品快检技术在国际药品采购中的应用”和“药品快检技术在中国打击假药中的作用”宣传页。

2011年5月14日～20日，受北京药学发展基金会邀请，中检院参加2011全国科技活动周暨北京科技周，负责药品检测车展览、演示，宣传用药安全，并被北京电视台生活频道报道。

2011年8月2日～5日，中检院对深圳大运会人员开展药品快检技术培训。内容包括近红外光谱基本操作和通用性模型、一致性模型、检测非法添加的模型的建立方法，以及拉曼光谱、快检箱、中药鉴别和外观鉴别技术。之后对药品检测车进行了交接，由深圳市药检所人员在大运会期间使用，保障药品质量安全。

2011年10月8日～12日，江苏省新购10辆第二代药检车，中检院组织安排教员进行了技术培训，内容涉及近红外快检方法、中药快检方法和化学快检方法，并在培训结束后进行了测试。

课题研究

国家“十一五”重大新药创制专项：中药中外援性残留物检测技术与标准平台的建立，2011年5月结题。

国家“十一五”重大新药创制专项：中药标准物质研制和开发的技术平台的建立，2011年5月结题。

国家自然科学基金课题一项，2011年年底结题。

国家自然科学基金课题一项，2012年～2014年。

国家“十二五”重大新药创制专项：新药研发公共资源平台——中药化学成分库，2011年～2013年。

国家“十二五”重大新药创制专项：化学新

药质量标准研究与评价技术平台，2011 年 ~ 2013 年。

院中青年基金课题一项，2011 年年底结题。

2011 年发表文章共计 20 篇，出版专著 2 部，待出版专著 2 部。

获中国药学会 2011 年科学技术奖三等奖一项。

能力建设

化学对照品技术标定培训会

2011 年 4 月 7 日 ~8 日在北京召开化学对照品技术标定培训会，会议介绍了保证《中国药典》（2010 年版）、国家评价性抽验和国家基本药物覆盖抽验品种检验所需标准物质的供应情况，并对化学对照品协作标定工作提出明确要求。各地方药检所参会人员与化学药品室对照品标定人员进行了讨论交流，统一了标定方案，为更好的开展化学对照品技术标定工作奠定了技术基础，保障了标定工作的顺利进行。

标准物质技术标定培训班

2011 年 5 月 16 日 ~19 日，药品标准物质技术标定培训班在四川省成都市召开。药品标准物质不同专业的专家分别对化学对照品、抗生素标准物质、生化药品标准物质、对照药材、药理标准物质等的研制、管理、应用以及国内外药品标准物质的研究及应用等内容作了详细的讲解，并对多实验室标准物质协作标定、国家药品标准物质研制报告技术要求和标准物质分包装情况作了详细介绍，同时对实际工作中所遇到的问题进行了现场解答和探讨。

国家药品标准物质管理工作研讨会

2011 年 8 月 4 日 ~5 日，标准物质管理工作研讨会在新疆乌鲁木齐召开，与会代表就如何进一步加强国家药品标准物质管理工作，提升检验能力水平进行讨论。大家一致认为，中检院在国家药品标准物质的研究、制备，以及为各省药检所提供技术支持等方面做了大量的工作；通过此次会议全国食品药品检验系统将进一步加强国家药品标准物质管理工作，促进国家药品标准物质的原料制备、协作标定、期间核查等工作的全面开展，不断提升药品检验能力和水平，为国家食品药品监管工作提供强有力的技术支撑。

第三部分　实验动物

2011年1月21日，实验动物管理体系召开了“十二五”期间实验动物工作设想研讨会，把加强动物资源建设和人员队伍建设作为提升工作水平的切入点，进一步完善质量体系和规范化管理，使实验动物体系整体功能和技术服务水平得到实实在在的提高，在保证药品检验质量、安全和效率方面发挥应有作用”的工作思路。明确“大力加强实验动物资源建设”、“大力加强人员队伍建设”和“全面提高实验室管理水平，推动饲养繁育技术和检验技术的发展”的三大发展目标，以及为实现上述目标需要开展的18项重点工作。

实验动物资源研究所机构编制变更

2011年9月23日，根据“中国食品药品检定研究院（国家食品药品监督管理局医疗器械标准管理中心）主要职责内设机构和人员编制规定”，实验动物管理处更名为实验动物资源研究所（简称“动物所”）。

2011年12月9日，《中国食品药品检定研究院实验动物资源研究所主要职责内设机构和人员编制规定》经2011年第33次院长办公会研究后批准。

中国食品药品检定研究院实验动物资源研究所主要职责内设机构和人员编制规定

一、主要职责

（一）承担实验动物保种、育种、生产和供应工作。

（二）负责实验期动物饲养管理及相关条件保障。

（三）负责实验动物质量和实验环境设施与设备检测。

（四）负责动物源性材料病毒安全性检测和病毒灭活效果验证。

（五）开展转基因动物和动物模型研发。

（六）开展与实验动物相关新技术、新方法研究。

（七）承担“国家啮齿类实验动物种子中心”、“国家实验动物质量检测中心”工作。

（八）承办院交办的其他事项。

二、内设机构

根据上述职责，实验动物资源研究所设置以下5个内设机构：

（一）综合办公室

综合、组织和协调所行政事务工作；负责实验动物生产供应、动物实验、实验动物质量检测、模式动物研究以及其他相关研究工作协调和管理；负责“国家啮齿类实验动物种子中心”和“国家实验动物质量检测中心”的管理工作；负责院“实验动物管理委员会”和“实验动物福利伦理审查委员会”的日常管理工作；承担实验动物从业人员上岗培训的相关工作；承办所交办的其他事项。

（二）实验动物生产供应室

负责实验动物需求信息的收集、整理、分析和生产计划的制定；负责实验动物生产、供应工作和相关条件保障工作；负责实验动物质量管理的协调工作；承担实验动物生产、管理技术咨询和技术人员培训工作；承担“国家啮齿类实验动物种子中心”的保种、供种和新品种（品系）培育工作；承担相关技术方法研究和技术人员培训工作；承办所交办的其他事项。

（三）动物实验室

负责实验期动物饲养管理和条件保障工作；承担实验动物福利伦理申请的审查工作；负责动

物实验技术方法研究及技术人员培训工作；承担依据标准开展实验环境设施和设备的检测工作；承办所交办的其他事项。

（四）实验动物质量检测室

承担实验动物质量检测工作；承担动物源性相关制品的生物安全性检测和病毒去除或灭活工艺有效性验证工作；开展相关技术方法研究及技术人员培训工作；承担"国家实验动物质量检测中心"工作；承办所交办的其他事项。

（五）模式动物研究室

承担基因修饰动物和动物模型的制作、鉴定和表型分析等研究工作；承担基于模式动物的检测、安全性评价方法和技术标准的制定工作；承担"国家啮齿类实验动物种子中心"的实验动物种子冷冻保存和新技术研究；承办所交办的其他事项。

三、人员编制

实验动物资源研究所设所长1名，副所长1名，正副室主任8名。

实验动物相关工作

实验动物供应工作

2011年完成实验动物供应215579只，比2010年增长23%（2010年175110只），其中供应中国食品药品检定研究院用于药品检验的动物106818只，向其他单位供应实验动物108761只。从单个品种来看，KM小鼠、BALB/c小鼠、裸鼠以及C57小鼠的供应量与2010年相比有较大提高，基本满足药品检验工作的需要。

2011年供应动物数量（只）

品种	中国食品药品检定研究院	其他单位	合计
小鼠	93791	87006	180797
大鼠	6224	16579	22803
豚鼠	5352	3792	9144
家兔（SPF级）	565	1384	1949
家兔（普通级）	886	0	886
合　计	106818	108761	215579

模式动物冷冻胚胎保种工作

胚胎冷冻保种是动物遗传种质资源保存的有效方式，相对于活体保种，在抵抗环境影响、保持动物种质稳定和降低成本方面具有一定优势。尤其对于较为珍贵的模式动物资源，开展胚胎冷冻保种工作有重大的意义。2011年共进行10批次100只动物的交配和胚胎采集，共保存冷冻胚胎120余枚。通过对实验数据的采集和分析，对胚胎冷冻相关参数进行摸索和优化，结果发现：

1. 模式动物最适周龄：10－14周雄性，以及4－8周雌性较合适用于交配获得冷冻所需胚胎。

2. 优化超排技术：激素PMSG和hCG在10IU的浓度下能够达到最好超排效果，在保证质量的前提下获得较多数量的胚胎。

3. 最佳胚胎冻存时期：早期胚胎（2－细胞胚胎）的冷冻－复苏效率要优于晚期胚胎（如桑葚胚和囊胚），因此，今后冷冻胚胎工作主要利用2－细胞胚胎进行。

4. 胚胎冷冻方法选择：主要比较了EFS和DAP两种方法，各有优势，其中EFS法保存效果较好，但是操作复杂，限制了所保存胚胎的数量；DAP法效率相对略低，然而易于保存较多的胚胎。两种方法可根据需求和实验人员技术水平互为补充。

5. 体外受精技术：开展体外受精工作，为模式动物的净化提供技术支持。同时结合精子冷冻，为模式动物冷冻保种技术的建立和完善提供保障。

上述研究结果为今后胚胎冷冻技术水平的提高做好基础工作。

动物实验管理工作

动物实验是实验动物产业链上重要的一环。通过严格管理，在实践中不断探索总结科学高效的管理经验，在空间有限的情况下，2011 年管理动物实验数量 1542 个，管理动物数量 86618 只，比 2010 年（60228 只）增加 40%，保障了全院检验科研动物实验的及时和规范实施。

1. 积极建设党员示范岗：将党员示范岗的建设与日常的服务能力和水平结合起来，服务向“精细”和“纵深”发展，重点是发挥党员的模范带头作用，提高服务能力，包括环境和动物质量的控制能力、动物实验个性化服务能力和动物实验操作能力等，把握服务和管理的平衡。

2. 加强管理制度的落实：公共实验室管理制度的彻底落实存在一定难度，动物实验室采取了一系列针对性措施，如图示、标牌、提示、口头解释、督促等，指定一人作为动物实验程序、动物实验设施使用方法的培训讲师。经过一段时间的努力，实验人员不规范现象大为减少。

3. 优化现有资源：在不影响动物生活环境质量的情况下增加了六套共 72 架家兔笼架，新订购一批大鼠、豚鼠、家兔笼具，以保障正常周转和实验高峰期的实验安置。

4. 设施维护：更换负压实验室室外排风口滤材；更换一层和二层的加湿器，在前端加装疏水阀；安装避雷设施；对屏障环境外走廊进行维修。

5. 对动物质量的严格把关，特别针对普通级家兔质量不稳定和外购小鼠存在微生物感染等问题，对供应商进行现场考核，分析原因，采取针对性措施，使热原实验预检温合格率从原来的 40% 提升到了 70%，为全院药品检验工作的顺利进行提供保障。

在北京市实验动物管理办公室（简称动管办）对北京地区实验动物使用单位的监督检查中，中检院实验动物管理工作获得动管办的表扬。在动管办 8 月 16 日发给中国食品药品检定研究院的文件“关于印发监督检查意见的通知”（京动管通字〔2011〕69 号）中，对实验动物管理工作检查结论是：主管领导重视、管理人员认真负责、设施运行良好、设施管理规范，此次检查中予以表扬。

实验动物质量检测

2011 年共完成实验动物及相关样品的微生物和寄生虫质量检测 1594 只/份，为送检单位动物及相关产品的质量控制严格把关。其中，两次接受北京市实验动物管理办公室委托，对北京市 20 余家实验动物生产企业进行了监督抽验，检测小鼠、大鼠、豚鼠、家兔、犬和猴在内的 800 多只动物，为北京市实验动物质量评价提供了基础依据。

完成国家啮齿类实验动物种子中心和动物实验室送检的小鼠、大鼠、豚鼠、家兔等实验动物的微生物和寄生虫等级检测工作，检测品系涵盖 BALB/c（澳大利亚）、BALB/c（日本）、C57BL/6、T739、DBA/2、C3H、IRM－2、NCPC/2、C57BL/10、615、SCID、IRM 等近交系小鼠以及近交系大鼠 BN 和 F344 等。此项工作为中国食品药品检定研究院实验动物生产和动物实验的标准化提供了科学指导，为保证实验动物质量及动物实验的科学性和可重复性奠定了基础。

在遗传质量检测工作中，进行了皮肤移植、近交系和封闭群的遗传质量检测，并完成疾控中心等单位送检的 646 只大小鼠血液指标的测定。其中，对国家啮齿类实验动物种子中心的近交系 BALB/c 小鼠进行的皮肤移植检测，从免疫学方向对近交系小鼠进行了遗传质量评价；对沈阳三生制药有限责任公司的BALB/c近交系小鼠进行检测，利用遗传生化标记位点从蛋白质水平评价了近交系小鼠的遗传质量。通过对天坛生物和我院保存的NIH小鼠进行了遗传检测的比较，分析了两个封闭群遗传组成上的差异，为种群管理提供技术支撑。

动物源性生物制品检测

2011年共完成对24个不同厂家送检的39批次鼠神经生长因子、33批次杂交瘤细胞株，4批次单克隆抗体鼠源性外源因子检测工作，进行动物安全性实验和抗体产生实验，免疫小鼠2260只，进行鸡胚接种实验接种鸡胚675枚，进行细胞接种实验接种细胞1980瓶。为企业生产、审评注册和相关科室检验任务的完成提供了可靠数据和技术保障。

动物源性生物制品病毒去除/灭活验证

动物源性生物制品的病毒去除/灭活是生物制品的生产中的关键环节。2011年完成35批次动物源性生物制品生产工艺的病毒灭活/去除效果验证工作，科学评价生物制品生产工艺及产品的安全性，为该类产品申报、审评和推广应用提供技术支撑。

两个国家中心的工作

作为国家实验动物质量检测中心，向全国21省市36个单位提供病毒抗体诊断试剂盒963盒，包括小鼠病毒检测试剂盒640盒、猴B病毒检测试剂盒5盒、大鼠病毒检测试剂盒160盒、豚鼠病毒检测试剂盒59盒、地鼠病毒检测试剂盒56盒、家兔病毒检测试剂盒37盒、犬病毒检测试剂盒6盒；大小鼠遗传试剂盒12盒。

作为国家啮齿类实验动物种子中心，为国内12个省市18个单位提供实验动物种子，包括：小鼠6个品系、大鼠2个品系及豚鼠1个品系共计2040只。

委托检验工作

受北京市动管办的委托，组织相关单位共同完成北京地区实验动物质量抽检工作。全年两次共抽检40家单位的小鼠（KM、ICR、B/c、C57、NIH、裸鼠）、大鼠（Wistar、SD）、豚鼠、家兔（新西兰、大耳白）、比格犬、恒河猴等13个品种（品系）795只动物，进行了微生物、寄生虫和遗传检查，为北京科委发布质量公告提供技术支持。

能力建设

成立实验动物管理委员会和实验动物福利伦理审查委员会

2011年4月24日，中国食品药品检定研究院实验动物管理委员会和实验动物福利伦理审查委员会成立。成立大会由副院长王佑春主持，特邀专家和两个委员会委员共32人参加会议。院长李云龙作为实验动物管理委员会主任委员出席会议，为各位委员颁发聘书，并作重要讲话。他指出中国食品药品检定研究院始终把实验动物工作作为检验检测中心工作最重要的保障条件来对待，始终给予高度重视。成立两个委员会就是中国食品药品检定研究院狠抓这项工作的一个重要举措，是认真研究，反复酝酿的决定。对于委员会今后的工作，从保证质量、长远规划、推进学科建设、搭建交流合作平台等六个方面提出要求。两个委员会的成立对进一步提高中国食品药品检定研究院实验动物管理水平，发挥实验动物工作对药品检验检测工作的支撑水平起到重要的推动作用。

2011年6月和11月，实验动物福利伦理审查委员会第一分委会分别对生物制品检定所、化学药品检定所、医疗器械检定所、食品化妆品检定所、实验动物资源研究所等有关业务科室提交的共计167个《实验动物福利伦理审查》申请书进行首次申请审查。

动物实验管理系统的建设与运行

2011年5月，在全院范围内举办“动物实验管理系统培训会”，将动物实验管理系统在全院推广使用，实现了动物供应部门、动物使用部门和动物实验管理部门信息的及时交流和即时互动，在处理动物实验相关事务时体现了高效、准确、方便、规范等特点，为建设功能齐全的动物实验网络服务管理平台打下基础。2011年10月，实验动物资源研究所组织相关科室人员，对“动物实验管理系统”进行阶段性总结。对实验动物使用部门、实验动物生产部门和动物实验管理部门三方的反馈意见进行了汇总整理，对该系统的优势和不足进行总结。对如何加强实验动物生产管理以及与“动物实验管理系统”的使用衔接做了讨论。会议决定：基于深化动物实验管理和完善系统的需要，进一步完善“动物实验管理系统”，基于加强实验动物生产管理的需要，建设“实验动物生产管理系统”供实验动物资源中心内部使用。通过对两个系统的建设和完善，进一步规范动物实验与动物生产供应的管理，提升实验动物工作为检验工作的服务水平。

实验室比对试验

为加强实验动物质量检测实验室间的学术和技术交流、规范实验操作、探讨检测中存在的技术问题、提高检测质量水平，2011年4月，实验动物质量检测室（国家实验动物微生物、遗传质量检测中心）参加了由中国医学科学院实验动物研究所、军事医学科学院实验动物中心开展的实验室比对试验。四种犬病毒检测技术的比对结果准确，技术稳定。

2011年9月~12月，实验动物质量检测室（国家实验动物微生物、遗传质量检测中心）组织国内11个省级检测机构开展实验动物质量检测机构能力比对实验。比对项目涉及病毒（小鼠肝炎、小鼠仙台和大鼠出血热）、细菌（泰泽、支原体）和遗传（脂酶1、血红蛋白、脂酶3）等项目。这是国内首次开展的大范围的实验动物质量监督检测机构的能力比对活动，比对结果较为真实地反映出我国实验动物质量检测能力水平，发现了我国实验动物质量监督检验机构检验能力存在的问题。此次比对活动，对进一步提高我国实验动物质量的检测水平起到了积极的推动作用。

应北京昭衍新药研究中心有限公司的请求，就无特定病原体家兔仙台病毒检测项目进行了试剂盒比对检测工作，比对结果表明实验动物质量检测室自行研制的试剂盒稳定，检测结果准确，购自日本的试剂盒阴阳对照系统不成立。

质量管理体系的完善

为适应质量手册和程序文件改版后质量体系文件的管理模式的改变，进一步严格管理，使管理制度和标准操作规范之间相互一致，同时也为了符合新国标的要求，制修订管理制度和标准操作规范66项。

接受质量管理处组织所内专家进行内审，对内审中提出的生物安全实验室的使用、检验报告的规范等问题按照内审报告的要求进行了整改，进一步强化了质量保证体系，确保动物生产、动物实验和动物质量检测工作的科学规范。同时，强化了检验进度的管理，及时发放报告，提高检验效率。

按时完成实验动物生产许可证和使用许可证的年检工作。

培训工作

根据“北京市实验动物从业人员培训考核管理办法”的要求，实验动物从业人员（包括从事实验动物生产、供应、经营和动物实验的科技人员、专业管理人员和技术工人等）必须由市科委认定的培训机构进行实验动物和动物实验知识的培训取得上岗证。为更好的完成检验工作和科研任务，实验动物资源研究所分别于2011年10月27日~28日和2011年11月30日，对中国食品药品检定研究院21个处、室（中心）共194名管理、检验和动物饲养人员进行了换证培训和上岗培训。培训的内容主要包括：国内外实验动物发展概况和有关政策法规，实验动物环境设施及其影响动物实验的因素，实验动物遗传学、微生物学与寄生虫学质量控制，实验动物饲料与营养，动物实验技术以及实验动物模型等。培训结束后，学员参加了北京实验动物行业协会组织的考试，成绩合格者获得“北京市实验动物从业人员岗位证书”。

根据工作需要，组织有关人员参加各种培训和学位教育学习，包括：特种设备操作上岗证培训、新版国家标准详解培训、新版动物生产SOP培训、消防安全培训、实验动物设施建设与许可证办理流程、实验动物运行及管理、首届Charles River亚洲短期培训、动物实验技能培训；6人攻读在职研究生学位。

举办“实验动物设施建设与许可证办理流程”、“动物质量检测取样方法”、“新修订的实验动物国家标准”、“哨兵动物的使用”、“实验动物管理与福利伦理审查”、“动物实验管理系统”、“动物实验室管理制度和SOP制定和修订”、“实验动物国家标准培训”、“生物安全知识、ABSL-2实验室的管理”、“模式动物研究进展培训”、“囊胚注射技术培训”等方面的培训。

通过各种方式的技术指导、技术培训和参观学习，了解本领域的新技术和管理理念，掌握模式动物制作技术，提高实验动物质量检测和饲养管理水平。

课题研究

1、动物源性生物材料病毒检测技术研究（国家科技支撑计划，2008BA154B06，2008.9-2010.12）

作为课题承担单位，建立和完善我国人用动物源性生物材料和生物技术产品病毒安全性检测技术平台。建立15项具有自主知识产权的猪、牛、鼠、猴源性等多种动物源性生物材料和生物技术产品内源性和潜在性病毒的细胞学、免疫学、分子生物学检测方法。部分检测技术（如羊痒病）为国内首创，填补了国内相关领域的空白，达到国外同类技术水平。建立用于不同动物源性生物材料和生物技术产品病毒去除/灭活工艺效果验证的技术系统，开展病毒灭活动力学研究，全面真实地评价不同产品、不同去除/灭活方法对病毒的灭活速率和灭活效果。课题于2011年4月通过验收。

2、院中青年基金课题

由实验动物资源研究所承担的院中青年基金课题“SJL小鼠H-2基因与接种乙肝疫苗后无（弱）应答的相关性研究”（2009C5）和“实验小鼠遗传生化标记检测法的研究”（2009C8）通过验收。

2011年有一人获得院中青年基金资助，课题为“四种指示病毒的纯化浓缩及其在病毒灭活/去除工艺验证中的应用”（2011C4）。

3. 论文出版

2011年，实验动物资源研究所共发表文章25篇。在国家科学技术学术出版基金的资助下，组织全国11省市28单位的61位专家，完成了“实验动物福利与动物实验科学”的编写，共计34章，78万字。2011年6月由科学出版社出版。

学术交流活动

1. 实验动物学术交流会

参加第五届北京实验动物国际论坛（5月，北京），贺争鸣、马丽颖、王淑菁、李晓波等4人应邀作报告；第九届中国北方实验动物科技年会（8月，伊春），贺争鸣、高正琴应邀做了学术报告；中国工程院科技论坛——实验动物与生命科学研究（10月，北京），岳秉飞应邀作报告；第二届中国兽医大会（10月，合肥），贺争鸣应邀作学术报告；贺争鸣、王金恒等参加第八届生命科学研究中动物实验替代方法国际大会（8月，加拿大）；贺争鸣、王金恒参加国家实验动物种子中心发展研讨会（7月，广州）。

2. 第一届全国药检系统实验动物学术交流会

2011年9月22日~24日，主办召开“第一届全国药检系统实验动物学术交流会”。国家科学技术部科研条件与财务司处长孙增奇、北京市实验动物管理办公室主任李根平、南京大学模式动物研究所所长高翔，以及来自50个省市级食品药品、医疗器械检验检测机构共计80余位代表出席会议。

学术交流会由中检院副院长王佑春主持，院长李云龙和科技部科研条件与财务司处长孙增奇分别发表了讲话。大会邀请了3位专家做专题报告。广东所、江苏所、浙江所、北京所、四川省、深圳所、天津市医疗器械质量监督检验中心和中国食品药品检定研究院的有关同志，从不同的角度作了实验动物学术报告。

模式动物合作研究

实验动物资源研究所与百奥塞图基因生物技术有限公司签署合作协议，联合开展模式动物研究。根据合作内容，制作的模式动物将大部分保存在国家啮齿类实验动物种子中心。该合作逐步深入，进展顺利，并完成了承接的第一个合同的交付工作。

第四部分　安全评价

2011年，食品药品安全评价研究所共签订14项专项研究合同，合同额1440万元。开展专题研究97项，其中GLP试验33项，非GLP试验64项。涉及的品种有：创新生物技术药物如新型疫苗EV－71灭活疫苗、HPV疫苗、VR111疫苗、重组人TNF－α单抗、重组人P43蛋白、HcHAb18抗体、CTB006抗体，天然药物1类CXZ－123，以及全创新化学药1.1类SHR118735、HS060098等。累计发出长毒、安全药理、生殖、急毒、过敏性实验等实验报告共31份。

此外，承担中国食品药品检定研究院的医疗器械注册检验遗传毒性协检工作，按要求制订了安评中心医疗器械注册检验遗传毒性协检检验流程，共完成27个医疗器械产品的遗传毒性检测试验42项。其中，Ames试验15项，小鼠淋巴瘤细胞试验（MLA）24项，微核试验3项；42份报告全部发出，材料全部归档。

食品药品安全评价研究所机构编制变更

2011年9月23日，根据“中国食品药品检定研究院（国家食品药品监督管理局医疗器械标准管理中心）主要职责内设机构和人员编制规定”，国家药物安全评价检测中心更名为食品药品安全评价研究所（简称“安评所”）。

2011年12月9日，《中国食品药品检定研究院食品药品安全评价研究所主要职责内设机构和人员编制规定》经2011年第33次院长办公会研究后批准。

中国食品药品检定研究院食品药品安全评价研究所主要职责内设机构和人员编制规定

一、主要职责

（一）组织开展药品、医疗器械、保健食品、化妆品和餐饮服务食品安全相关的安全性实验研究工作。

（二）开展与非临床安全性相关的新技术、新方法实验研究。

（三）组织开展严重药品不良反应和医疗器械不良事件原因的实验研究。

（四）承担“国家药品安全评价监测中心”工作。

（五）承担对国家食品药品监督管理局认可的非临床安全评价检测机构相关技术人员的培训工作。

（六）承办院交办的其他事项。

二、内设机构

根据上述职责，食品药品安全评价研究所设置以下8个内设机构：

（一）综合办公室

组织和协调所行政事务工作，负责文电、会务和机要等日常工作管理；承担所科研的事务性管理工作；承担计算机网络资源的建设与管理；承担档案的管理；承担所仪器计量检定有关工作；承担化学试剂及仪器设备的申报、购买管理等工作；承担后勤保障工作；承办所交办的其他事项。

（二）质量保证室

对依照GLP规范开展的研究工作进行质量保证检查，并签署质量保证书；依据GLP规范要求定期对人员、设施、文件、运行管理的整体情况进行检查；承担相关人员的GLP法规培训工作；承担SOP审查工作和GLP认证、检查的组织协调工作；承办所交办的其他事项。

（三）一般毒理室

承担一般毒性试验、免疫毒性试验研究工作；承担相关领域一般毒性试验、生物标志物等新方法新技术研究及技术培训工作；承办所交办的其他事项。

（四）生殖遗传毒理室

承担生殖毒性试验、遗传毒性试验、致癌性试验研究工作；承担相关领域生殖毒性试验、遗传毒性试验、致癌性试验等新方法新技术研究及培训工作；承办所交办的其他事项。

（五）安全药理室

承担安全药理试验研究工作；承担相关领域安全药理试验新方法新技术研究及技术培训工作；承办所交办的其他事项。

（六）临床检验与病理室

承担安全性评价的临床检验与毒性病理学研究工作；承担临床检验与毒性病理技术人员的培训工作；承办所交办的其他事项。

（七）药物代谢动力学室

承担供试品管理、配制及其含量分析、均一性、稳定性的研究工作；承担药代动力学及毒代动力学研究工作，开展与药物代谢动力学相关的新技术新方法的研究工作；承担供试品管理及药物动力学相关培训工作。承办所交办的其他事项。

（八）实验动物技术室

承担与动物试验有关的各项工作；承担实验动物质量管理、数量管理、动物日常饲养管理工作；承担实验动物区域的维护及环境检测；承担兽医工作及动物伦理工作；承办所交办的其他事项。

三、人员编制

食品药品安全评价研究所设所长1名，副所长3名，正副室主任10名。

质量管理体系完善

实验室信息管理系统（LIMS）项目启动

安评所2011年启动LIMS系统建设：已完成商业化数据采集软件的调研，并与英斯坦（Instem）公司签订意向协议，2012年初可完成安装和运行调试。保障中心各类计算机、各类服务器、复印机、打印机等各类办公设备，保证中心正常运作；改造5个实验室的综合布线，改造完成了LIMS系统专用计算机房。

强化GLP管理机制

安评所对档案室进行了改造，增添防盗门和全自动灭火报警系统。2011年1月～10月，安评中心共归档475卷技术档案。并对档案室保存的2913卷进行管理和借阅；补充和完善90多人的培训记录；截至2011年10月底现有SOP 792份，可用611份。

完善基础管理：中心办公室于2010年9月相继起草并经中心领导讨论通过《中心主任办公会议制度》、《部门例会制度》、《安评中心外购物品及各种请示的规定》等3个制度化文件并实施，中心办公室将不断针对制度运行的相关事项进行研究，使中心管理规范化、制度化更趋于完善、科学、合理、可行。

实验室检查与认证：2011年9月接受了国家局三年一次的GLP认证复查。2011年6月，安评中心通过北京市重点实验室认证，正式挂牌。2011年10月，安评中心获得北京市“中关村开放实验室”资格，预计11月份挂牌。

能力建设

学术交流活动

1. 国内交流

2011年1月10日，参加2011年北京市病理年会。

2011年3月2日，参加中国食品药品检定研究院主办的食品化妆品技术交流会。

2011年3月28日～30日，参加中国质检总局的GLP教材讨论。

2011年3月，安评中心耿兴超参加广州中医药大学科技产业园有限公司（新南方药物安全性评价中心）的 GLP 认证现场检查。

2011 年 4 月，参加第一届国际化妆品安全性评价技术交流会。

2011 年 4 月 18 日～19 日，安评中心与安全药理学会共同举办了“第二届安全药理学国际学术研讨会”，邀请国际上安全药理专业著名的 9 名专家来华演讲，这些专家来自 Pfizer（辉瑞）、AstraZeneca（阿斯利康）、Lilly（礼来）、Sanofi－Aventis（赛诺菲－安万特）、SNBL USA，Ltd.、Xenometrics 等国际知名公司，演讲题目涉及安全药理专业各个方面，包括安全药理学体外检测方法、QT 间期方面的研究、中枢神经系统、心血管系统、呼吸系统、胃肠道和泌尿系统等组合实验内容。共有 80 名全国安全药理工作者参加该次会议，并进行了深入的学术交流。

2011 年 5 月，安评中心 6 人参加中国毒理学会举办的中国毒理学会第三届中青年学者科技论坛（上海）。刘丽、霍艳、王三龙、李伟 4 人在大会上进行了学术汇报。

2011 年 5 月 14 日，参加国际实验动物评估和认可委员会（AAALAC）国际理事会（北京）。

2011 年 5 月 24 日～26 日，参加国家局化妆品审评专家培训会。

2011 年 6 月 4 日～5 日，参加放射性同位素标记技术在创新药物研发中的应用（南京）。

2011 年 6 月 8 日～11 日，参加国家局保健食品审评专家培训会。

2011 年 8 月 2 日～6 日，参加 2011 年全国药物毒理学会议（西安）。苗玉发等在大会上进行了学术报告。

2011 年 8 月 28 日～29 日，参加上海 2011 年国际毒性病理学研讨会。

2011 年 9 月 7 日～9 日，参加小型猪医用技术培训班。

2011 年 10 月 12 日～14 日，协助国家成都新药安全性评价中心举办 2011 年实验动物眼科检查技术研讨会。

2011 年 10 月 23 日～26 日，中国毒理学会药物毒理与安全性评价专业委员会、中国药学会药物安全评价研究专业委员会、中国药理学会药物毒理专业委员会三个专业委员会共同举办了首届中国药物毒理学年会（2011 年）暨国际药物非临床安全性评价研究论坛。安评中心共有 10 名人员参加该会议，其中耿兴超、刘丽、林志、屈哲、张颖丽、王欣、霍艳 7 人在会议上作大会报告。

2011 年 11 月 13 日～16 日，参加日本京都举行的第三届全球 QA 大会。

2011 年 11 月 24 日，参加上海举办的实验室信息管理系统（LIMS）系统性能验证培训。

2011 年，安评中心王秀文主任先后参加 CNCA 组织的 2 次化学品 GLP 认证检查，6 次药品审评和医疗器械审评会议。

2. 国际交流

2011 年 3 月 16 日～20 日，副主任王秀文应邀赴日本新泻参加日本质量保证年会，并在大会做“中国药物 GLP 的发展现状报告”。

2011 年 5 月，罗氏（Roche）公司 GLP 专家再次对中心进行 GLP 检查。在两次评估中，安评中心的工作得到了罗氏方面的高度评价，认为中心的 GLP 水平达到了 OECD 的要求，并与中心建立了长期合作关系。目前，中心正在开展罗氏公司委托的 6 周和 26 周长期毒性实验两项。

2011 年 8 月 1 日，与法国赛诺菲－安万特公司正式签订“安全性生物标志物研究”协议，开展大动物肾毒性生物标志物方面的合作研究。

2011 年 10 月，与美国哈佛大学医学院签订合作协议，联合开展转换生物标志物（Translational Biomarkers）关键技术研究。

2011 年 11 月 15 日，美国 FDA 驻华办公室主任 Christopher Hickey 一行访问安评中心，了解安评中心工作内容，介绍 FDA 驻华办公室的工作，讨论今后可以开展合作的领域。

人员引进与培训

2011 年，中心将每月最后一周周五下午定为中心业务讲座（含外部人员的授课和讲座）学习时间，不仅于此，中心内各部门也安排各专业内部的业务学习。

2011 年，安评中心引进从事药理学研究的李芊芊博士；刘丽赴国家药物审评中心进修学习 6 个月。安评中心职员共参加国际和国内学术会议共计 35 人次。在职人员继续教育：在读博士 4 名；在读硕士 1 名。培养硕士毕业生 1 名，在读硕士生 3 名；接收 6 名进修人员和 4 名委托培养研究生到中心进修及完成研究课题。

课题研究

2011 年共完成国家科技部、北京市科委、中国食品药品检定研究院等 7 项课题的验收工作，目前在研课题 4 项，即将开展国家“十二五”专项课题 4 项。

1. 国家课题 9 项

科技部“十一五”重大新药创制专项（2008. 10 ~ 2010. 12）：药物安全评价技术平台建设；课题负责人：李波；2011 年 5 月课题结题。

科技部支撑课题（2009. 1 ~ 2010. 12）：抗体类安全性评价技术研究；课题负责人：王秀文；2011 年 3 月结题。

科技部支撑课题（2009. 1 ~ 2010. 12）：疫苗类安全性评价技术研究；课题负责人：沈连忠；2011 年 3 月结题。

科技部支撑课题（2009. 1 ~ 2010. 12）：药用新辅料临床前安全性评价及药包材的相容性研究；安评部分负责人：耿兴超；2011 年 3 月结题。

科技部“十二五”重大专项课题（2012. 1 ~ 2015. 12）：药物安全评价技术平台；课题负责人：李波，即将开展。

科技部“十二五”关键技术研究课题（2012. 1 ~ 2015. 12）：毒性生物标志物关键技术研究；课题负责人：霍艳；即将开展。

科技部“十二五”重大专项（2012. 1 ~ 2015. 12）：《中国药典》有毒中药的现代毒理学研究；安评部分负责人：李波；即将开展。

农业部国家科技重大专项（2012. 1 ~ 2015. 12）：Bt 水稻对动物代谢、免疫毒性、生殖及发育毒性的影响研究；课题负责人：王雪；即将开展。

农业部科技教育司 2011 年农业转基因生物安全管理项目实施方案（2011. 1 ~ 2011. 12），课题名称：国际食用安全性评价追踪研究，课题负责人：王雪；按计划进行。

2. 北京市科委课题 2 项

北京市科技计划专项（2009. 1 ~ 2010. 12）：药物临床前安全性评价技术服务平台建设；课题负责人：李波；2011 年 4 月结题。

北京市科技新星计划课题（2010. 12 ~ 2013. 12）：免疫毒性基因水平生物标志物的研究；课题负责人：耿兴超，按计划进行。

3. 中国食品药品检定研究院青年发展研究基金课题 4 项

免疫复合物肾脏损伤病理机制的研究（2009C2）；课题负责人：林志；2009. 1 ~ 2010. 12；2011 年 3 月结题。

药物遗传毒性多终点检测方法的建立（2009C1）；课题负责人王欣；2009. 1 ~ 2010. 12；2011 年 3 月结题。

使用基因芯片技术研究免疫毒性标志物（2010C2）；课题负责人：耿兴超；2010. 6 ~ 2011. 12；按计划进行。

药品和化妆品皮肤致敏性评价新方法研究（2010C1）；课题负责人：刘丽；2010. 6 ~ 2011. 9；按计划进行。

第五部分　医疗器械标准管理

医疗器械标准管理研究所设立

根据中央编办《关于中国药品生物制品检定所（国家食品药品监督管理局医疗器械标准管理中心）更名的批复》（中央编办复字〔2010〕282号）以及中国食品药品检定研究院职能要求，正式设立医疗器械标准管理研究所，承担“国家食品药品监督管理局医疗器械标准管理中心”日常工作；承担医疗器械标准拟定的相关事务性工作；组织协调相关医疗器械专业标准化技术委员会开展医疗器械标准制修订工作；组织开展医疗器械标准体系研究，提出标准工作政策及规划建议；承担医疗器械命名、分类和编码技术研究工作；承担全国医疗器械标准相关机构的业务指导工作；承办院交办的其他事项。医疗器械标准管理研究所的正式设立预示着中国食品药品检定研究院医疗器械标准管理体系迈出了新的步伐。

标准化信息平台的建设

2011年械标所初步提出了标准信息化系统建设思路，已完成了医疗器械标准目录库、标准文本库的建设工作，在械标所内部实现共享，为械标所业务工作顺利开展提供基础。

医疗器械标准制修订项目全过程管理

1. 立项申报工作

械标所参与2011年度（2012年完成）中央财政转移支付医疗器械标准制修订项目的立项申报工作。2011年是“十二五”的开局之年，械标所参与了2012年79项标准制修订项目的遴选、立项申报工作，并为申报财政部的审批提供相关材料，共计2904万的项目获得财政部的批准。

2. 医疗器械标准报批稿审核

根据财政部及国家食品药品监督管理局的要求，2011年完成了2010年150项标准项目中的149项，以及2011年下半年79项标准制修订项目的报批工作，完成率99%。2011年标准项目的顺利完成对于“十二五”开好局意义重大，也为今后争取国家经费支持奠定了基础。

械标所组织相关领域专家多次召开医疗器械标准审查会，认真讨论和研究标准报批稿，对标准中存在的问题进行分析，并及时与相关标准技术委员会沟通调整，2011年械标所共审核标准187份，比去年增长73%；上报器械司建议发布国家标准20项，行业标准123项。圆满完成了械标所审核标准、把关标准质量的任务。

3. 医疗器械标准管理

械标所开展针对立项、报批等关键环节以及标准经费使用等重大问题的研究，制定相关规定和指导意见。2011年制定《医疗器械标准立项指导意见》、《中央财政转移支付医疗器械标准专项经费使用指导意见》，组织修订了《医疗器械行业标准制修订工作规范》。

为规范医疗器械标准审核工作，统一尺度，械标所制定了《医疗器械标准报批材料审核工作管理规定》，明确了标准报批稿审核要求，大幅提高了审核工作效率；进一步对医疗器械标准实施、归口交叉等多方面进行管理，及时梳理、协调解决相关问题；同时，械标所在广东省深圳市举办了第一期医疗器械标准化工作培训班，加深了参加人员对相关法律法规的理解和认识，规范了医疗器械标准化工作的要求，统一思想、开拓思路、扩展视野，对医疗器械标准工作起到了推动和促进作用。

4. 医疗器械行业标准出版工作

根据工作职责，械标所开展对医疗器械标准编辑、出版和发行等方面的调研工作，为更及时地出版医疗器械行业标准，提高医疗器械标准的可获得性，械标所与中国标准出版社签订合作协议，出版 2010 年发布的 96 项医疗器械行业标准，这对加快行业标准出版速度，促进标准实施，优化标准服务意义重大。

标准化基础性研究工作

参与国家食品药品监督管理局《中国医疗器械监管战略研究工作》课题，开展重大医疗器械标准，如 IEC60601－1 第三版转化研究工作，深入研讨标准转化可能带来的问题，研究提出适合中国国情的转化实施方案，为行政主管部门决策提供重要的技术依据和支撑。

医疗器械标准化体系建设

1. 医疗器械标准体系建设工程项目

医疗器械标准化体系建设是一项惠及全行业标准化发展、促进医疗器械监管的重大工程。通过前期调研、数据整理、专家研讨等多种方式，初步提出我国医疗器械标准体系建设思路。

为加快新领域标准化技术委员会（工作组）的筹建工作，械标所开展了“全国外科植入物与矫形器械标准化技术委员会组织工程医疗器械标准化分技术委员会”、“纳米医疗器械标准化工作组”、“传染病相关体外诊断试剂标准化技术委员会”等标技委（工作组）的筹建工作。

2. 战略性新兴产业标准体系研究

为落实《国务院关于加快培育和发展战略性新兴产业的决定》（国发〔2010〕32 号）的精神，主动开展战略性新兴产业医疗器械标准体系研究，及时向国标委和国家食品药品监督管理局提出新兴产业标准规划以及具体落实方案和措施。

医疗器械产品分类界定工作

2011 年，械标所共接收医疗器械产品分类界定材料 407 份。械标所组织多次不同专业的分类界定专家审查会，审查并提出分类界定意见的产品 481 个，并已全部上报国家食品药品监督管理局核定。同时，械标所认真做好产品分类界定的电话咨询工作，及时处理分类界定工作的相关投诉。械标所专题开展了针对医疗器械重点监管产品包括辅助生殖产品、医疗康复辅具的分类界定研究工作，及分类目录中软件子目录的修订工作。

与国际标准化组织的交流合作

械标所在组织的第一次标准化培训中邀请欧盟标准化专家就欧洲标准化体系进行培训，同时积极与美国先进医疗器械协会、美国材料与试验协会（ASTM）和影像、电子医学与卫生信息技术行业欧洲协调委员会沟通联系。进一步了解国外医疗器械标准化工作、组织架构、工作模式等相关信息。

第六部分　质量管理

内部审核与管理评审

管理评审

2011 年 5 月 10 日，根据实验室认可准则及中国食品药品检定研究院《质量手册》对管理评审的要求，院长李云龙主持召开 2010 年度管理评审会议。质量管理处会前对管理评审材料输入情况进行了专门要求，各部门提交的管理评审输入材料较往年更加全面和规范。本次管理评审会议内容包括：技术负责人王军志报告技术能力变化及检测能力的保持情况；质量负责人丁丽霞报告质量管理体系运行的基本情况、质量方针及质量目标的达到和完成情况，并结合汇报提出了本次管理评审应予考虑的一些重点问题；质量管理处汇报检验效率监督、能力验证和实验室比对、文件审核、不符合项整改及上次管理评审输出情况的落实；各业务体系分别从检验检测工作完成情况、承检能力、体系建设、质量工作改进、实验室比对及应急检验、体系目前存在问题及相关建议等方面汇报各体系质量管理情况；标准化研究中心汇报计量器具、容量器具检定校准工作，仪器的期间核查、药典标准滴定液的质量保障、功能仪器设备管理等方面的情况；院长办公室在总结 2010 年各类检验检测受理、完成情况的同时，对 2011 年检验检测工作量及工作类型进行预测，并对政策适用性情况进行汇报；人事教育处汇报 2010 年部门职能调整和人员配备及培训情况；行政处汇报实验室改造、物资采购、废弃药品、试剂及医疗废弃物的处理情况；安全保卫处汇报安全保卫情况。会议经过讨论，认为中国食品药品检定研究院的管理体系运行对准则的要求以及质量体系文件的要求是符合的、有效的、适宜的，并且能够满足法定管理机构及客户的要求。内部审核结果客观真实，实施的纠正措施、预防措施行之有效，能够做到持续改进与提高。李云龙就 2011 年主要关注的质量问题作总结发言。

质量管理体系内部审核

根据 2011 年度内部审核计划安排，质量管理处于 9 月 ~10 月分体系对药品检验体系、生物制品检验体系、医疗器械检验体系、实验动物体系、中药体系、标准化研究体系、国家药物安全评价监测中心以及与行政管理、后勤保障相关的职能部门进行内审。内审涉及质量体系相关的所有部门，重点检查人员资质、实验室管理、仪器设备、人员培训、文件控制、样品管理、原始记录、量值溯源、方法采用、实验室安全等多个方面，审核内容包含管理体系运行中的全部要素。今年内审探索了新的审核模式，邀请院外专家到院担任内审组长进行内审。分别邀请 CNAS 主任评审员王巨才、CNAS 技术评审员李睿负责药品、中药、标化体系和整个行政、后勤片的内审；CNAS 主任评审员陈丽华负责食化体系的内审。借助外部评审专家丰富的实验室管理经验，内审工作取得良好效果。从检查情况来看，各部门都非常重视质量体系工作，质量体系各相关部门都能按照质量体系文件的要求，按照程序进行操作。上岗人员经过培训、设备设施完好、样品管理有序。中国食品药品检定研究院质量体系运行基本正常。但内审中也发现在仪器设备管理、文件控制、样品管理、人员方面、原始记录、实验室安全等方面存在问题；各部门针对内审中提出的不符合项实施了整改措施，质量管理处对整改情况进行追踪检查。

实验室认可暨资质认定监督扩项评审

2011年3月28日～29日，中国合格评定国家认可委员会派出以主任评审员王巨才为组长的专家评审组对中检院进行实验室认可暨资质认定监督评审及扩项现场评审检查。院领导李云龙、王军志、丁丽霞、张永华、王云鹤、王佑春、李波等参加此次检查活动。评审专家采取召开会议、现场交流、安排现场试验、深入实验室现场、调阅和查看文件等方式，对中检院质量管理体系文件和体系运行情况进行了深入细致的检查。认为中检院的质量管理体系文件完整、系统和协调，下层文件能够支持上层文件；重视质量管理体系运行的有效性和维持、提高，质量管理体系运行能够保障检验检测工作的正常运行。检查组同时提出了3个不符合项，中检院分析问题原因，制定纠正措施，进行整改，整改结果得到了评审组的认可。经过扩项，评审组本次现场评审确认了中检院检测的产品/产品类别增加至6类1003项。

国家食品检验机构资质认定（初评）、国家实验室资质认定暨实验室认可扩项及SFDA医疗器械检验机构资质认定扩项“四合一”评审

2011年11月26日～27日，中检院接受国家食品检验机构资质认定（初评）、国家实验室资质认定暨实验室认可扩项及SFDA医疗器械检验机构资质认定扩项“四合一”评审。王军志、丁丽霞、王云鹤、邹建、王佑春、李波等院领导以及相关部门负责人和工作人员参与现场评审工作。在两天的现场评审中，专家组依据评审准则，采取听取汇报、查阅资料、实验室现场观察等多种方式，对中检院质量管理体系及本次申请的保健食品、食品、食品包装材料、化妆品、医疗器械检测等领域的检测能力进行了评审，安排了多项现场试验，并对中检院保健食品、食品、食品包装材料、化妆品、医疗器械检测领域相关的8名授权签字人进行了考核。经过检查，专家组认为中检院管理体系运行有效，能够保障实验检测工作的正常运行，实验室布局和环境条件满足所开展检测工作要求，并且实验室人员配备和技术能力能够满足申请认可的技术范围要求，但仍存在需要改进的地方。针对评审中发现的不符合项，中检院按规定要求，进行原因分析，制定纠正措施，并将整改落实情况报告评审组长，同时提交了必要的整改证明文件。经评审组认可后，中检院顺利通过本次四合一评审检查。

质量管理专项监督检查

2011年3月～5月间，中检院共组织了三次质量管理专项监督检查，分别涉及样品管理、化学试剂检查和仪器设备三个方面。检查采取先培训后检查的方式进行。通过培训先明确相关规定要求，指导相关部门开展工作，然后再进行检查，这种方式取得了比较好的效果。从检查情况来看仪器方面主要问题有：仪器标识、状态确认、期间核查、设备维护、租借仪器管理等；化学试剂管理主要问题：试剂效期和开瓶标签、配制溶液的效期、过期试剂处理等；样品管理主要问题：样品未按规定条件存放、未对样品存放地实施条件监控等。对于检查中发现的问题，相关部门及时进行了整改。

WHO疫苗评估和化学药品预认证

WHO疫苗监管体系评估

2011年3月1日，“中国疫苗监管体系通过世界卫生组织评估总结电视电话会议”在国家食品药品监督管理局召开。世界卫生组织（WHO）专家贝尔加比博士在会上宣布：“中国疫苗监管体系通过了WHO的评估。中国企业可以就自己生产的疫苗向WHO申请预认证。”WHO驻华代表蓝睿明博士表示：“它肯定了中国的监管部门

有能力确保入市疫苗都是质量可靠的疫苗。”此次评估历时一年半时间，中检院承担批签发和实验室管理两大板块内容，均以满分成绩通过，说明我国疫苗检验检测工作达到国际先进水平，国家食品药品监管局局长邵明立对中检院在评估工作中做出的突出成绩给予表扬。院长李云龙参加了会议，副院长、生物制品检定首席专家王军志代表中检院汇报接受 WHO 评估的相关工作，并接受记者的专访。王军志在电视电话会上发言表示：“我们将以 WHO 疫苗评估为契机，以中国食品药品检定研究院的质量手册和程序文件为准绳，不断完善质量管理体系，全面提高国家级实验室管理水平，不断提升检验检测能力，为保障疫苗安全有效贡献力量”。

WHO 化学药品预认证

中检院作为全球基金项目计划的三级执行机构（Sub－Recipient，SSR），承担的主要任务是加强药品质量检验体系，推动 WHO 实验室预认（Prequalification Program）项目，建立达到国际质控实验室标准的质量管理体系。在前期工作的基础上，2011 年 5 月 23 日～26 日，欧洲药品质量健康管理局（EDQM）质量、安全及环境部主任 Pierre Leveau 博士作为 WHO 派出的技术专家来中国食品药品检定研究院进行质量管理和人员培训方面的技术支持访问。在 5 月 23 日的首次会议上，国家食品药品监督管理局国际合作司刘艾处长和中检院质量负责人丁丽霞分别致辞。质量管理处处长张河战作了题为《中国食品药品检定研究院及中国药检系统实验室质量管理情况介绍》的报告；人事教育处处长蓝煜作了题为《中国食品药品检定研究院的培训情况》的报告。Pierre Leveau博士介绍欧洲实验室网络体系，主要从网络体系的整体情况、建立的过程及现在在欧洲药品监管中发挥的重要作用作说明，并对中国食品药品检定研究院员工培训需求的收集方式、培训总结、培训效果评估及其实施方式等方面进行深入了解，对新员工培训内容、上岗资质培训及考核等内容也进行询问。

访问过程中，Pierre Leveau 博士介绍 EDQM 人员培训情况，并在仔细查阅中检院培训工作的相关文件及技术档案后，对中检院的培训工作给予高度评价。双方就质量管理和人员培训相关问题进行了深入讨论，并就如何加强质量管理和其他许多感兴趣的话题进行了讨论和交流。中国合格评定国家认可委员会实验室评审处处长曹实、实验室认可评审专家杨梁和 CNAS 医疗卫生领域负责人毕玉春同志参加了交流会。

在培训阶段，Pierre Leveau 博士作了题为《EDQM 质量管理体系和欧洲官方药品质控实验室（OMCL）介绍》的报告，曹实作了《中国实验室认可介绍》的报告，分别对 CNAS、国际实验室认可合作组织（International Laboratory Accreditation Cooperation，ILAC）、亚太实验室认可合作组织（Asia Pacific Laboratory Accreditation Cooperation，APLAC）和中国实验室认可情况、认可执行的文件、认可评审过程等进行了介绍。中检院药品检验检测体系、中药民族药检验管理体系、标准化研究管理体系全体成员、全院内审员和其他部门相关人员共计 151 人参加了培训学习。

访问结束前，Pierre Leveau 博士对本次了解到的中国食品药品检定研究院情况进行总结，并提出改进的意见和建议。中检院组织有关部门对专家提出的问题进行整改落实。根据工作安排，中检院将于 2012 年 4 月下旬接受 WHO 化学药品认证的正式检查工作。

能力建设

质量体系文件修订改版

2010 年中国药品生物制品检定所更名为中国食品药品检定研究院，相应的职责和内设机构也发生了变化。为保障质量管理体系的有效运行，满足国内外实验室资质认定和认可准则等相关要求，2011 年中检院对《质量手册》（第六版）、《程序文件》（第四版）及《实验室安全手册》

（第三版）进行全面修订改版。

为满足《食品检验机构资质认定评审准则》的要求，在《质量手册》中增加了第29章“食品检验机构补充规定”，第七版《质量手册》共29章。新版《实验室安全手册》为强化满足有关法律法规的要求，保证生物安全、化学安全和放射性药品的安全的需要，进行局部修订。根据中检院三定职能及部门设置的调整，新增《质量控制活动管理程序》、《检验报告格式控制程序》、《软件开发控制程序》、《电子文件控制程序》、《生物制品批签发程序》和《实验动物质量控制程序》等6个程序文件；取消《检验报告的编写、审核和发出程序》和《期间核查程序》两个文件；在《实验室化学试剂及溶液管理程序》中增加对实验用水的要求，在《应急检验程序》中加入对食品应急检验的要求；另外，根据三定职能的调整，对部门分工进行了相应修改。第五版《程序文件》共包含44个工作程序。

《质量手册》（第七版）、《实验室安全手册》（第四版）及《程序文件》（第五版）于2011年11月15日正式批准并发布实施，新版文件的电子版于中检院 Notes 系统“质保体系”专栏中发布。

中国食品药品检定研究院成为CNAS测量审核指定机构

中检院于2006年被指定为CNAS测量审核和参比机构，几年来为全国各类药品检验实验室提供测量审核样品和评价报告近70份。2010年，CNAS为进一步完善对测量审核和参考比对工作的管理，决定对承担CNAS测量审核和参考比对活动的相关机构进行核实和重新指定，并将测量审核和参考比对两个称谓合并，统称为测量审核活动，出台《测量审核指定机构管理办法》。中检院质量管理处会同标准物质管理处、药检处、中药处及相关科室，按照CNAS的相关要求，认真准备申报材料和测量审核样品，2011年6月获批准成为CNAS药品检验领域唯一一家测量审核指定机构，9个品种的样品，涉及水分、HPLC、微生物效价测定、内毒素检测等项目获得了CNAS测量审核资质。全年受理全国各地的药品检验实验室申请的测量审核28份。

全国药检系统实验室间比对

2011年5月，质量管理处与中药处共同组织了全国药检系统开展“酸枣仁中黄曲霉毒素检测”的实验室比对工作，全国各省、自治区（直辖市）级药检所、口岸药检所、计划单列市药检所共26个实验室参加，检测结果为满意的实验室共19家，占全部参加比对实验室数量的73.1%，有6家实验室出现了不满意结果。从本次比对所反馈的信息上看，也有部分单位在人员培训、技术操作和结果分析、质量保证体系等方面存在一些薄弱环节。

中药中有害残留物检测包括重金属及有害元素残留、农药残留、真菌毒素残留、亚硫酸盐残留、色素等非法添加物残留等，是检测和控制药品安全的一个十分重要的技术手段。本次比对试验是药检系统内部质量控制的一项重要工作，也是国家“十一五”“重大新药创制”课题“中药中有害残留物检测技术标准平台”的一项重要内容。对于在本次实验室比对活动中出现不满意结果的实验室，要求实验室按其体系文件规定程序实施有效的纠正措施；15家没有参加本次比对的实验室，对本项目检验尚未形成检验能力，建议加强软、硬件建设，尽快填补空白。中国食品药品检定研究院对这些实验室在残留检测方面的检验能力建设将继续关注。

外部实验室比对

2011年中检院共参加外部实验室比对工作13项，其中WHO、FIP等国际能力验证4项，CNAS等国内能力验证5项，测量审核4项。涉及的检验领域包括药品、食品、化妆品及医疗器械等，涉及项目包括含量测定、熔点测定、pH

测定、比重测定、溶出度测定、吸收系数测定、重金属检测、细菌检测、农残测定及电子电器医疗器械检品输入电流试验等。参加比对的部门包括化学药品检定所、中药民族药检定所、食品化妆品检定所、医疗器械检定所等，从反馈结果看，均取得满意结果。

药品及医疗器械领域实验室评审员培训研讨会

2011年7月6日~7日，药品及医疗器械领域实验室评审员培训研讨会在吉林省长春市成功举办。这次研讨会由中国合格评定国家认可委员会（CNAS）主办，CNAS技术委员会药品专业委员会协办，吉林省食品药品检验所承办。CNAS综合业务处、实验室处、评审员处有关领导、药品专业委员会挂靠单位中国食品药品检定研究院相关人员及来自药品及医疗器械领域的在聘评审员共80人参加了会议。

CNAS综合业务处处长袁松宏、药品专业委员会主任委员丁丽霞及吉林省食品药品检验所副所长徐飞分别在开班式上致辞。CNAS综合业务处处长袁松宏、实验室处处长曹实、实验室处项目主管毕玉春分别就法律法规、国际贸易壁垒情况及食品安全法、CNAS相关认可文件、药品药械检测技术评价提升等内容进行了介绍。中国食品药品检定研究院质量管理处处长张河战对WHO预认证、疫苗监管评估与17025进行了详细解读。

为交流和研讨药械领域的培训心得，会前药械领域评审员提交了近20篇交流文章。会议安排原总后卫生部药品仪器检验所所长、CNAS主任评审员杜占明，原河北省药品检验所副所长、CNAS主任评审员杨梁，中国兽医药品监察所所长、CNAS技术评审员冯忠武和浙江省医疗器械检验所党委书记、CNAS主任评审员齐伟明分别作了《现场评审时需查验的有关资料及评审要点》、《深化质量控制，提升检测能力》、《兽药实验室认可情况介绍》《医疗器械检验领域实验室认可介绍》的报告。与会代表还对实验室认可评审关键点进行了探讨。

CANS实验室技术委员会药品专业委员会年会

中国合格评定国家认可委员会（CNAS）实验室技术委员会药品专业委员会2011年度工作会议于2011年11月18日在北京召开。专业委员会挂靠单位中国食品药品检定研究院院长李云龙出席了会议，并结合中检院和全系统的质量管理工作在会上作重要讲话。李云龙指出，要将质量管理抓深落实是药检系统实验室管理工作的重中之重；将学习和借鉴国内外同行当做我们赶超世界先进水平的重要途径；要充分发挥专业委员会的技术平台解决质量管理的深层次问题。

药品专业委员会主任委员丁丽霞作2011年的工作总结及2012年的工作计划安排的报告，包括8个方面的内容：①成功举办药品及医疗器械领域实验室评审员培训研讨会；②将药品医疗器械检验实验室质量管理工作纳入中国食品药品检定研究院国际研讨会；③组织对药品及医疗器械检验检测系统实验室最高管理者的培训；④组织能力验证和测量审核工作；⑤完善药品检测领域申请实验室认可能力的规范填写；⑥医疗器械检验领域申报项目的整理研究工作；⑦测量不确定度情况调查；⑧加强药检实验室质量管理的国际交流与合作。上海市食品药品检验所杨美成委员、CNAS实验室处毕玉春委员和中国食品药品检定研究院张河战委员分别作了《APLAC能力验证报告》、《卫生领域参数申报课题报告》和《国外实验室质量管理情况介绍》的专题报告。

与会委员对李云龙的讲话及丁丽霞的报告进行讨论，并对2012年的工作计划进行了充分讨论。2012年委员会将围绕测量不确定度研究、起草实验室认可准则在药品检验领域的应用说明、相关培训和能力验证等工作开展一系列活动；会议还讨论了委员会新增委员等有关事项。

第七部分　科研管理

科研课题管理

科研工作概况

2011年是国家科研项目“十一五”收官、“十二五”启动之年，国家食品药品监督管理局科技管理办公室组织实施的国家科技支撑计划—“药品安全关键技术研究”等4个项目27个课题顺利结题验收；获得“十二五”国家科技重大专项、国家科技支撑计划、国家863计划、国家自然科学基金课题、北京市自然科学基金等课题立项36个，其中中国食品药品检定研究院承担的课题26个；年度科研经费到账2014.406万元。2009年启动的24个中国食品药品检定研究院“中青年发展研究基金”课题顺利结题验收，组织召开“中青年发展研究基金”效果评价座谈会，在总结“中青年发展研究基金”实施的工作及经验的基础上，设立“学科带头人培养基金”，启动2011年度“中青年发展研究基金”课题13个，专项经费95.29万元，“学科带头人培养基金”课题7个，专项经费189.60万元。中国食品药品检定研究院作为第一完成单位获得科技奖励项目7项，出版书籍25部，发表论文、综述348篇，其中SCI论文45篇。在中国食品药品检定研究院《2008～2015发展规划纲要》的基础上，起草中国食品药品检定研究院《发展规划纲要》（2011～2015），5月30日，经第20次所长办公会讨论通过发布实施。起草中国食品药品检定研究院《学科带头人培养基金管理办法》（院办〔2011〕29号），于6月30日经院长办公会讨论通过，7月1日起实施。

2011年立项课题

序号	课题名称	课题负责人	起止年限	课题来源	备注
1	新型体外诊断试剂质量评价体系和国家参考物质研究	白东亭	2011.1－2015.12	国家863计划	承担
2	疫苗效果和质量评价新技术研究	徐　苗	2011.1－2015.12	国家863计划	承担
3	保健食品中违禁物质检测技术研究	张庆生	2011.3－2015.12	国家科技支撑计划	承担
4	有源医疗器械质量评价与安全	任海萍	2012.1－2014.12	国家科技支撑计划	承担
5	新型及高风险医疗器械检测与安全性评价技术研究	王春仁	2012.1－2014.12	国家科技支撑计划	承担
6	实验动物新品种的种群建立与质量标准化研究	岳秉飞	2011.1－2015.12	国家科技支撑计划	承担
7	实验动物质量检测关键技术研究	王佑春	2011.3－2015.12	国家科技支撑计划	承担
8	化学新药质量标准研究与评价技术平台	丁丽霞	2011.1－2013.12	国家科技重大专项	承担
9	生物技术药物质量标准和质量控制技术平台	王军志	2012.1－2015.12	国家科技重大专项	承担
10	药物安全评价技术平台	李　波	2012.1－2015.12	国家科技重大专项	承担
11	艾滋病、乙型肝炎、结核病及新发突发传染病疫苗质量评价技术与标准化研究	沈　琦	2012.1－2015.12	国家科技重大专项	承担
12	艾滋病、乙型肝炎、结核病及新突发传染病诊断试剂的质量评价技术及标准品研究	国　泰	2012.1－2015.12	国家科技重大专项	承担
13	I型超敏反应中Egr－2对肥大细胞信号转导的调控机制研究	李　波（食化）	2011.1－2013.12	国家自然科学基金	承担

续表

序号	课题名称	课题负责人	起止年限	课题来源	备注
14	Wnt/β-catenin 信号通路在 α-硫辛酸改善 Aβ 神经毒性作用中的基础研究	裴新荣	2011.1-2013.12	国家自然科学基金	承担
15	甲型副伤寒沙门菌外膜蛋白 NmpC 和 PagC 在细菌黏附和侵染巨噬细胞中的作用机制研究	王 斌	2011.1-2011.12	国家自然科学基金	承担
16	副溶血性弧菌 AphB 和 ToxR 在毒力调控通路上的作用	徐 潇	2011.1-2014.12	国家自然科学基金	承担
17	娑罗子中四种异构体皂苷成分的分离及抗肿瘤活性构效关系研究	魏 锋	2011.1-2013.12	国家自然科学基金	承担
18	戊型肝炎病毒的体外培养和病毒结构研究	王佑春	2012.1-2015.12	国家自然科学基金	承担
19	基因缺失型减毒狂犬病疫苗构建的基础研究	曹守春	2012.1-2014.12	国家自然科学基金	承担
20	金银花咖啡酰奎宁酸类成分分离及其抗呼吸道合胞体病毒活性和作用机制研究	马双成	2012.1-2015.12	国家自然科学基金	承担
21	虫草属真菌抗肺纤维化的活性成分及作用机制研究	郑 健	2012.1-2014.12	国家自然科学基金	承担
22	纳米银透过体外血脑屏障模型引起脑神经毒性的机理研究	徐丽明	2011.1-2013.12	北京市自然科学基金	承担
23	纳米医疗器械的免疫学研究	徐丽明	2011.6-2013.6	东南大学生物电子学国家重点实验室开放研究基金	承担
24	副溶血性弧菌 AphB 对毒力调控作用的研究	徐 潇	2011.1-2011.12	人事部留学人员科技活动项目择优资助	承担
25	水溶性紫杉醇偶合物代谢及抗多药耐药新机制	张双庆	2011.1-2011.12	人事部留学人员科技活动项目择优资助	承担
26	国际食用安全性评价追踪研究	王 雪	2011.1-2011.12	农业部	承担
27	血型诊断试剂质量标准和国家标准品研究（新型体外诊断试剂质量评价体系和国家参考物质研究子课题）	侯继锋	2011.1-2015.12	国家 863 计划	参加
28	结核分枝杆菌特异性 Th1 细胞免疫反应鉴别诊断活动性结核病与潜伏性结核感染应用研究/子：结核分枝杆菌特异性抗原 HspX 蛋白、ESAT6/CFP10 融合蛋白的克隆表达及纯化	都伟欣	2011.6-2013.6	北京市科技计划	参加
29	面向新药发现的数字化中药化学成分库	马双成	2011.1-2013.12	国家科技重大专项	参加
30	新型破伤风重组亚单位疫苗的临床前研究	马 霄	2011.1-2013.12	国家科技重大专项	参加
31	微创介入生物瓣膜的国际技术标准研究	汤京龙	2011.10-2014.9	上海市科研计划项目	参加
32	组织修复用脱细胞生物基质材料产业化生产关键技术的研究	王春仁	2011.1-2013.12	广东省科技计划	参加
33	基于显微红外、近红外光谱分析技术对不同生长方式的人参快速、无损模式识别和质量控制研究	王钢力	2011.1-2013.12	国家自然科学基金	参加
34	结核病传播模式研究（子课题：建立快速的分枝杆菌菌种鉴定方法和中国分枝杆菌标准品）	王国治	2011.4-2011.12	国家科技重大专项	参加
35	一种体现促进排铅功能的保健食品研制与开发	魏 锋	2011.1-2012.12	广东省科技计划	参加
36	科研用生化与分子生物学试剂研发与集成示范	胡昌勤	2012.1-2014.12	国家支撑计划	参加

“十一五”国家科技支撑计划“药品安全关键技术研究”、“生物制品安全评价技术及原辅料安全性研究”和“我国当前急需建立和提高的药品监督检验技术研究”项目通过验收

国家食品药品监督管理局科技管理办公室组织实施的“十一五”国家科技支撑计划“药品安全关键技术研究”、“生物制品安全评价技术及原辅料安全性研究”和“我国当前急需建立和提高的药品监督检验技术研究”3个项目顺利通过科技部组织的专家组验收。

2011年4月15日，“十一五”国家科技支撑计划项目“药品安全关键技术研究”通过科技部组织的项目验收。“药品安全关键技术研究”项目由7个课题组成，涉及药品的临床前研究、临床研究、生产规范、检验技术、质量标准、用药规范、不良反应监测等药品生命周期的各关键环节，圆满地完成科技部批复的各项考核指标。建立14种毒性或有毒中药材、饮片以及相关的6种中成药的质量控制标准，完成了以鱼腥草注射液和双黄连注射液为代表的6种中药注射剂安全性评价技术体系；攻克我国新药研究开发体系中的GLP、GCP、GMP等关键技术，三家GLP通过AAALAC认证，两家接受FDA的GLP现场检查；建立了一批符合国际标准的GMP基地；建立和完善了不良反应预警和干预技术平台和体系。共发表科技论文296篇，其中，向国外发表51篇，出版科技著作11部，申请国内发明专利19项，研制并完成国家标准36项，行业标准6项，成果应用92项，转让2项，获得国家科技奖励1项，省部级科技奖励1项，培养博士36人，硕士62人。该项目的完成，修订完善了相关的药品质量标准，加强了我国药品安全性评价技术平台规范化、国际化建设，增强了我国药品生产的国际竞争力，推动了我国上市后药品不良反应监管体系与国际接轨的进程。

2011年6月8日，“十一五”国家科技支撑计划项目“生物制品安全性评价技术及原辅料安全性研究”通过科技部组织的项目验收。“生物制品安全评价技术及原辅料安全性研究”项目由8个课题组成，围绕生物制品安全性，特别是疫苗的安全，研究建立了从生产原材料（菌毒种、细胞、辅料、动物源性材料）的安全检测到临床前安全评价、疫苗毒性评价等一系列关键技术，圆满地完成科技部批复的各项考核指标。首次建立了国内卡介苗、轮状病毒疫苗、甲型H1N1流感疫苗和EV71病毒灭活疫苗等疫苗的安全性评价技术及疫苗免疫毒性检测的关键技术方法，并运用这些技术完成了相关疫苗的安全评价；建立疫苗生产用菌毒种、细胞的安全性检测，禽源性、鼠源性、猴源性病毒检测，生物制品中氨苄青霉素、卡那霉素、庆大霉素残留量检测，糖蛋白结合疫苗残余物检测等一系列检测方法，并应用于生物制品质量评价中；应用现代技术，开展疫苗基础数据研究，完成11种常规计划免疫用疫苗和15株菌毒种全基因序列分析，建立相应菌毒种全基因数据库，完成12种生产用菌种16S rRNA的鉴定分析，建立相应基因库档案；成功研制对生产用菌毒种潜在污染的外源病毒和微生物检测能力的基因芯片，HBV、HCV、HIV三联核酸检测试剂盒，蛋白残留检测试剂盒，15种动物源性病毒的检测方法配套检测试剂，以及新型生物制品保护剂。共发表科技论文53篇，其中向国外发表论文9篇，申请国内专利26项，获得授权1项，研制国家标准4项，3项被2010年版药典收录，研制行业标准5项，获得新药证书1项，兽用新药证书2项，获得临床批件1项，成果应用2项，获得省部级科技奖励1项，培养博士29名，硕士71名，为促进疫苗的研发和保障疫苗安全发挥了良好的支撑作用。

2011年6月8日，“十一五”国家科技支撑

计划项目“我国当前急需建立和提高的药品监督检验技术研究”通过科技部组织的项目验收。“我国当前急需建立和提高的药品监督检验技术研究”项目由7个课题组成，涉及药品杂质的鉴别和检定方法、矿物药及其制剂中矿物成分及有害元素检测方法、中药中外源性有害残留物检测技术研究、麻醉药品和放射药品安全检验方法、药用辅料的安全性评价方法、注射剂安全质量控制标准、药品现场快速鉴别系统、药品安全追溯管理射频识别技术研究等，完成科技部批复的各项考核指标。制定、修订202项药品质量标准，其中国家标准134项（39项收录于2010年版中国药典，2项作为国家药品标准颁布，24项标准待审批及69项质量标准草案）；制备国家化学药物杂质对照品38种，建立杂质对照品标定方法34个；对药典收载的22种矿物药进行溯源研究，同时建立15种常用中药制剂中24种矿物成分的定性、定量检测方法；建立巴比妥类等20种麻醉、精神药品原料药和制剂的检测方法，完成^{32}P、^{131}I、^{125}I、^{89}Sr和^{153}Sm 5种放射性核素活度测定用标准源的制备，完成4种正电子药物质量研究工作，对国内多家机构制备的^{18}F－FDG进行了质量比较研究，研制^{11}C－乙酸盐、^{18}F－FLT和^{18}F－FMISO 3种正电子药物；建立药品现场快速鉴别系统；研发基于RFID技术的药品流通追溯信息系统。共发表科技论文156篇，其中向国外发表89篇，出版科技著作3部，申请国内发明专利22项，获得授权1项，申请国外专利1项，成果转让5项，获得省部级科技奖励1项，培养博士27名，硕士22名。该项目研究建立的相关技术为加强药品安全监管起着重要的技术支撑作用。

“中青年发展研究基金”“学科带头人培养基金”课题申报

中国食品药品检定研究院“中青年发展研究基金”项目于2009年1月启动，经过两年多的实施，在检验技术方面培养了一批科研骨干，锻炼了科研队伍，储备了一批检验技术基础项目。2011年6月28日，组织召开由副院长王军志主持，院长李云龙参加的“中青年发展研究基金”效果评价座谈会，对“中青年发展研究基金”的设立及实施工作给予充分肯定，同时提出在“中青年发展研究基金”的基础上，拟设立“学科带头人培养基金”，并明确“中青年发展研究基金”、“学科带头人培养基金”（以下简称“两个基金”）项目支持的方向和对象及考察指标：“学科带头人培养基金”注重前沿性、超前性研究和领军人物的培养；“中青年发展研究基金”注重围绕解决工作中的实际问题研究，增强中青年同志研究和解决问题的信心。选题兼顾学科平衡和学科交叉渗透，并鼓励国际合作。鼓励课题负责人在认真听取指导专家意见的同时，培养和提高课题方案设计、技术路线制定及考核指标的设定、经费预算及其执行的能力，锻炼课题负责人协作协调能力，加强对研究团队构建能力的培养和考核。

按照2011年度科研工作计划，科研处于7月19日下发“两个基金”项目的申报通知，在规定时间内（8月30日前）收到“中青年发展研究基金”课题申报书35份，“学科带头人培养基金”课题申报书22份，通过网上专家初审，经学术委员会领导审核批准，从申报的课题中优选出19个“中青年发展研究基金”课题、12个“学科带头人培养基金”课题进入答辩评审。9月14日～15日，院学术委员会组织有关专家（院学术委员会委员）分别对两个基金课题进行评审。评审结果经第27次院长办公会讨论决定，给予“猪圆环病毒对异源细胞感染的研究”等（专家支持率50%以上）13个“中青年发展研究基金”课题、“PEG修饰药物质控关键技术与方法的标准化研究”等（专家支持率70%以上）7个“学科带头人培养基金”课题以立项支持。结果经为期一周的公示无异议后，组织有关专家对各课题预算进行评审。10 月 13 日下午，组织召开“两个基金”课题负责人会议，处长李冠民代表科研处向与会者通报了有关课题申报、评审的总体情况及结果，并对各位课题负责人提出的疑问逐一解答，达成共识无异议后，签订任务书、预算书。10 月 24 日经审核签章后的任务书、预算书返回课题负责人，同时“两个基金”项目的课题预算支出由财务处使用财务软件统一管理。2011 年度“两个基金”课题已经启动实施，“中青年发展研究基金”资助 13 个课题，专项经费 95.29 万元；“学科带头人培养基金”资助 7 个课题，专项经费 189.60 万元。

2011 年度“中青年发展研究基金”课题一览表

序号	课题名称	课题负责人	专项经费（万元）
1	HPLC－双标多测含量测定方法的建立及其在乳香中 6 种乳香酸测定中的应用	孙　磊	7.85
2	关于电化学检测器在氨基糖苷类抗生素质量控制中的应用探讨	王　琰	7.9
3	原小檗碱型生物碱中药化学对照品的核磁共振定量方法研究	何　轶	6
4	活血化瘀类药物生物活性测定方法的研究	刘　倩	7.1
5	地特胰岛素杂质分析以及相关质量标准的研究	辛中帅	7.6
6	X 射线荧光法快速鉴别掺杂聚丙烯输液瓶模型的建立	谢兰桂	7.1
7	多组分生化药注射剂的特征图谱研究	任丽萍	7.74
8	猪圆环病毒对异源细胞感染的研究	刘　艳	6.95
9	用氨基酸分析的方法对重组蛋白定量的初步研究	毕　华	7.2
10	光学相干断层扫描仪检测模拟眼研究	刘艳珍	7.6
11	动物源性脱细胞生物材料中残留免疫原性因子检测方法的研究	柯林楠	6.5
12	新型肾毒性生物标志物检测方法的建立及验证研究	周晓冰	7.85
13	四种指示病毒的纯化浓缩及其在病毒灭活/去除工艺验证中的应用	付　瑞	7.9
	合计		95.29

2011 年度“学科带头人培养基金”课题一览表

序号	课题名称	课题负责人	专项经费（万元）
1	PEG 修饰药物质控关键技术与方法的标准化研究	梁成罡	28.6
2	药品质量控制相关生物指示剂的研制及标准化研究	马仕洪	26
3	统计学分析方法在药品检定中的应用研究	谭德讲	26.6
4	无细胞百日咳、白喉、破伤风联合疫苗毒性研究及体外检测方法的建立	马　霄	25.5
5	流感病毒疫苗质量评价综合技术平台的建立	袁力勇	29.58
6	介入瓣体外脉动流性能检测平台的建立	汤京龙	28.32
7	食源性沙门菌 Megaplex PCR 血清分型方法的建立与应用	林　兰	25
	合计		189.6

学术交流及评奖活动

2011 年 1 月 6 日，院学术委员会组织中国食品药品检定研究院学术交流与评优活动。本年度的学术交流与评优活动分两级进行，首先，各专业领域经过交流与筛选，从 62 个报告中优选出 21 个，推荐参与院级学术交流与评优活动活动。20 位（1 位因故未参加报告）报告人分别报告了相关的研究成果及创新思路。通过答辩，院学术委员会委员通过无记名投票方式评选出一等奖1名，二等奖5名，三等奖14名。院领导、学术委员会全体成员以及部分职工代表共150余人参加了活动。北京市食品药检所、天津市食品药检所、总后卫生部药品仪器检验所和武警部队药品仪器检验所派代表参加。

本年度组织全院范围的学术报告18次，参加人员950余人，报告内容涉及全院各个技术体系，活跃了学术氛围。

2010年度学术交流及结果

序号	科室	姓名	题目	奖励
1	病毒二室	毛群颖	EV71疫苗的标准化研究	一等奖
2	实验动物质量检测室	马丽颖	近交系小鼠H-2基因与接种乙肝疫苗后无（弱）应答的相关性研究	二等奖
3	安评中心	林　志	免疫复合物性肾脏损伤的研究	二等奖
4	质量管理处	张河战	WHO疫苗国家评估：实验室管理部分介绍	二等奖
5	麻醉药品室	陈　华	西泮类药物有关物质的研究	二等奖
6	抗生素室	常　艳	替考拉宁组分与效价相关性的研究	二等奖
7	医疗器械检验中心	黄元礼	胰岛素注射笔剩余药量混匀度研究报告	三等奖
8	市场办广告审查处	陈　蕾	开拓思路、多措并举—严厉打击违法广告的新举措	三等奖
9	所长办公室	祁文娟	全国药品检验系统协同检验应用研究	三等奖
10	病毒三室	徐康维	通用抗体检测流感疫苗中神经氨酸酶含量	三等奖
11	血清室	谭亚军	二维电泳技术对百日咳疫苗原液的分析	三等奖
12	安评中心	王　欣	药物遗传毒性研究实验新方法的建立	三等奖
13	菌种室	石继春	肺炎链球菌鉴定系统试验方法的改进及长期保存方法的研究和验证	三等奖
14	局器械标管中心标准一处	杨　振	无源医疗器械标准审定机制的探索和建立	三等奖
15	化学药品室	李　捷	辛伐他汀有关物质的研究	三等奖
16	药用辅料及包材室	杨　锐	聚山梨酯80质量分析与致敏源探究	三等奖
17	化学药品室	魏宁漪	大蒜及大蒜素质量标准研究	三等奖
18	实验动物质量检测室	王　洪	实验小鼠遗传生化标记检测法的研究	三等奖
19	信息处	于继江	基本药物质量信息平台建设	三等奖
20	标化中心	朱　俐	降糖类药物高效液相色谱法快检技术研究	三等奖

中国食品药品检定研究院“十一五”科技重大专项课题通过重大专项评估组检查

9月16日下午，科技部会同发改委、财政部，组织专家组对中国食品药品检定研究院“十一五”期间承担的“重大新药创制”和“传染病防治”两个科技重大专项相关课题的立项、执行情况进行督查评估。督查评估组听取了副院长王军志对中检院承担重大专项任务总体情况和管理情况的介绍，听取了5个相关课题负责人课题执行情况的汇报，查阅了课题研究的相关技术资料、成果证明及与经费预算执行有关的财务资料，并对中检院的科研管理、财务管理、固定资产管理、保密管理等制度建设和制度执行情况进行了检查。

督查评估组认为中国食品药品检定研究院重

视重大专项课题实施，建立项目、经费、固定资产、仪器设备、知识产权、保密等内部管理体系，制订《科研工作管理办法》等系列文件。对课题实施和经费使用进行监管，经费管理制度基本健全，按规定建立特设账户，实现资金的单独核算，专款专用。预算执行总体较好，所查验的各项开支基本合规。重点对“疫苗质量控制技术及标准化的研究”“中药标准物质研制和开发的技术平台建设”两个课题进行评估，评价意见如下：

“疫苗质量控制技术及标准化的研究”课题在牵头单位组织协调下，课题组按计划实施，完成计划设定的各项任务，产生较好效果。建立10余种传染病疫苗的20多项质量控制标准、30多种检验方法和15种标准品（参比品），其中甲型H1N1流感疫苗血凝素含量测定方法及EV71抗原抗体参比品为国际首次建立；部分质量标准和检测方法纳入中国药典或企业注册标准；完成9种国家免疫规划疫苗、3种细菌性疫苗和5种病毒性疫苗质量标准提高工作并纳入中国药典；完成2项疫苗研究技术指导原则，初步建立疫苗Ⅳ期临床、上市后评估及疫苗稳定性指导原则草案，为疫苗研发和临床研究提供指导规范，特别是促成甲型H1N1流感疫苗早日上市和EV71疫苗临床批件的获得。

“中药标准物质研制和开发的技术平台建设”课题完成130个中药化学对照品，为《中国药典》（2010年版）解决新增急需品种问题，并且作为国家药品标准物质广泛应用于药品生产、科研和新药研究，同时为世界范围植物药、天然产物的质量控制起到重要的保障作用。课题完成30个疑难对照药材品种的研究和制备，解决长期以来因疑难对照药材品种缺乏而导致的相关问题。平台的运行为中药标准物质的研究提供重要保障，形成的标准物质，为中药生产的质量控制及中药新药研究提供有力的支撑。

中国医学科学院原院长巴德年院士在反馈评估意见时特别指出：中国食品药品检定研究院接受督查评估的课题都出色完成了任务，取得很好的成果，中国食品药品检定研究院的工作代表国家药物研究的最高水平，在药物研发和质量控制中发挥着不可替代的作用，在“为国把关，为民尽责”的基础上，还应该“为国争光，为民谋利”。巴院士建议，为更好地发挥中国食品药品检定研究院的作用，两个重大专项应该作为独立技术平台单独列支的形式支持中国食品药品检定研究院的工作。

中国食品药品检定研究院“十一五”“重大新药创制”和“传染病防治”两个科技重大专项课题

序号	项目（课题）名称	课题负责人	专项经费（万元）	备注
1	中药标准物质研制和开发的技术平台建设	林瑞超	1412.5	重点评估
2	中药中有害残留物检测技术标准平台	马双成	1417.8	
3	生物技术药物质量标准和质量控制技术平台	王军志	839.6	接受评估
4	药物安全评价技术平台	李　波	1220.8	接受评估
5	艾滋病疫苗评价技术的研究	王佑春	876.0	
6	乙型肝炎疫苗质量控制及评价研究	梁争论	860.0	接受评估
7	结核病预防相关制品的质量控制和评价研究	王国治	903.0	
8	疫苗质量控制技术及标准化的研究	李凤祥	1144.0	重点评估
9	重大传染病诊断产品质量评价综合技术平台	国　泰	772.0	

2011 年科技奖励项目

2011 年科技奖励项目

项目名称	获奖等级	主要完成人	完成单位
大流行流感疫苗、诊断试剂评价关键技术的创新和应用	国家科学技术进步奖二等奖	王军志，李长贵，方捍华，李凤祥，范行良，邵铭，袁力勇，刘书珍，白东亭，高恩明*	中国食品药品检定研究院，国家食品药品监督管理局药品审评中心，北京科兴生物制品有限公司
大流行流感疫苗、诊断试剂评价关键技术平台体系的建立和应用	北京市科学技术奖一等奖	王军志、李长贵、方捍华、李凤祥、范行良、邵铭、袁力勇、刘书珍、白东亭、高恩明*、沈琦、李红*、杨焕*、胡忠玉、李娟	中国药品生物制品检定所、国家食品药品监督管理局药品审评中心、北京科兴生物制品有限公司、北京天坛生物制品股份有限公司
乙型肝炎疫苗免疫策略和免疫效果评价研究	北京市科学技术奖三等奖	梁争论、庄辉*、吴疆*、李杰*、张卫*、何鹏	中国药品生物制品检定所、北京大学医学部、北京市疾病预防控制中心、广西壮族自治区疾病预防控制中心、江苏省疾病预防控制中心、开封市疾病预防控制中心
医疗器械生物学评价标准和试验方法建立及应用	中华医学科学技术奖二等奖	奚廷斐、由少华*、吕晓迎*、吕建新*、顾汉卿*、冯晓明、吴平*、王春仁、施燕平*、黄炎*、陈亮	中国药品生物制品检定所、山东省医疗器械产品质量检验中心、东南大学、温州医学院、天津市泌尿外科研究所
百白破联合疫苗质量控制和评价技术平台体系的建立和应用	中国药学会科学技术奖三等奖	张庶民，侯启明，徐颖华，马霄，谭亚军，雷殿良，骆鹏，王丽婵等	中国食品药品检定研究院
保健食品功效成分及安全性检测技术和方法研究	中国药学会科学技术奖三等奖	马双成，魏锋	中国食品药品检定研究院
药品投诉举报的管理、查办、评价体系及实施研究	中国药学会科学技术奖三等奖	丛佳、朱炯、黄志禄、王玥、王翀*、冯磊、任春*、秦延瑞*等	国家食品药品监督管理局药品市场监督办公室、辽宁省食品药品检验所、河南省食品药品监督管理局稽查局、沈阳药科大学

注：*代表非中检院作者。

第八部分　系统指导

中国食品药品检定研究院院长李云龙在2011年全国食品药品医疗器械检验工作会议开幕式上的讲话（根据录音整理，节录）

今天我谈十个问题。这些问题是对总结“十一五”、谋划“十二五”开局之年工作所做的思考。现在提出来大家共同讨论，一起研究。

一、“十一五”时期中国药检事业发展的基本经验

“十一五”时期，是全国食品特别是药品、医药器械检验检测事业发展比较好、比较快的时期，也是全系统整体功能和作用充分发挥的重要时期。我们取得了很好的成绩，积累了弥足珍贵的经验。我们认为可以概括为以下8个方面：

（一）必须始终把“服从监管需要、服务公众健康”作为一切工作的出发点和落脚点。食品药品行政监管的出发点和落脚点是确保公众饮食用药安全。作为技术支撑单位，服务好监管发展，适应监管需要，就是在为确保公众饮食用药安全做贡献。

（二）必须始终紧紧抓住检验检测能力建设这条主线不动摇。要做到以能力论英雄，没有能力履行职责就无从谈起。

（三）必须始终坚定不移地实施“人才兴检”战略。人才是事业发展的关键，对技术部门而言，人才更是关键的关键。没有人才难谈能力，没有能力难谈水平，更谈不上适应监管需要。

（四）必须始终坚定不移地实施“科技强检”战略。要始终坚持检验依托科研、科研支撑检验的战略。

（五）必须始终强化业务管理、行政管理和党政管理。向管理要水平，向管理要能力，向管理要提高。

（六）必须始终走能力提高和水平提升的外向型发展道路。向国际一流、国际先进看齐，不断实现赶超。

（七）必须切实加强以廉洁从检为着力点的队伍建设。我们掌握质量控制的技术权力，必须廉洁奉公，谨慎用权。

（八）必须始终带动和引领全系统提升能力水平，发挥整体功能。我们系统是一个整体，必须适应监管工作的需要，从中国食品药品检定研究院到省所、地市所都应该不断地发挥整体功能，提高整体能力。

二、进一步全面深刻认识检验检验检测工作职能定位

今年全国食品药品监管工作会议透露给我们四个信息：一是科学已经成为国家监管事业发展和工作进步的关键词。FDA的百年史和我国监管的实践告诉我们：加强监管确保安全，最终需要通过科学技术解决问题；二是国家食品药品监督管理局提出在“十一五”的基础上，在“十二五”开局之年，要建立并不断完善食品药品医疗器械行政监管体系和技术监督体系，这是国家“十二五”规划的大问题；三是技术监督体系中检验检测工作处于重要的技术支撑地位，要进一步发挥技术支撑的作用；四是作为国家的技术支撑，检验检测对监管的技术支持、对安全的技术保障、对产业的技术服务要有机地结合起来。这是检验检测的职能定位，是否准确，供大家进一步探讨。

三、2011年全国检验检测工作总的指导思想

2011年作为“十二五”时期的开局之年，起好步开好局十分关键。首先要明确今年乃至今

后若干年工作的指导思想：就要在各级监管部门的坚强领导下，在科学监管理念的指导下，以践行科学监管理念为主题，以提高检验检测能力为主线，以不断推进技术创新为动力，以全面加强实验室管理为重点，以提升队伍整体素质为保证，努力实现我国食品药品医疗器械检验检测事业新的跨越。

四、认真研究探讨科学检验理念

科学检验理念是高层面的课题，需要集全系统的心血和努力才能完成，要得到全系统的认可才有意义。要有针对性地回答四个问题：一是科学检验理念的本质和核心是什么？二是其根本目标是什么？三是其基本要求是什么？四是其路径选择是什么？通过全系统的征集和反复论证，在“十二五”初期提出和形成科学检验理念，再通过“十二五”五年的努力，逐步实现从科学检验理念向科学检验理论的转变。

五、全面提高实验室管理水平

有能力不等于有水平，具备了认证、认可能力，不等于就一定有了这个水平。一是全面提高实验室管理水平，逐步与国际先进水平接轨，是我们能力建设重中之重的任务，是加强业务管理的核心，既有国内意义也有国际意义；二是实验室管理水平不仅在硬件上，更要在软件上体现出水平；三是实验室管理水平的提升是以质量保障水平与国际先进水平接轨为基础和前提；四是要以WHO疫苗评估、全球基金项目两个国际认证为尺度，全面提升国家实验室管理水平，起到示范和引领作用，使实验室管理水平实现新的跨越。

六、不断推进检验检测技术发展

技术发展要重视三个问题，明确三个目标要求。一是要始终坚持科研提升水平。这是不可或缺的，就检验论检验是不行的，国家需要关键技术，要进一步建立并不断探索和完善检验依托科研、科研提升检验的有效机制。二是要加强药品、食品、保健食品（健康产品）、化妆品、医疗器械的标准研究，为标准制修订打好基础。标准的研究就是标准制修订成果的应用，通过标准的研究为提升我国食品药品标准做出贡献，进而为参与国际标准的制修订奠定基础。三是进一步提高国家评价性抽验和监督抽验的能力与水平，发挥应有作用。这也是提高能力和水平的途径。要认真探索评价性抽验、监督抽验结果的有效应用，为药品生产工艺和质量保障控制工作提出意见。技术发展离不开技术创新。我们的目标是：化学药、生物制品检验检测技术要接近或达到国际先进水平，中药民族药检验检测能力和水平要引领国际先进水平，医疗器械、食品、保健食品、化妆品的检验检测技术水平要达到国内领先水平。

七、中国快筛快检技术的发展

就中国快筛快检技术的定位而言，目前我们已经站在了国际前沿水平上。要巩固这个地位，特别是要进一步得到世界卫生组织的重视，必须注意以下问题。一是如何巩固扩大国际地位；二是如何在技术上进一步完善创新；三是要上升到国家综合的层面上夯实技术，建立如何确认、推荐、共享技术的机制；三是进一步加强国际交流，推动我国快筛快检技术的发展。例如，今年我们要召开第二届国际快检技术交流研讨会。

八、基本药物质量信息平台建设

这是国家食品药品监督管理局交办中国食品药品检定研究院的事情，是实现系统互联互通、发挥整体功能，建设数字药检的重要工作。通过基本药物质量信息平台建设，铺好检验检测技术的信息高速路。要逐步扩大功能、提高运行质量，各省市所要高度重视，全力推进，加强对所辖区域工作的指导。

九、加强系统培训的针对性和有效性

中国食品药品检定研究院对系统的功能作用主要是围绕能力建设来开展的。能力建设的重要任务就是业务培训，这是业务指导的重中之重，重点是要增强针对性和有效性。一是“十二五”

时期继续加强所长培训；二是如果顺利的话，计划在国外定期举办高端的高层研修研讨班；三是强调缺啥补啥，要引入国际最高端的专家来培训。中国食品药品检定研究院的所有国际论坛资料要挂到网上，培训要施行评估制度；四是在“送出去”的同时，进一步加大“请进来”的力度。对系统内而言，中国食品药品检定研究院可以上门培训，也接受送来培训。

十、进一步加强系统的整体性和协调性

一是创新业务指导机制，围绕职能和功能来建设系统，完善五大平台，共同打造中国药检名片；二是机构虽然分中央、省市，但我们却是使命和责任的共同体，应该团结一致，相互支持、相互帮助、共同努力；三是我非常赞同、支持区域性的研究协作机制；四是要在科研、标准品协作标定、标准物质供应上共同努力。五是中国食品药品检定研究院的指导作用体现在打造自身和强化引导，发挥龙头带动作用。

最后，我把今天讲话的内容概括为四句话：服务监管有为有位、五大平台沟通上下、协作培训共同提高、文化建设凝聚力量。（2011 年 1 月 18 日）

中国食品药品检定研究院院长李云龙在第二届全国药品质量分析论坛上的讲话（节录）

今天，我们相聚在具有 2100 多年历史、素有“汉唐古郡，淮海名区”之称的江苏省泰州市，参加“第二届全国药品质量分析论坛”，共同分享在 2010 年抽验工作中取得的成果，交流工作经验，促进技术水平的共同提高。药品质量分析论坛立足于每年国家计划抽验工作的成效，目的是为了进一步促进抽验工作成果的转化。作为全国抽验工作的组织牵头单位，中国食品药品检定研究院全力支持《药物分析杂志》举办这个专业论坛。

下面，我讲三点意见：

一、2010 年抽验工作取得显著成效

2010 年，我们按照国家抽验计划，针对 191 个药品品种，在全国市场流通领域以及药品生产企业抽取样品，由省市药检所进行了全方位的检验。同时，开展了探索性研究，取得了可喜的成效。通过探索性研究，我们更加明确改进工艺提高质量的方向；通过建立新方法，我们解决了一些检测棘手问题；通过应用新技术，我们解决了检验标准修订中的一些难点问题。不仅是药品抽验，在开展药用辅料和药用包装材料的专项抽验中，我们也取得了可喜的成绩。

每年的全国抽验工作，我们付出了许多辛劳；繁重的检验任务，我们有了许多收获。我们看到了很多亮点，发现了新的问题，也面临更艰巨的挑战。

二、2011 年评价抽验工作面临新要求

2011 年全国药品评价抽验工作计划已发布，涉及 213 个品种，其中包括 2008 年、2009 年、2010 年已进行过评价抽验的部分品种。这说明，我们的抽验工作是有连续性的，探索与研究是持续不断的。在评价抽验工作上，还有很多难点需要继续攻克，还有许多技术继续开发，还有许多问题需要继续研究解决。我们不仅要严格按照法定检验标准和检验方法对样品进行全部项目检验，还要根据品种质量现状，开展探索性研究检验，展开非标方法研究，提高检验研究水平，提高药品质量控制管理水平。

开展评价抽验工作，使我们有机会集中开展大量同一品种检测，有机会重新评价药品质量、药品标准，审视现行技术、方法、标准、工艺中的不足。我们需要进一步研究在检验中发现的可能存在的工艺缺陷；进一步探讨可能存在的风险。我们需要找出高风险注射剂的主要风险点；发现化学仿制药品与国外同类产品临床疗效差异的原因所在；提出中成药口服制剂的质控要点等。我们面对更多新要求。

三、共享论坛平台，分享抽验成果，促进质

量提高

2010年，各方通过不懈努力，有很多收获，也遇到很多难题；有许多经验值得交流，也有许多疑问需要沟通。“第二届全国药品质量分析论坛”为大家提供了一个很好的交流平台。国家评价抽验的成果将在本次论坛上进行交流，不仅在检验机构的技术人员之间，更重要是通过药品生产企业的技术人员与检验机构技术人员之间的互动，进行切磋交流，达成共识，使之成为生产企业改进工艺，提高质量的努力方向，同时也成为修订质量标准的科学依据。以药品质量分析论坛的形式总结、评议、推广抽验工作成果，是一种很好的尝试，值得认真对待。“全国药品质量分析论坛”为我们共享抽验工作成果，更为研究探讨药品质量提高创造了良好契机。

举办药品质量分析论坛，可为药品检验机构探索研究、提高技术能力提供展示交流舞台；可为生产企业获取信息、改进工艺、提高生产质量提供科学依据；可为分析技术研发创新、开辟领域提供全新思路。更为促进药物分析学科发展创造良好契机。我相信，在药品质量分析论坛这个技术交流的平台上，我们将从药物分析研究深度上、从药品质量提高的实际上，有所收获，有所突破，有所创新。(2011年4月19日)

全国部分病毒类疫苗质控研讨会

2011年5月19日～20日，全国部分病毒类疫苗质量控制研讨会在湖北省武汉市召开，国家食品药品监督管理局注册司、药典会、药品审评中心、湖北省药监局、承担生物制品批签发的7个省市药品检验所、中生集团等23个疫苗生产企业及中国食品药品检定研究院的专家共120余人参加了本次会议。

会上，生检所相关专家针对2006～2010年度的流感疫苗、甲流疫苗、麻疹疫苗、麻腮风疫苗、水痘疫苗以及脊髓灰质炎疫苗的关键检测项目的趋势分析、批签发中常出现的问题等进行了详细报告，14家疫苗生产企业的代表分别就5年来各自企业的疫苗生产和质量控制情况、不合格批次疫苗的分析和处理情况、企业监测到的临床疑似异常反应等进行了报告和交流。会议还就执行《中国药典》(2010年版)三部及新颁布的企业注册标准执行情况进行了交流。

2011年全国生化药品检验工作研讨会

2011年8月10日～11日，由中国食品药品检定研究院主办、黑龙江省食品药品检验检测所承办的2011年全国生化药品检验工作研讨会在黑龙江省哈尔滨市召开。院长李云龙出席会议并讲话。黑龙江省食品药品监督管理局副局长李光伟、国家药典委员会生化药品专业委员会原主任委员徐康森、黑龙江省食品药品检验检测所党委书记李劲松，国家药典委员会化学药品处和中国食品药品检定研究院药检处负责人，全国39个省市药检所近80名代表参加会议。

大会邀请5位专家做专题报告。徐康森回顾了生化药品发展历程，并分析了生化药品的现状和发展方向。杨化新作了“生化药品检定研究工作回顾和展望”的报告。张筱红作了“中国药典2015年版二部生化药品标准工作重点”的报告。国家药典委员会生化药专业组主任委员陈钢作了“生化类药品的质量现状与质量标准研究通用要求”的报告。国家药典委员会生化药专业组副主任委员余立作了“多组分生化药质量现状与质量标准若干问题讨论”的报告。

在会议交流期间，18位科室主任作了工作报告。与会代表交流了近两年来药典会标准提高工作、多组分生化药质量控制、评价性抽验工作和日常检验工作中的问题等，通过学习、交流和讨论，解决了工作中不少疑难问题。

本次会议前期已将各所的科室工作报告汇编成册，并整理出共性问题作为议题，并对大部分的议题达成了共识，对部分尚未解决的问题也形成了初步研究意向。本次研讨会学术气氛浓厚，专题报告论点精辟，指导性强，交流报告内容广泛，实用性强，达到了预期目的。

中国食品药品检定研究院院长李云龙在2011年全国生化药品检验工作会上的讲话（节录）

2011年全国生化药品检验工作研讨会于8月9日在哈尔滨召开。中国食品药品检定研究院院长李云龙在本次研讨会并发表讲话。院长李云龙根据对生化药检验工作的重要地位、近些年所作的努力以及取得的成绩等，提出全国生化药品检验系统应该更加关注、深入实践并探讨的几点问题。

1. 应大力倡导科学检验精神。

为了更好履行生化药品检验职责，应大力倡导科学检验精神。科学检验精神的本质即“认真严谨”、“求实务实”、“勇于探索”、“追求真理”，是检验检测工作发展的灵魂和未来。检验人员应把“质量控制把关”和“应用科学技术”紧密联系起来，不仅使科学检验精神渗透全系统变为理念，同时要作为一种行为规范，渗透进生化药品检验检测的日常工作环节。全国生化药品室要统一思想、步调一致，提升生化药检验水平，跻身世界先进行列。

2. 要拓展检验思路。

检验人员不能就单品种检验而检验。检验的根本目的是通过检验，把好质量安全关，为监管提供很好的技术保障。要变“被动服务”为“主动服务”，从单品种的生化药产品检验拓展为同品种质量安全趋势分析，进而对该品种进行风险评估。中国食品药品检定研究院生化药品室要起好带头作用，坚持研究性检验的思路。

3. 注重人才培养。

能力水平不仅是基础设施的问题，也不仅是仪器设备的问题，而是人的问题和管理的问题。我们要以人才为本，注重培养人才。中国食品药品检定研究院一直以来执行的“集聚顶尖人才，培养优势人才，引进急缺人才”的人才培养方针应贯彻到整个生化药品检验体系中去；另外，我们还要通过“强化培训”培养和造就“检验能手”，这也是主任能力水平的重要体现。“强化培训”的重点在于增强培训的“针对性”，缺什么，补什么，提高什么。坚持不懈地强化培训，可以转化为整体生化药品检验能力的提升。人才的培养还要有管理护驾，否则，再好的人才也会变为废才。

4. 重视技术储备。

国内外新药物和新给药途径频出，对生化药检验能力提出了新的要求。我们要了解国内外前沿动态，及时掌握新技术、新方法，“学习先进”，“赶超先进”，使生化药品检验在世界行列有所作为，参与制订国际范围的检验检测规则。做好技术储备首先各药检所内要大力鼓励科研，中国食品药品检定研究院目前设有学科带头人基金和中青年发展研究基金，并且可以与各地方药检所或是科研机构联合申报，为取得更大的科研成果和培养人才提供了平台。

5. 加强实验室的管理。

实验室管理包括三个方面，分别是质量管理体系、行政保障体系和技术支持体系。实验室管理是检验检测工作的物质基础，是实现“国际一流、国内领先”最基础的条件之一。全国生化药科室要力争不仅人员一流、工作业绩一流、实验室管理更要一流，达到世界先进水平。（2011年8月10日）

2011年全国药包材监管检验工作会议

2011年4月7日~8日受国家食品药品监督管理局注册司的委托，中国食品药品检定研究院原药用辅料及包材室在四川成都举办了2011年全国药包材监管检验工作会议。150多位代表参加了会议。

会上，国家食品药品监督管理局药品注册司稽查专员杨威、副巡视员李茂忠作为国家食品药品监督管理局代表从监管角度，对药包材监管检验工作面临的形势和主要任务进行了展望，提出2011年的工作目标，即健全药包材监管法规、标准体系；进一步推进药包材审评审批机制改革和推进DMF制度实施。中检院副院长李波结合近年来在全国药包材检验工作中积累的经验和成绩，作了“提高检验检测能力，完善药包材检验体系”的报告，对药包材检测检验体系的能力建设及质量保证体系提出了要求；就开创药包材检验工作新局面提出了自己的意见，并代表院长李云龙表示中国食品药品检定研究院将全力配合并圆满完成国家食品药品监督管理局布置的各项药包材监管检验任务。中检院药用辅料及包材室副主任孙会敏按照国家食品药品监督管理局的工作要求，对药包材审评机制改革、审批审评事权下放的实施方案、操作细节等方面进行了介绍，各省局和检验机构参会代表对药包材审批审评事权下放等七项工作的分工和具体实施方案进行了研讨。

此次会议的召开，为今后做好药包材监管、检验和审批工作打下了基础，明确了方向。

全国药检系统仪器设备管理工作座谈会

2011年9月22日~23日，全国药检系统仪器设备管理工作座谈会在四川省成都市召开。会议由中国食品药品检定研究院主办，四川省食品药品检验所承办。国家食品药品监督管理局局办公室副主任王三虎、发展规划处副处长孙继龙，中国食品药品检定研究院副院长邹健、仪器设备管理处处长陈为，四川省食品药品监督管理局副局长魏夕和出席会议。全国各省、直辖市、计划单列市、总后、武警及口岸药检机构的负责人及业务工作负责人，共计90余人参加会议。

会议要求各单位完成药检系统“十一五”规划所有项目任务，为药检系统“十二五”规划项目申报和执行做准备工作；起草中西部药检所仪器设备配置项目验收方案；布置口岸药检所实验室改造及仪器设备配置项目；加紧食品药品监管系统资源管理平台建设。

北京、广东、江苏、四川、深圳药检所代表分别介绍仪器设备管理经验。会议围绕中西部药检所仪器设备配置项目、口岸药检所实验室改造及仪器设备配置项目、药检系统仪器设备管理工作3个主题进行探讨，与会代表对提高仪器设备管理提出了意见和建议。

第一届全国药检系统实验动物学术交流会

2011年9月22日~24日，中国食品药品检定研究院主办召开了“第一届全国药检系统实验动物学术交流会”。国家科学技术部科研条件与财务司处长孙增奇、北京市实验动物管理办公室主任李根平、南京大学模式动物研究所所长高翔，以及来自50个省市级食品药品、医疗器械检验检测机构共计80余位代表出席了本次会议。

学术交流会由中检院副院长王佑春主持，中检院院长李云龙和科技部科研条件与财务司孙增奇处长分别发表了讲话。大会邀请了3位专家做专题报告。广东所、江苏所、浙江所、北京所、四川省、深圳所、天津市医疗器械质量监督检验中心和中国食品药品检定研究院的有关同志，从不同的角度作了实验动物学术报告。

通过本次学术交流会，达到了相互交流、总结经验、共同提高的目的。

2011年全国中药材及饮片检验技术培训会

2011年10月12日~14日，由中国食品药品检定研究院主办，湖南省食品药品检验研究院协办的“2011年全国中药材及饮片检验技术培训会”在湖南省长沙市举办。来自全国各省、自治区、直辖市、计划单列市（食品）药品检验所、总后、武警药品检验所、药品生产企业等共计100余人参加本次培训。

中检院中药处处长林瑞超、副处长肖新月、中药材室魏锋博士、标准物质处处长马双成及国内知名中药专家上海中医药大学王峥涛教授、安徽中医学院周建理教授、南京中医药大学陆兔林教授、湖南省食品药品检验研究院中药室主任丁野、四川新荷花中药饮片有限公司江云董事长分别就“中药材及饮片的质量和监管现状”、“中药质量标准研究思路与实践”、“中药饮片炮制技术”、“中药材市场状况及假冒伪劣品鉴别方法”、“中药材及饮片质量及检验标准解析”、“标准对照物质在中药检验中的应用”、“中药鉴定技术和方法在检验工作中的应用”、“中药材及饮片检验工作中常见的问题”、“中药饮片企业质量管理现状”等内容进行了详细讲解和介绍。

全国药包材注册管理培训会

2011年10月27~28日，根据国家食品药品监督管理局注册司年培训计划和援疆工作计划，中国食品药品检定研究院在新疆维吾尔自治区乌鲁木齐市与新疆局和国家食品药品监督管理局高级研修学院共同承办了全国药包材注册管理培训班。培训班邀请了相关专家，就药包材的现状和监管、DMF申报技术要求、药包材的审评程序及审评要点、药包材检验中的注意事项、新品种、新材料、新包装形式的药包材的技术审评和检验检测要求等内容进行了详细讲解和介绍。通过培训提高了对药包材质量监管的认识，加深了对药包材检验检测方法的理解和掌握，达到了培训预期的目标。

第九部分　国际交流与合作

派出与来访

出国（境）情况

2011 年，中国食品药品检定研究院继续积极开展国际合作项目和交流活动，扩大交流的深度与广度，国际合作再上新台阶。全年共选派专家、技术骨干 136 人次赴美国、加拿大、瑞士、英国、法国、德国、荷兰、西班牙、瑞典、奥地利、比利时、丹麦、西班牙、巴西、阿联酋、约旦、南非、肯尼亚、俄罗斯、印度、日本、韩国、泰国、新加坡、越南、马来西亚、菲律宾、中国香港、中国澳门共 29 个国家及地区考察访问、参加国际会议及研修，其中参加国际会议 45 人次；派出 19 人次赴美国、日本、英国、泰国、德国、瑞士等国从事协作研究和研修及培训；选派相关工作人员 18 人次赴欧洲进行实验室建设实地调研。共组织出访团组 58 个，其中自组团出访团组 33 个，参加国家食品药品监督管理局或其他直属单位团组 22 个，参加双跨团组 3 个。

参加会议

2011 年，中国食品药品检定研究院共派专家 45 人次先后应邀出席世界卫生组织（WHO）、联合国环境规划署、西太区草药协调论坛（FHH）常委会工作会、太平洋卫生峰会、国际临床化学和实验室医学联盟、国际组织工程与再生医学学会、国际近红外年会、全球打击假药论坛、国际药品分析技术论坛，以及美国食品药品监督管理局（FDA）、俄罗斯联邦健康和社会发展监督局、美国药典委员会（USP）等国际组织和政府间机构召开的重要国际会议，在大会上作专题报告 11 个，向世界展示了我国在药品、生物制品和医疗器械等领域的研究成果和科研水平，宣传了我国政府为保障人民用药安全采取的有效措施，扩大了中国食品药品检定研究院在国际上的影响。

接待来访

全年共接待来自美国、英国、巴西、古巴、泰国、加拿大、比利时、世界卫生组织，以及中国香港、台湾等 10 余个国家及地区的专家、技术官员等 285 人次来院考察访问、学术交流及讲座，作专题报告 143 个；接待国外政府、港澳台地区相关机构及国际组织重要官员共 44 人；组织举办及承办 6 次国际研讨会及双边会议，举办高级研修班及培训班 5 次，累计培训 1000 余名全国技术骨干。

国际合作

与世界卫生组织（WHO）合作

近年来，中国食品药品检定研究院不断发展和巩固与 WHO 的合作。2008 年 5 月，中检院被 WHO 继续确认为“WHO 药品质量保证合作中心”，为期 4 年，中检院院长李云龙担任合作中心主任。2011 年，已按照世界卫生组织要求成功递交了工作报告。全年共派出 21 人次访问 WHO 总部、参加 WHO 会议及研修，其中参加 WHO 专家委员会会议 2 人；参与 WHO 规程起草、咨询及修订 3 人，分别参与了百白破疫苗指导原则、生物制品残余杂质标准指南的修订以及使用疫苗后肺炎球菌血清型流行病学变化的专家咨询；在 WHO 会议上作了 3 个学术报告。此外，共接待 WHO 专家、技术官员 47 人次，承办 WHO 学术会议 1 次。

1. 参加WHO学术会议

2011年4月10日，徐苗赴瑞士参加WHO共享流感以及获得疫苗和其他利益成员国不限名额工作组会议；5月2日，副院长王佑春赴泰国参加WHO首届国家监管机构战略论坛；6月6日，党委副书记丁丽霞随李继平局长一行赴巴西参加世界卫生组织加强流感疫苗监管能力研讨会；7月11日，金少鸿赴瑞士参加WHO药品标准和实验室质量控制非正式会议；8月16日，王钢力赴泰国参加第十九届医学科学年会；11月20日，马仕洪赴约旦参加WHO预认证项目质量控制实验室区域间研讨会；11月16日，林瑞超随国家食品药品监督管理局团组赴越南参加西太区草药协调论坛（FHH）第九次常委会工作会议。

2. 参加WHO专家委员会会议

2011年10月10日，金少鸿赴瑞士参加WHO药品标准制订专家委员会第四十六次会议；10月16日，王军志赴瑞士参加WHO生物制品标准化专家委员会会议；

3. 参与WHO规程起草、咨询及修订

2011年5月17日，王军志赴美国参加WHO生物制品残余杂质标准指南修订会议；6月20日，张庶民赴瑞士参加世界卫生组织百白破疫苗指导原则修订会议；9月14日，徐苗赴瑞士参加WHO使用疫苗后肺炎球菌血清型流行病学变化的第二次专家咨询会。

4. 赴WHO工作

雷殿良第四次延长在WHO总部工作时间，期限为：自2010年6月1日始至2015年6月1日止；周铁群研究员第六次延聘WHO疫苗质量安全和标准化部门工作，聘期至2012年5月31日；黄宝斌延长借调到世界卫生组织驻华代表处任期，担任WHO药品国家项目官员，期限为2011年2月11日至2013年2月10日；推荐魏宁漪助理研究员作为WHO驻华代表处基本药物国家项目官员借调候选人。

5. 接待WHO专家、技术官员

2011年4月13日，世界卫生组织技术官员Milan Smid博士一行3人对中国食品药品检定研究院进行访问并就相关方面的合作进行了交流沟通；4月18日，接待了来访的WHO抗疟药品质量控制项目专家Souly Phanouvong博士一行4人；4月19日至21日，中国食品药品检定研究院相关专家陪同WHO抗疟药品质量控制项目专家Souly Phanouvong博士一行2人赴云南省昆明市和普洱地区进行实地调研评估；5月23日至5月26日，欧洲药品质量健康管理局（EDQM）质量、安全及环境部主任Pierre Leveau博士作为WHO派出的技术专家来中国食品药品检定研究院进行质量管理和人员培训方面的技术支持访问。

6. 承办WHO会议

2011年11月7日~12日，中国食品药品检定研究院协助WHO承办白喉和破伤风类毒素疫苗以及白破疫苗为基础联合疫苗指导原则定稿会议。

7. 申请成为WHO生物制品合作中心

我国是疫苗生产和进口大国，中国食品药品检定研究院在生物制品质控方面有着完善的检测技术和特有的经验与资源，应在国家食品药品监督管理局的支持下加快WHO合作中心的申请工作，在国际生物制品标准化进程中更好地发挥优势，提高我国生物制品质量控制的国际影响力。

2011年10月24日~26日，院长李云龙率团访问WHO总部，就中国食品药品检定研究院申请成为WHO生物制品合作中心事宜向总干事陈冯富珍作了详细的介绍，提出中国食品药品检定研究院申请加入WHO生物制品合作中心的三条理由：中国是疫苗生产和使用大国，积累了丰富经验，为完成WHO生物制品合作中心的任务奠定了良好的基础；中国食品药品检定研究院长期与WHO和WHO的其它生物制品中心合作，成为WHO生物制品合作中心打下良好的基础；中国食品药品检定研究院将为WHO做出更多贡献。

陈冯富珍听取介绍后表示将指示 WHO 相关部门会尽快制定路线图，落实每一步具体目标，希望中国食品药品检定研究院早日成为 WHO 生物制品合作中心。

11 月 4 日，WHO 专家 Ivana Knezevic 博士、雷殿良博士和 Carmen Rodriguez 博士对中国食品药品检定研究院申请 WHO 生物制品标准化合作中心工作进行指导，并详细介绍了 WHO 关于申请 WHO 生物制品标准化合作中心的详细路线图和随后几年 WHO 的工作计划。通过此次交流，中国食品药品检定研究院进一步了解了 WHO 生物制品标准化合作中心的申请流程和重点，下一步将加快申请工作的步伐，与 WHO 保持密切联系，争取尽早加入 WHO 生物制品标准化合作中心。

与英国国家生物制品检定所合作

2011 年，英国国家生物制品检定所(NIBSC)专家来访 6 人，举办高级研修班 2 次，作专题报告/讲座 25 个。5 月 16 日 ~18 日，举办生物制品标准品高级研修班，邀请英国国家生物制品检定所（NIBSC）资深专家 Adrian Bristow 博士和 Paul Matejtschuk 博士，对生物制品检验体系的工作人员进行了为期 3 天的培训授课。本次培训内容主要由 13 个讲座组成，内容全面涵盖了生物制品标准品相关工作的各个方面。9 月 5 日 ~6 日，举办血液制品质量控制及批签发培训交流会议，邀请英国国家生物制品检定所（NIBSC）资深专家 Anthony Ralph Hubbard 和 Susan Jane Thorpe 对我国从事血液制品质量控制的相关工作人员进行了为期 2 天的专业培训。培训交流的主要内容有 8 个方面，涵盖了血液制品的质量控制、标准品制备及质量控制、批签发等方面问题。10 月 10 日 ~ 13 日，英国国家生物制品检定所(NIBSC)专家 Stephen Poole 和 Lucy Anne Findlay 来到中国食品药品检定研究院进行有关“热原的单核细胞活化试验”（MAT）以及细菌内毒素标准物质等方面的学术交流。两位专家依次就“MAT 法试验背景介绍”、“欧洲药典收录的 MAT 法的实践应用”、“MAT 法进展 - 从热原检测到新生物制品内在促炎症活性实验的应用”、“细菌内毒素国际标准品的全球协调”进行了讲解，针对新方法的验证、统计方法、特异性和应用范围以及内毒素国际标准物质的应用情况进行了讨论。就 MAT 法现场实验进行了外周血单核细胞 - IL6法的实际操作全过程以及结果评价方法的现场演示。

中国食品药品检定研究院派出 7 人访问英国国家生物制品检定所（NIBSC），作学术报告 1 次，其中 2 人进行为期 3 个月的长期研修；副院长李波率团于 5 月 4 日访问英国国家生物制品检定所（NIBSC），期间处长马双成作了“中国食品药品检定研究院标准物质现状及管理”的报告。

与美国药典委员会合作

2011 年，美国药典委员会（USP）专家、官员来访 8 人次；共派出 6 人次访问美国药典委员会，参加由 USP 举办的专家委员会会议，作大会报告 3 个；双方共同举办学术研讨会 1 次。副院长王军志作为 USP 生物制品总论专家委员会委员分别于 3 月 6 日、10 月 2 日和 12 月 13 日三次赴美参加 USP 生物制品总论专家委员会会议、USP 2011 年科学与标准研讨会和 USP 生物技术产品中残留 DNA 检测专家组会议及蛋白总量测定专家组会议；金少鸿研究员作为 USP 标准物质专家委员会委员于 11 月 1 日赴美参加 USP 标准物质专家委员会 2011 年会议；2011 年 11 月 15 日 ~ 16 日，双方在杭州共同举办了第二届国际药品快速检测技术研讨会暨第三届中美药品分析技术与检测方法研讨会。

此外，5 月 19 日，美国药典委员会首席执行官、专家理事会主席罗杰．威廉姆斯博士向中国食品药品检定研究院李波研究员发出聘书，聘任李波研究员为美国药典委员会2010～2015届毒理专家委员会委员，聘期从接受聘任之日起到2015年6月30日结束。李波研究员是继金少鸿研究员、王军志研究员分别当选美国药典委员会标准物质专家委员会委员和生物制品总论专家委员会委员之后当选为毒理专家委员会委员的中国食品药品检定研究院专家。

与德国国家疫苗及血清研究所合作

2011年，中国食品药品检定研究院共派出6人访问德国国家疫苗及血清研究所，其中2人进行短期研修，学习无菌试验及热原检测技术。此外，院长李云龙于10月28日率团访问了德国疫苗及血清研究所（PEI），并在会谈中提出将在疫苗和血液制品检验检测技术和方法的研究、参加国际标准品的协作标定、人员培训、共同举办学术研讨会四方面继续加强合作。

与加拿大卫生部疫苗评价中心合作

2011年，加拿大卫生部疫苗评价中心（CVE）专家来访4人，举办高级研修班1次，作专题报告/讲座12个。2011年4月25日～5月6日，中国食品药品检定研究院举办了生物制品质量控制国际先进技术高级研修班。加拿大卫生部疫苗评价中心Michel Girard博士和Terry D. Cyr博士受邀为本次研修班进行授课和实验室培训。研修班内容由理论讲座和实验室培训两部分组成，采用全英文授课。理论讲座包括光谱学介绍、高效液相色谱（HPLC）和毛细管电泳（CE）技术用于生物大分子的分离、蛋白质结构和稳定性研究的原理和方法、质谱分析（MASS）、蛋白质组学介绍、分离方法的优化和确认、仪器确认、HPLC在流感疫苗等生物制品检验中的应用等10个主题。实验室培训阶段，两位专家以HPLC分析流感疫苗、CE分析红细胞生成素和MASS分析重组蛋白、单克隆抗体等为例，对参训学员进行具体的实验指导。生物制品检验体系各科室及生化药品及基因工程药物室相关工作人员共40余人参加了本次培训。

加拿大卫生部疫苗评价中心（CVE）主任林赛·艾尔姆格伦博士（Lindsay Elmgren）和黎旭光教授（Sean Li）于2011年12月5日～8日对中国食品药品检定研究院进行正式访问。双方共同回顾了CVE与中检院的多年合作和取得的显著成绩，如在流感疫苗通用抗体和血凝素检测替代方法研究方面成功合作，在人才培养交流方面取得良好效果。希望双方通过进一步扩展并深化合作，在生物制品质量控制方面做出更多成绩，期间，艾尔姆格伦博士作了题为《支持生物制品质量的实验室活动》的报告。

与欧洲药品质量管理局合作

2011年，欧洲药品质量管理局（EDQM）专家来访1人，作专题报告3个；2011年5月23日～26日欧洲药品质量健康管理局（EDQM）质量、安全及环境部主任Pierre Leveau博士作为WHO派出的技术专家来中国食品药品检定研究院进行质量管理和人员培训方面的技术支持访问，并提出了改进的意见和建议。

中国食品药品检定研究院派出8人访问欧洲药品质量管理局（EDQM），作专题报告1个。5月2日，副院长李波率团赴法国对EDQM进行学术访问，双方对下一阶段的技术交流达成共识，表示要强化标准物质领域的合作。期间，马双成作了“中国食品药品检定研究院标准物质现状及管理和中药质量控制研究”报告。10月17日，党委副书记丁丽霞率团赴法国对EDQM进行学术访问，就质量管理体系建设、人员培训及欧洲药品网络实验室的建设等内容进行了交流。

与英国政府化学分析实验室合作

2011年，中国食品药品检定研究院共派出8人访问英国政府化学分析实验室（LGC），作专题报告2个。5月4日~5日，副院长李波率团赴英国对英国政府化学分析实验室进行学术访问，并就LGC的销售团队和销售模式、标准物质的稳定性检查、派送技术人员赴对方实验室学习进修等重点问题与对方进行了讨论。期间，马双成作了“中国食品药品检定研究院标准物质现状及管理和中药质量控制研究”报告；10月23日~26日，党委副书记丁丽霞、张河战和蓝煜应英国政府化学家实验室邀请赴英国对LGC进行学术访问，丁丽霞应邀介绍了我国的药品监管体制、中检院机构组成、质量管理体系和人员培训等情况。双方着重就“质量管理体系建设和人员培训”进行了充分讨论。

接待英国政府化学分析实验室专家来访10人，作专题报告1个。11月9日上午，中国食品药品检定研究院标准物质与标准化研究所和英国政府化学家实验室（LGC）隆重举行了合作备忘录签署仪式。标准物质与标准化研究所所长马双成与LGC公司总裁戴维·理查德森共同签署了谅解合作备忘录。

与FDA相关机构及实验室合作

2011年，中国食品药品检定研究院共派出4人（实际成行2人）访问美国食品药品监督管理局（FDA）相关机构、参加FDA举办的相关会议或培训，作大会报告1个。接待美国FDA专家来访13人，作专题报告1个。6月26日美国FDA驻中国办公室主任克里斯托弗·海克、主任助理布兰达·尤它尼及两位专家来访中国食品药品检定研究院，其中两位FDA拉曼数据库研发和使用方面的专家来中检院学习交流快检技术，为期2周。9月19日，美国FDA圣路易斯实验室专家John Kauffman访问中检院，交流离子迁移色谱技术及拉曼光谱合作事宜。11月15日，院长李云龙在第二届国际药品快速检测技术研讨会暨第三届中美药品分析技术与检测方法研讨会期间会见了FDA专家代表团卢辛达·布斯博士(Lucinda F. Buhse)博士一行4人。李云龙欢迎美国FDA专家的到来，并就双方在快检技术合作事宜进行了讨论，希望双方在近红外光谱技术和拉曼光谱技术这两方面进行合作，互派技术人员学习，共同提高双方的快检技术水平。11月15日，副院长王佑春、安评中心主任汪巨峰会见了来安评中心参观访问的美国FDA北京办事处新上任的助理主任Gang Wang博士、Nicole T. Smith博士及行政助理王莉霞一行，王佑春和汪巨峰在交流中表达了希望在食品、化妆品和医疗器械安全评价新方法、新指南领域建立进一步合作的意愿；美国FDA代表团就我国相关的管理规定，国家安评中心和中国国内CRO、CMO等情况进行了了解，就我国医疗器械发展及合作前景进行了交流，为中美双方进一步合作建立桥梁。

与香港特别行政区卫生署合作

2011年，香港特别行政区卫生署官员来访3人，双方签署合作协议1个。11月22日，中国食品药品检定研究院与香港特别行政区卫生署签署“建立香港中药材标准的合作协议”。国家食品药品监督管理局局长邵明立、国家食品药品监督管理局港澳台办公室主任徐幼军等出席签字仪式。李云龙和林秉恩分别代表中国食品药品检定研究院和香港卫生署在合作协议上签字。署长助理黎洁廉及中药民族药检定所所长林瑞超作为见证人也在合作协议的附件上签字。根据此次协议，中检院中药民族药检定所将承担24种中药材标准的研究工作。此项工作的开展将有力加强内地与香港在中药标准研究方面的紧密合作，促进双方的合作与交流，也是对中检院检验检测及其研究能力的认可。本次合作标志着香港中药材标准研究与建立计划的进一步推进。香港中药材标准的研究和建立，对促进中药材质量标准的提高，进而与国际标准接轨，保障公众健康，以及促进中药贸易都具有重要的意义。

国际会议

承接国家食品药品监督管理局和巴西卫生监督局双边会议

受国家食品药品监督管理局委托，2011 年 3 月 16 日，中国食品药品检定研究院承接国家食品药品监督管理局和巴西卫生监督局双边会议。院长李云龙对来参加此次双边会议的巴西卫生监督局巴尔巴诺局长一行 12 人表示热烈欢迎，并向外宾介绍了中检院工作职能。国家食品药品监督管理局国际合作司副司长丁建华主持此次双边会议。国家食品药品监督管理局药品安全监管司副司长颜敏和国家食品药品监督管理局稽查局副局长崔恩学分别就中国药品生物制品上市后监管、GMP 检查、中国药品生物制品打假情况等作大会报告。巴方就巴西药品生物制品上市后监管、GMP 检查、巴西卫生监督局药品生物制品打假方面的情况进行了介绍。中巴双方就共同感兴趣的议题进行了充分的讨论。此次双边会议的成功举办对推动中巴双方在药品生物制品质量控制等领域的合作与交流起到积极促进作用。

举办第二届安全药理学国际学术研讨会

2011 年 4 月 18 日 ~19 日，中检院安评中心与美国安全药理学会共同在北京举办第二届安全药理学国际学术研讨会。会议邀请了来自中检院、辉瑞公司、赛诺菲 - 安万特公司、礼来公司、阿斯利康公司等的 15 位国内外专家学者，就有关技术、方法和进展进行学术报告。会议针对“ICH S7A：人用药品安全药理学研究指南”和“ICH S7B：评价人用药品潜在致心室复极化延迟作用（QT 间期延长）的安全药理学研究”进行交流讨论。演讲题目涵盖安全药理学的背景、安全药理学研究中体外实验的应用、关于 QT 的安全问题、体外体内系统的实验研究、药物对胃肠道系统、肾脏系统、呼吸系统作用的研究、中国安全药理学活动的进展和趋势等。

举办第二届生物材料和组织工程质量控制国际会议

2011 年 9 月 8 日，由中国食品药品检定研究院主办，中国生物医学工程学会和中国生物材料委员会协办，四川省食品药品检验所（四川省医疗器械检测中心）承办的“第二届生物材料与组织工程产品质量控制国际研讨会”在成都召开。有 28 位来自美国、法国、加拿大、日本、中国台湾地区及国内医疗器械监管部门、检验检测及审评机构、科研单位、大学、生产企业等从事生物材料与组织工程产品质量控制领域的知名专家出席本次会议，参会代表 140 余人。

会议由中检院副院长王云鹤主持，中检院院长李云龙，国家食品药品监督管理局医疗器械司专员王兰明，国家食品药品监督管理局医疗器械技术审评中心主任张志军，四川省食品药品监督管理局局党组书记、局长刘伟德，中国工程院院士张兴栋、法国 la Pitie 医院高级顾问 Daniel Loisance 博士，美国波士顿大学周来生教授出席会议。李云龙、王兰明、张兴栋和刘伟德分别发表了讲话。

大会主题围绕生物材料与组织工程产品的“安全性评价与风险控制”，分为瓣膜和相关法规两个全体会议、生物材料与组织工程和纳米材料与血管支架两个分题会议。会议论文集收录了 60 余篇相关论文及摘要，其中 40 余篇进行展板展示。会议为我国药品监督管理部门、检验检测机构、大专院校、其他科研机构及相关企业搭建了互相学习、交流与合作的平台。会议的成功召开必将对我国医疗器械行业的健康发展起到积极的促进作用。

承办亚太经合组织生命科学论坛药品安全与检测技术研讨会

2011 年 9 月 27 日 ~28 日，亚太经合组织

（APEC）生命科学论坛药品安全与检测技术研讨会在北京召开。研讨会由亚太经合组织（APEC）和美国国际发展署（USAID）主办，中国国家食品药品监督管理局协办，中国食品药品检定研究院承办。会议围绕药品安全与检测技术，以加强合作打击假冒伪劣药品、提升药品质量作为讨论重点，进行了深入广泛地研讨。

本次研讨会的主题为：药品安全与检测技术。旨在APEC成员国之间，共享药品安全与质量的检测和预防技术等方面的信息；研讨快检技术应用问题，提高APEC成员国打击假劣药品的能力；深入讨论如何实施APEC生命科学论坛"反假药行动计划"，建立国际合作保障药品安全。会议以5个分组讨论和会议总结的方式进行，全面深入地探讨了"药品检测技术在亚太经合组织成员国中的使用"，"药品技术是保证药品质量整体策略的一部分"，"制药企业对药品检测技术的看法"，"编码技术在假劣药品预防和检测方面的作用"，"早期检测和数据收集"等议题。

美国FDA司法化学中心痕量检验部化学监督员马克·维托维斯克、印度办公室药品安全合作主管本杰·米萨瑞、美国商务部健康和消费产品办公室主任亚太经合组织项目主管杰弗瑞·格林分别作了题为"药品检测技术在保证亚太经合组织成员国药品质量方面的优势和局限性"、"假劣药品的危害性和药品检测技术的重要性"、"亚太经合组织生命科学创新论坛打击假药活动总结"的主题发言。"目前现有的药品检测技术"、"病人和医疗健康工作者对药品检测技术的认识"也是主题发言的关注问题。

中检院药品检定首席专家金少鸿在分组讨论中介绍了中国研发的药品检测车技术及其发挥的作用和打击假药的进展和计划；中药分析首席专家林瑞超，在分组讨论中介绍了中药检测技术的相关情况。

美国商务部、美国FDA、世界卫生组织、国际刑警组织、欧洲药品健康管理局和APEC成员国高级官员出席大会。APEC各成员国的监管部门、海关、执法部门、相关政府部门、行业代表和检测技术供应商等多方代表共200余人参加会议。

举办第二届国际药品快速检测技术研讨会暨第三届中美药品分析技术与检测方法研讨会

2011年11月15日~16日，第二届国际药品快速检测技术研讨会暨第三届中美药品分析技术与检测方法研讨会在杭州成功召开。本次研讨会由中检院与美国药典委员会（USP）共同举办，浙江省食品药品检验所承办。

会议旨在加强国内外先进药品分析检测技术和快检技术的交流与合作，提高检验检测的能力和水平，推动药检工作更好更全面地发挥技术支撑、技术保障和技术服务作用。中检院院长李云龙、美国药典委员会（USP）首席执行官罗杰·威廉姆斯博士、美国食品药品监督管理局圣·路易斯实验室药物分析室主任卢辛达·布斯女士、浙江省食品药品监督管理局副局长陈时飞出席开幕式并致辞。

会议以确保"药品质量和公众健康"为主题。美国药典委员会首席执行官罗杰·威廉姆斯和肖恩·居斯曼博士、美国食品药品监督管理局圣·路易斯实验室药物分析室主任卢辛达·布斯博士、欧洲药品健康管理局的皮埃尔·拉文博士、英国政府化学家实验室萨斯卡·基歌德博士5位国外专家和中国食品药品检定研究院化学药品检定首席科学家金少鸿研究员、中药检定首席专家林瑞超研究员及抗生素室主任胡昌勤研究员3位国内专家作大会特邀报告。本次研讨会分为2个分会场4个组进行交流发言，共计43个报告，主要包括快检技术、药品检验技术与方法、标准物质、实验室质量管理4个重点领域，特别是针对当前药品监管快检技术的发展应用情况、药品检验检测的一些新技术和新方法、国内外标准物质的协作标定与赋值和国际药品检测实验室管理方面的相关要求进行了深入的研讨，全方位展现了药品检验检测方面的新技术、新方法、新成果和新动向及国际实验室管理方面先进的经验和要求。会议设置了问答环节，报告人与参会者进行了充分深入地探讨互动。

美国食品药品监督管理局（FDA）、欧洲药品健康管理局（EDQM）、美国药典委员会（USP）、英国政府化学家实验室（LGC）和国内药品检验机构、科研院所、高等院校等相关领域的著名专家、学者和科研人员近500人参加了此次会议。

承办WHO白喉疫苗、破伤风疫苗和基于百白破的联合疫苗指导原则修订非正式咨询会议

受国家食品药品监督管理局委托，中国食品药品检定研究院协助WHO承办的白喉和破伤风类毒素疫苗以及白破疫苗为基础联合疫苗指导原则定稿会议于2011年11月7日~12日在北京召开。参加会议的代表有来自WHO总部及区域官员、美国FDA、中国SFDA、英国NIBSC和医药卫生产品管理局（MHPRA）、加拿大卫生部、德国PEI、日本NIID、韩国FDA、印度尼西亚FDA、伊朗FDA、法国、越南、巴西、印度、比利时等国家药品监管机构的专家，以及葛兰素史克公司（GSK）、诺华公司、日本、印度和中国疫苗生产厂家等业界代表。此次会议是上次WHO相关工作会议的延续，会议主席为比利时公共卫生科学研究所生物制品标准委员会负责人Roland Dobbelaer博士。

在5天会议日程中，来自各国专家根据会议主题，对白、破疫苗及其联合疫苗指导原则中相关问题进行热烈讨论，并最终达成共识，最后由各自起草人进行相关意见汇总，拟于2012年下半年提交WHO生物制品标准专家委员会审核。

此次会议的召开将进一步促进中检院与WHO、英国NIBSC和美国FDA等单位的合作和交流，同时也为中检院申请WHO合作中心起到了积极的推动作用。

国际交流

金少鸿参加第25届国际过程分析技术论坛

应国际过程分析技术和控制论坛主席Dr. Robert Zutkis的邀请，中检院原常务副所长金少鸿研究员于2011年1月17日~21日赴美国巴尔的摩参加第25届国际过程分析技术论坛（IFPAC）年会，期间应美国FDA邀请与美国药品评价研究中心（CDER）的药品检验和药品市场监督技术人员就双方在药品快速检测技术的研究、应用及合作前景进行了座谈，并作了题为“中国药品移动实验室简要介绍”的报告，从我国药品监督管理的需要、科技人员的集成创新、国家政府的投入和我国400余辆药品移动实验室4年多来实际运行的成效等4个方面进行介绍。

何莉等赴泰国生物制品研究所（IBP）参加疫苗批签发管理培训

应泰国公共卫生部医学科学局生物制品研究所邀请，生物制品检验体系菌种室副主任何莉、生物制品检验处张洁、血清室张华捷和病毒一室刘欣玉四名同志于2011年1月25日~29日赴泰国参加了生物制品批签发管理培训。

在交流访问过程中，中国食品药品检定研究院四名同志受到了泰国生物制品研究所（IBP）的同行们热情友好的接待，就疫苗批签发管理进行了广泛交流。在对两国的疫苗批签发体系进行认真比较的同时，注意汲取泰国在该项工作中的先进经验。双方首先简要介绍了各自的疫苗批签发系统；随后我方与IBP多名专家分别就实验室质量管理、实验室安全、人员培训、批签发流程、制检记录摘要审查、异常结果的处理程序（OOS）、趋势分析（Trend Analysis）、标准物质

制备和标化等方面进行了具体的交流和讨论；此外，还参观了检品受理中心和实验室，并拜访了泰国医学科学局局长。

范行良赴加拿大卫生部疫苗评价中心进行协作研究

经国家食品药品监督管理局批准，根据中检院与加拿大卫生部疫苗评价中心（Centre for Vaccine Evaluation，CVE）签署的合作备忘录，病毒三室范行良副研究员作为访问学者于2010年11月15日～2011年2月12日赴加拿大CVE进行了为期3个月的流感通用疫苗协作研究。此次协作研究主要与CVE流感病毒实验室主任Sean Li教授开展流感病毒防治合作研究，在CVE期间，范行良副研究员与CVE相关科学家共同制定了流感通用疫苗项目实验方案，并对实验中可能遇到的问题和所需的实验技术进行了广泛细致的学术交流。

鲁汶大学乔斯·浩格马丁教授来访

2011年3月11日，比利时鲁汶大学生物科学系药物分析实验室资深教授乔斯·浩格马丁来中国食品药品检定研究院参观访问。副院长李波代表中检院对浩格马丁教授的到来表示欢迎，双方共同回顾了浩格马丁教授领导的鲁汶大学生物科学系药物分析实验室与中检院长期友好的合作关系，李波代表中检院对浩格马丁教授长期接受中检院派出的访问学者表示衷心感谢，赞扬其为中检院的人才培养做出了很大的贡献。

随后浩格马丁教授在工作人员的带领下参观了抗生素室、化学药品室和药品检测车。浩格马丁教授对中检院药检仪器的种类和先进程度印象非常深刻，认为中检院在仪器设备上已经达到国际领先水平。国际合作顾问金少鸿、标准化研究中心常务副主任杨化新、药检处处长张启明等有关人员参加了接待。

王佑春率团访问国际艾滋病疫苗联盟人类免疫学核心实验室

应世界艾滋病疫苗联盟人类免疫学核心实验室的邀请，中检院副院长王佑春率团，细胞室黄维金、聂建辉作为成员，于2011年3月21日～25日赴位于英国伦敦的人类免疫学核心实验室进行访问交流。王佑春在交流期间分别介绍我国艾滋病疫苗的研究进展及中检院的情况，并就中检院开展艾滋病疫苗临床试验检测的方法学验证和协作标定工作做会议交流报告。通过这次交流，了解到国际一流的艾滋病疫苗临床试验检测实验室的GCLP运行情况，为中检院通过GCLP认证奠定了基础；了解国际实验室网络的运行情况，为建立我国艾滋病疫苗临床试验实验室网络提供了借鉴；熟悉国外艾滋病临床试验中免疫原性的检测内容，学习新的一些检测方法，完善我国艾滋病疫苗临床试验的实验室检测工作。另外，通过交流加强了中检院与IAVI人类免疫学核心实验室的合作，为双方后续签署正式合作协议创造了条件。

加拿大国家研究委员会生物科学研究所陈王雪博士来访

2011年3月25日，加拿大国家研究委员会（NRC）生物科学研究所（IBS）资深研究员陈王雪博士来中国食品药品检定研究院参观访问。副院长王军志代表中检院会见陈王雪博士，对其到访表示欢迎。陈王雪博士作黏膜佐剂和疫苗研究（Mucosal adjuvant and vaccine research）的学术报告，参观中检院病毒三室，对相关研究工作进行了指导并与科室人员进行深入交流和讨论。

王军志参加美国药典会生物制品总论专家委员会会议

经国家食品药品监督管理局批准，应美国药典委员会（USP）邀请，副院长王军志作为美国药典会生物制品总论专家委员会委员，于2011年3月8日～9日赴美国华盛顿参加在USP总部举行的专家会议。据悉这是中方专家第1次参加美国药典委员会生物制品专家委员会会议，该专家委员会共由15名专家组成，分别来自加拿大、中国、美国等国家的政府监督技术部门、大学、研究所、生物制品生产企业。此外，美国FDA C-BER派2位专家和1位观察员参加、USP生物制品部门的专家全部参加。会议主要讨论了各分委会主席汇报的各自承担的2012版新增章节和更新内容及有关问题。

世界卫生组织技术官员 Milan Smid博士来访

2011年4月13日，世界卫生组织技术官员Milan Smid博士一行3人对中国食品药品检定研究院进行了访问并就相关方面的合作进行了交流沟通。院长李云龙对Milan Smid博士一行的到来表示欢迎，并表示在全球基金专家的指导和帮助下，中检院的质量体系建设和能力建设都得到了极大地促进和提高，相信通过WHO实验室预认证，将会进一步带动和完善全国药品检测实验室质量管理体系的建设。随后，双方就中检院与WHO开展溶出度合作的相关事宜进行了讨论和沟通。

院长李云龙会见美国药典委员会首席执行官罗杰·威廉姆斯一行

2011年4月22日，中国食品药品检定研究院院长李云龙会见美国药典委员会（USP）首席执行官罗杰·威廉姆斯一行4人。李云龙高度评价双方在过去4年之中取得的合作成果，对USP接受和培训访问学者表示感谢。威廉姆斯博士介绍新任的首席全球服务官克里斯·辛格先生。随后，双方共同讨论了今后双方合作计划的组织和框架结构，计划将互派访问学者到对方实验室学习进修，达到相互补充，共同发展的目的。双方还就年底拟举办的“第三届中美药典分析方法和技术研讨会”的筹备工作以及药品光谱库的合作方面进行初步交流。

WHO抗疟药品质量控制项目专家来访并赴云南调研

2011年4月18日，受副院长李波委托，药品市场监督办公室接待来访的WHO抗疟药品质量控制项目专家Dr. Souly Phanouvong一行4人，陪同来访的还有国家食品药品监督管理局稽查局副调研员黄勤、国家食品药品监督管理局国际合作司刘艾同志。外宾此行目的是评估将中国纳入湄公河次区域抗疟药及其他抗感染药品质量提高项目的可行性。2011年4月19日～21日，药品市场监督办公室副处长李静莉、副主任药师张欣涛陪同WHO抗疟药品质量控制项目专家Dr. Souly Phanouvong和WHO中国办事处项目官员钱颖峻一行2人，赴云南省昆明市和普洱地区进行实地调研评估。Dr. Souly Phanouvong，代表WHO表明了对将中国纳入湄公河次区域抗疟药及其他抗感染药品质量提高项目具有较为浓厚的兴趣。但同时提出，如果中国加入此项目，在项目执行的内容上不要与全球基金框架下抗疟药质量保证项目内容重复。

王佑春参加首届世界卫生组织国家监管机构战略论坛

受国家食品药品监督管理局委派，应世界卫生组织（WHO）邀请，副院长王佑春于2011年5月2日～6日赴泰国参加了世界卫生组织在泰国曼谷召开的首届国家监管机构（NRA）战略论坛。该论坛由WHO免疫、疫苗和生物制品司；WHO东南亚区和西太区办公室联合举办。参加会议的人员共计46人，分别来自美国、加拿大、法国、澳大利亚、德国、日本、韩国、巴西、中国、古巴、越南、印度、印度尼西亚、泰国、伊朗、埃及、墨西哥等不同收入水平的国家以及国际组织和非政府组织，主要为疫苗法规专家、技术专家、管理专家等。WHO 免疫、疫苗和生物制品司司长 David Wood 博士、Lahouari Belgharbi 博士、雷殿良博士、Alireza Khadem Broojerdi 等多位官员和专家出席会议，会议由 Lahouari Belgharbi 博士组织和协调召开。

李波率团访问欧洲药品质量和健康管理局

应欧洲药品质量和健康管理局（EDQM）局长苏珊·凯特尔（Susanne Keitel）的邀请，经国家食品药品监督管理局批准，副院长李波、国家食品药品监督管理局专员贾建国、中检院首席专家金少鸿、处长马双成和助理研究员许明哲一行于 2011 年 5 月 2 日至 2011 年 5 月 3 日对 EDQM 进行了工作访问。双方十分重视此次访问交流，正式访问前通过邮件确定访问日程和双方共同关注的领域及报告内容。苏珊·凯特尔以及 EDQM 相关部门的负责人就代表团感兴趣的内容做了详细的汇报，包括：EDQM 在欧洲药品监管体系中的作用和职责、欧洲药典标准物质介绍（建立、生产和销售）、EDQM 标准物质和化学试剂质量管理体系、欧洲药典中药各论和中药标准物质。马双成作了“中国食品药品检定研究院标准物质现状及管理和中药质量控制研究”报告。随后，李波与对方进行了充分的讨论和交流，双方对下一阶段的技术交流达成共识，表示要强化标准物质领域的合作。代表团成员还参观了 EDQM 新大楼实验室和标准物质仓库。

李波率团访问英国政府化学分析实验室

应英国政府化学分析实验室（LGC）业务发展部主任瑞阿孙博士（Dr. Ray Ah - Sun）的邀请，经国家食品药品监督管理局批准，中检院副院长李波、国家食品药品监督管理局专员贾建国、中检院首席专家金少鸿、处长马双成和助理研究员许明哲一行于 2011 年 5 月 4 日 ~5 日对 LGC 进行了正式访问。李波等一行在 LGC 受到了热烈欢迎，英国政府化学家、LGC 科学与技术部主任戴瑞克·克莱斯通博士（Dr. Derek Craston）以及业务发展部主任瑞阿孙博士就 LGC 和英国药品监管体系做了详细的汇报；马双成作了“中国食品药品检定研究院标准物质现状及管理”报告；报告之后，李波与对方就双方共同感兴趣的问题进行了充分的交流和沟通，最后代表团成员参观了 LGC 科学技术部实验室和英国药监局药品质量控制实验室。

李波率团访问英国国家生物制品检定所

应英国国家生物制品检定所（NIBSC）所长斯蒂芬·英格利斯博士（Dr. Stephen Charles Inglis）的邀请，经国家食品药品监督管理局批准，中检院副院长李波、国家食品药品监督管理局专员贾建国、中检院首席专家金少鸿、处长马双成和助理研究员许明哲一行于 2011 年 5 月 4 日对 NIBSC 进行了正式访问。NIBSC 副所长菲利普·麦勒博士（Dr. Phil Minor）、技术与基础设施部主任安得拉·布里斯托博士（Dr. Adrian Bristow）以及首席细菌学家多瑞茜·邢博士就有关情况向代表团做了详细介绍；马双成作了“中国食品药品检定研究院标准物质现状及管理”报告。报告之后，李波与对方就双方共同感兴趣的问题进行了充分的交流和沟通，最后代表团成员参观了 NIBSC 标准物质实验室。

李波率团赴英国参加第六届国际打击假药论坛会议

应“第六届国际打击假药论坛”组委会的邀请，经国家食品药品监督管理局批准，中检院副院长李波、国家食品药品监督管理局专员贾建国、中检院首席专家金少鸿、处长马双成和助理研究员许明哲一行于 2011 年 5 月 5 日 ~6 日赴英国伦敦参加“第六届国际打击假药论坛”会议。金少鸿作为受邀大会演讲者作题为“药品快检车在中国的成功”的报告。

胡昌勤等参加第15届国际近红外光谱年会

应第十五届国际近红外光谱年会组委会的邀请，经国家食品药品监督管理局批准，抗生素室主任胡昌勤和冯艳春博士于2011年5月13日~21日赴南非开普敦参加了第十五届国际近红外光谱年会。冯艳春在大会上以海报的形式展示中国食品药品检定研究院近两年来应用近红外光谱分析方法进行化学药品生产过程在线分析的最新研究进展，向与会代表详细介绍如何将现有的用于药品检测车上的通用性近红外定量分析模型经过转换更新用于特定企业进行产品在线控制。

WHO专家Pierre Leveau来院进行技术支持访问

2011年5月23日~26日，欧洲药品质量健康管理局（EDQM）质量、安全及环境部主任Pierre Leveau博士作为WHO派出的技术专家来中国食品药品检定研究院进行质量管理和人员培训方面的技术支持访问。通过此次技术支持，中国食品药品检定研究院了解到EDQM在人员培训管理和官方质控实验室质量管理体系及其网络建设方面的经验，对中检院开展WHO实验室预认证具有现实指导和借鉴意义，也必将进一步推动和促进中检院的人员培训管理和质量管理体系的建设。

王云鹤率团参加第21届临床化学和实验室医学国际大会

应国际临床化学和实验室医学联合会组委会的邀请，经国家食品药品监督管理局批准，中检院副院长王云鹤、研究员高尚先和副研究员张春涛一行于2011年5月15日~19日赴德国柏林参加了第21届临床化学和实验室医学国际大会。临床化学和实验室医学国际大会每3年举办一次。本届IFCC国际大会共邀请了来自80多个国家和地区的2000多名代表参会，会议包括12个专题讲座、22个专题讨论会、14个座谈会以及40多个卫星会，来自不同国家的260多个专家学者在大会上进行了演讲，并展示了1300多篇海报。大会涉及心血管、肿瘤、肾病、糖尿病、血液病、脑病、衰老、维生素代谢性疾病、自身免疫性疾病、肝病以及传染病等疾病的诊断、新标志物的发现以及方法的标准化等内容。

母瑞红等随国家食品药品监督管理局团赴丹麦王国交流无源医疗器械监管工作

2011年5月22日~28日，应丹麦王国大使馆商务部门的邀请，母瑞红和杨晓芳随国家食品药品监督管理局医疗器械监管司副司长高国彪赴丹麦就无源医疗器械监管工作进行交流访问。在丹麦期间，与丹麦医药局（DMA）局长Jytte Lyngvig女士在中丹合作备忘录下就欧盟的医疗器械法规、注册以及监管进行了简单交流，听取了DMA医疗器械司司长对DMA的职责和丹麦医疗器械监管情况的详细介绍并就我方关注的辅助生殖技术产品（IVF）注册、监管工作、一次性产品重复使用以及边缘（Bordline）医疗器械产品分类原则等问题进行了交流和讨论；访问了丹麦医疗器械认证机构（DGM）并听取了其机构和CE认证工作程序以及无源医疗器械产品的审评工作介绍；还参加了丹麦外交部主办的医疗器械研讨会，会上高国彪就“中国医疗器械监督管理工作”进行了主题演讲，代表团与参会人员进行了交流讨论。在丹麦期间代表团还参观了丹麦Origio公司生产流程、Rigshospitalet医院的生殖医学研发中心。

白东亭等参加国际组织工程和再生医学学会2011年度欧洲地区年会

应国际组织工程和再生医学学会欧洲分会的邀请，经国家食品药品监督管理局批准，综合业务处处长白东亭和研究员王春仁于2011年6月6日~11日赴西班牙格拉纳达参加了国际组织工程和再生医学学会2011年度欧洲地区年会。会议内容涉及组织工程的各个领域包括生物反应器、生物力学、支架材料、干细胞以及组织构建和临床应用研究，其目的是交流最近一年在组织工程和再生医学方面的科研进展，促进该领域新技术和新产品的产业化应用。参会人员除欧洲各国代表外，还有来自美国、加拿大、澳大利亚、日本、韩国、中国等国家从事组织工程、生物材料和再生医学等领域的代表，约1000余人。

王军志参加世界卫生组织外源因子风险评估指导原则修订专家会及国际生物制品标准化协会研讨会

应世界卫生组织（WHO）邀请，经国家食品药品监督管理局批准，中检院副院长王军志于2011年5月18日赴美国马里兰州巴尔的摩参加了世界卫生组织关于生物制品中发现外源因子污染后的风险评估指导原则（草案）修订专家会，并作了题为“我国生物制品中外源因子检测与控制现状”的专题报告。随后于5月19日~21日，王军志还应邀参加了国际生物制品标准化协会（IABS）召开的关于外源因子检测新技术和风险评估的学术研讨会。

邹健率团赴欧洲三国进行实验室建设考察

2011年6月15日~26日，中检院副院长邹健率团对荷兰国家动物研究中心、妥斯HESCO瑞士公司、瑞典乌普萨拉大学实验室考察国外先进实验室的整体规划布局、不同类型实验室对建筑构造的特殊要求及实验室管道层和设备层设置等工艺技术要求，了解先进的实验室通风空调控制系统的应用，学习实验室的安全管理经验，为做好中检院迁建项目初步设计提供了有益的参考，也为实现“国际一流”实验室的建设目标奠定了基础。

沈琦参加2011年度太平洋卫生峰会

应2011年度太平洋卫生峰会邀请，经国家食品药品监督管理局批准，生物制品检验处处长沈琦于2011年6月21日~23日赴美国西雅图参加了一年一度的太平洋卫生峰会。本年度的太平洋卫生峰会以“疫苗”为主题，着重探讨关于疫苗领域发展趋势，各利益相关方的角色变化，未来疫苗研发、生产、资金支持、运输和销售等相关问题，旨在为跨领域、跨地区科研创新、产业合作和投资合作提供平台，促进业界各相关方的理解和互动。大会特设中国疫苗产业专题讨论，沈琦在专题会上介绍了2010年新版药典的主要变更情况，并与与会代表讨论了中国国家疫苗监管相关政策法规问题。

李波会见英国LGC公司 Ray Ah-Sun博士一行

2011年7月13日，中检院副院长李波会见英国LGC资深专家、LGC有限公司（中国）总裁Ray Ah-Sun博士一行3人。Ray Ah-Sun博士简要介绍了LGC有限公司（中国）的情况。双方讨论了今后合作计划的组织和框架结构，计划将在标准物质（包括制备、标定、供应等）、新技术和新方法以及其他相关领域开展合作和研究，达到相互补充、共同发展的目的。

金少鸿参加药品质量标准和药品检测实验室事宜商讨会

应世界卫生组织邀请，经国家食品药品监督管理局批准，中检院首席专家金少鸿于2011年7月12日~14日参加了在瑞士日内瓦举行的“药品质量标准和药品检测实验室事宜”的商讨会。出席此次专家会议的有来自WHO各地区的药品检测实验室的8名专家，分别来自南非、法国、英国、乌拉圭、丹麦、加拿大和中国。此外，WHO总部药品质量保证和药品安全（QSM）部门的有关官员也参加了此次会议。会议上重点审议了由我国为国际药典起草的3个新品种，分别为：浙江省药检所起草的左炔诺孕酮片、深圳药检所起草的双羟萘酸噻嘧啶口服混悬剂和双羟萘酸噻嘧啶咀嚼片。金少鸿分别回答了这3个品种在全球征求意见后收集到的反馈问题，特别是对于不少专家提出的规格仅含30μg/片小剂量的左炔诺孕酮片如何解决鉴别、溶出度测定、右炔诺孕酮的含量控制等检测方法问题，并根据浙江省药检所的实验结果一一予以了回答。

李凤祥参加第六届中德经济技术合作论坛会议

经国家食品药品监督管理局批准，中检院研究员李凤祥于2011年6月26日~7月1日赴德国柏林参加由国家发改委组织的中德经济技术合作论坛。论坛会由德国联邦经济和技术部对外经济技术司司长布劳讷尔博士主持，德国联邦经济和技术部部长罗斯勒博士致开幕词，我国国家发展和改革委员会主任张平致辞。在会上德国总理默克尔和中国国务院总理温家宝作重要的讲话，温总理的讲话博得在场中德代表的热烈掌声。此次论坛有大约500名来自中德两国政府、企业、科研机构的代表参加。李凤祥参加了第四次中德生物技术和医药经济合作会议中“生物技术、基因工程及再生医学和（分子）诊断”组的讨论会，并就中国生物药物的基本情况作了介绍。

王军志会见古巴农业部、古巴高等教育部和古巴卫生保护监管局代表团

受国家食品药品监督管理局委托，2011年8月4日，中检院副院长王军志会见了来访的古巴农业部部长顾问劳尔·鲁伊斯、古巴高等教育部部长顾问赫苏斯·苏亚雷斯和古巴卫生保护监管局驻华代表处代表劳尔·亚涅斯等一行4人。国家食品药品监督管理局国际合作司副司长丁建华参加会见。王军志对古巴代表团的来访表示热烈欢迎，并向外宾介绍了中检院的工作职能。林瑞超介绍了我国中药质量控制与检测情况。双方就中药质量控制与检验检测等领域进行了会谈，并希望以此为契机，推动今后在相关领域中的实质性的合作与交流。外宾还参观了中国食品药品检定研究院中药标本馆。

黄清泉等参加国际组织工程与再生医学学会2011年度亚太地区年会

应国际组织工程与再生医学学会亚太地区分会邀请，经国家食品药品监督管理局批准，黄清泉和主任药师冯晓明于2011年8月3日~5日赴新加坡参加了国际组织工程与再生医学学会2011年度亚太地区年会。大会所涉及的领域包括干细胞治疗技术、生物材料、生物反应器、小血管技术、骨和软骨、细胞封装、纳米和控制释放递送系统、进入临床的组织工程产品等各个领域。会议中以特邀大会报告、主题演讲、邀请报告、与张贴报告等多种形式充分交流，讨论了各个领域中最热点、最前沿的科研成果和研究进展。大会进一步强调了组织工程的发展必须紧密结合临床应用以及组织工程产品的安全性和有效性。这次会议的召开为世界各地的与会代表搭建了交流与学习的平台，对促进组织工程与再生医疗的健康发展意义重大。

李云龙率团访问日本国立医药品食品卫生研究所

应日本国立医药品食品卫生研究所所长大野泰雄博士的邀请，经国家食品药品监督管理局批准，院长李云龙率团于2011年7月26日对日本国立医药品食品卫生研究所（NIHS）进行了友好访问。本次访问是李云龙对时任NIHS所长的西岛正弘博士率团于2009年12月参加安评中心奠基十周年庆典并对中检院进行友好访问、2010年9月参加中国食品药品检定研究院成立60周年庆典活动的正式回访。李云龙在NIHS与大野泰雄所长等进行友好合作会谈之后，前往该研究所安全性生物试验研究中心拜会了中心主任西川秋佳，并参观了该中心的动物实验设施。李云龙

和大野泰雄一致同意，在已经达成的合作意向的基础上，2012年将采取具体措施实现合作目标：在安全性评价领域互派学者开展毒性研究项目；中检院将派遣医疗器械专业进修人员；中检院将派遣食品专业进修人员。李云龙邀请大野泰雄在方便时访问中检院，商讨进一步合作交流，签署合作备忘录（MOU），大野泰雄愉快地接受了邀请。

李云龙率团访问日本国立感染症研究所

经国家食品药品监督管理局批准，2011年7月27日，中检院院长李云龙一行应邀访问了日本国立感染症研究所（NIID）。NIID副所长仓根一郎博士接待中检院访日团一行。双方就开展院所间交流合作举行了会谈，李云龙表示，日方在控制传染病、保障公众健康开展的基础和应用研究具有国际水平，在国际交流合作领域发挥了重要作用，特别是生物制品的质量控制方面成绩显著，在药品行政监管中的职能也表现得极为突出，两家之间很多工作相近并值得相互借鉴，希望双方在共同感兴趣的领域加强交流与合作，并建议在明年上半年可考虑共同组织召开一次学术研讨会，以此为契机建立起交流和合作机制，双方分别确定联络人员落实具体的交流合作事项。李云龙邀请渡边所长和仓根副所长在方便的时候访问中检院。仓根副所长愉快地接受了邀请，并表示完全同意李云龙的建议，希望能够从某个具体的项目开始开展合作研究，逐步扩大合作领域。最后双方均表示，通过共同努力为各自国家的公众健康尽责，为人类的共同福祉做出应有贡献。

李云龙率团访问日本制药工业协会

2011年7月，中检院院长李云龙一行在日本访问期间，应邀参观访问了日本制药工业协会。JPMA药品评价委员会委员长川口政良、常务理事三好敏昭、药品评价委员会基础研究部会长中村和市等热情接待了李云龙一行。川口委员长对李云龙一行的到访表示欢迎，并感谢在中检院60周年庆典之际的盛情邀请。中村会长详细介绍了协会运作机制以及药品评价委员会的工作情况，特别是作为ICH成员如何参与国际药品注册各种技术指导原则的制定，并询问了我国药品注册中质量标准制定和非临床研究的现状和法规等方面的问题。

美国西北大学神经学院邓汉湘教授来访进行学术交流

2011年9月16日，美国西北大学神经学院教授邓汉湘应中检院副院长王军志邀请来中检院进行学术交流，作题目为“神经系统退行性疾病发病机制研究”的学术报告，介绍了其团队发现泛素介导的蛋白质降解障碍以及细胞内高钙可引起神经细胞退变的过程。中检院相关科室人员结合自身的工作与邓教授进行了交流。

王钢力参加第19届医学科学会（MSC）学术年会

由泰国卫生部主办的第19届医学科学会学术年会于2011年8月17日～19日在泰国首都曼谷举行。应泰国卫生部医学科学部Sathaporn Wongiaroen博士邀请，经国家食品药品监督管理局批准，中检院研究员王钢力参加了会议，并作题为“中国实验室在食品安全中的作用”的主题报告。来自WHO成员国家及泰国的相关研究机构、卫生中心及企业的专业技术人员和科学家共计900余名代表参加了本次大会。泰国皇家公主Chulabhorn Mahidol出席了闭幕式，并为4名分别来自加拿大、美国和中国的主题报告演讲者以及2010年度泰国医学科学获奖者颁奖。

贺争鸣等参加第八届生命科学研究中动物实验替代方法国际大会

2011年8月21日～25日，实验动物管理处处长贺争鸣、食品化妆品检验管理处处长张庆生和实验动物资源中心主任王金恒应邀参加了在加拿大蒙特利尔举办的第八届生命科学研究中动物实验替代方法国际大会。大会设立五个主题，包括：化学品、药品和生物制品的安全性与有效性检验；动物使用、公众参与和伦理审查的相关政策/法律；教育和培训中纳入3R原则；优化与高质量科学的动物福利；基础研究中动物实验的替代与减少。大会主题报告5篇，五个分会场学术交流185篇，还有420篇论文以墙报形式进行了交流。来自50个国家、地区和国际组织的数百余人参加了会议。

贺鹏飞等赴英国国家生物制品检定所进行协作研究

为进一步加强中国食品药品检定研究院与英国国家生物制品检定所（NIBSC）之间的合作与交流，根据双方签署的合作备忘录，生物制品检验检测体系菌种室贺鹏飞博士和血清室谭亚军博士于2011年6月11日~9月7日赴英国国家生物制品检定所（NIBSC）细菌学部相关实验室进行了为期三个月的协作研究，分别从事脑膜炎球菌多糖疫苗及百日咳疫苗相关方面的研究。深入了解了NIBSC在标准品制备，脑膜炎球菌疫苗质量控制和百白破疫苗质量控制和研究方面的优势，以及国际领先实验室的工作模式与合作机制，取长补短，不仅开阔了视野，而且学到了先进的实验技术，积累了丰富的工作经验，圆满完成了预期的学习和研究任务。

李波会见国际辅料协会（IPEC）代表团一行

2011年9月9日，中国食品药品检定研究院副院长李波会见了来访的国际药用辅料协会美国主席戴尔卡特、中国分会主席刘晓海等一行7人。李波代表院长李云龙对IPEC代表团的来访表示热烈欢迎。双方就2012年国际辅料年会的合作、国际药用辅料的发展及技术交流进行了会谈，并希望以此为契机，推动今后在药用辅料和药包材技术领域进行实质性的合作与交流。IPEC代表团还参观了药用辅料及包材室。

王斌等赴德国国家疫苗和血清研究所进行协作研修

根据中国食品药品检定研究院与德国国家疫苗和血清研究所（PEI）签署的合作备忘录，应德国PEI邀请，经国家食品药品监督管理局批准，细菌二室副研究员王斌和菌种室助理研究员王春娥于2011年8月28日~9月16日赴德国PEI参加了为期三周的技术研修，学习了快速无菌试验和体外热原检测方法-单核细胞活化试验。

英国LGC德里克·克莱斯登博士来访进行学术交流

2011年10月12日，英国LGC的德里克·克莱斯登博士（Dr. Derek Craston）、泰罗·卡雷先生（Mr. Tilo Karrer）等一行4人访问中国食品药品检定研究院。院长李云龙对克莱斯登博士的到来表示热烈欢迎，表达了对他在国际化学界声誉的赞赏，希望双方在11月份即将签署合作备忘录的契机下，加强包括标准物质、新技术、新方法等研究在内的多方合作。克莱斯登博士在院学术报告厅作了题为“Purity Assessment of Reference Materials”的学术报告，对LGC在标准物质的纯度检测、定值等方面工作做了介绍。中检院从事药品标准物质工作的专业技术人员50多人参加了学术报告会。

金少鸿参加WHO国际药典及药品专家委员会第46次专家会议

应世界卫生组织总部的邀请，化学药品检定首席专家金少鸿教授以WHO国际药典和药品专家委员会委员的身份于2011年10月10日~14

日参加了在瑞士日内瓦举行的WHO国际药典及药品专家委员会第46次专家会议，并被推选为会议的副主席。出席此次专家会议的有来自沙特阿拉伯、巴西、南非、埃塞俄比亚、比利时、中国、日本、丹麦、赞比亚和美国共10个国家的正式委员；WHO总部基本药物和药品政策司的药品政策、药品标准（PSM）、药品质量保证和药品安全（QSM）部门的官员；来自印度、英国、加拿大、卢森堡、印度、南非、秘鲁等国家的临时顾问以及与药品有关的国际组织，如：国际制药商协会、国际仿制药联盟、全球基金、国际儿童基金、全球抗艾滋、结核、疟疾基金以及与药品相关的非政府组织的代表共40多人。此外，来自美国药典会（USP）、英国药典会、韩国药典会、国际药品监督员合作组织（PIC/S）以观察员的身份参加了此次会议。会上由我国负责起草的左旋咪唑片、噻嘧啶咀嚼片、醋酸甲羟孕酮注射液、左炔诺孕酮片通过了此次专家委员会审定。

丁丽霞率团访问欧洲药品质量和健康管理局和英国政府化学分析实验室

应欧洲药品质量和健康管理局（EDQM）和英国政府化学分析实验室（LGC）邀请，经国家食品药品监督管理局批准，党委副书记丁丽霞、质量管理处处长张河战、人事教育处处长蓝煜一行于2011年10月18日至25日对欧洲药品质量和健康管理局和英国政府化学分析实验室进行了工作访问，访问的重点涉及质量管理体系建设、人员培训及欧洲药品网络实验室的建设等内容。访问EDQM期间，EDQM苏珊·凯特尔局长对丁丽霞一行的来访表示热烈欢迎。EDQM质量安全与环境部负责人Pierre Leveau博士及相关部门的负责人就我方感兴趣的内容作了详细的报告，包括：EDQM在欧洲药品监管体系中的作用和职责、EDQM质量管理体系介绍、化学分析面临的挑战、欧盟GMP相关要求和EDQM组织的检查情况介绍等。代表团介绍了中国食品药品检定研究院的基本情况和质量管理体系以及人员培训基本情况。双方就质量管理体系建设及人员培训情况进行了充分的讨论和交流，并对双方下一阶段的技术交流达成初步共识。EDQM还安排代表团参观了EDQM实验室和标准物质库。访问LGC期间，LGC的科学技术部主任、英国政府化学家克莱斯登博士对代表团一行的来访表示热烈欢迎。LGC标准物质生产部门负责人、科学技术部质量管理负责人及政策事务官等人员向代表团介绍了LGC概况、标准物质生产、质量管理、人员培训等情况，丁丽霞应邀介绍了我国的药品监管体制、中检院的机构组成、质量管理体系和人员培训等情况，双方着重就本次访问的主题“质量管理体系建设和人员培训”进行了充分讨论，并参观了LGC的实验室。

梁成罡随国家食品药品监督管理局代表团赴丹麦调研

经国家食品药品监督管理局选派，生化药品及基因工程药物室副主任梁成罡于2011年10月10日~14日随国家食品药品监督管理局代表团赴丹麦进行调研访问。在调研过程中，代表团与丹麦药品局和诺和诺德公司就生产场地变更/技术转移中涉及到的法规要求和关键技术细节进行了深入讨论和交流，为国家食品药品监督管理局对诺和诺德天津制剂工厂技术转让产品的技术审评、注册现场检查、GMP检查和审批收集了资料，为今后做好相关工作积累了有益的经验。

朱炯参加WHO区域性药品打假咨询研讨会议

应WHO邀请，国家食品药品监督管理局稽查局边旭主任科员和中国食品药品检定研究院市场办副处长朱炯于2011年10月3日~5日赴马来西亚吉隆坡参加了WHO主持召开的区域性药品打假咨询研讨会议。会上，各国代表介绍本国在打击假药方面的主要工作，包括法律体系、机制建设、打假情况等，并围绕建立区域性打击假药系统进行深入讨论。我方代表就我国的打击假药工作在法律体系建设、多部门协作机制、加强队伍建设和监督检查力度、加强国际间合作等方面的基本情况向与会人员进行了介绍，并对建立区域性打击假药系统等阐述了我方观点。

丁宏等随国家食品药品监督管理局团赴瑞士进行食品补充剂监督管理培训

根据国家食品药品监督管理局的安排，中检院食化所副所长丁宏、业务办公室实习研究员王学硕二人于2011年10月9日~29日随国家食品药品监督管理局团组赴瑞士参加欧洲食品补充剂监督管理培训。此次培训是应国际膳食联盟和视觉与生命组织的联合邀请，国家食品药品监督管理局保健食品化妆品监管司高峰副司长带队，由来自国家食品药品监督管理局办公室、高级研修学院、中检院北京、天津、辽宁、内蒙等省（市、自治区）（食品）药品监督管理局和湖北省食品药品监督检验研究院的20名学员组成。培训分为课堂培训和考察调研两部分，主要对欧洲的膳食补充剂监管体系进行了深入学习，就产品的市场准入、健康声称、标签标识、原料管理、良好生产规范（GMP）及有关监管措施等方面进行了了解，并到世界贸易组织、世界卫生组织、全球营养改善联盟、膳食补充剂生产和经营企业进行了考察和调研。

王军志参加美国药典委员会2011年科学与标准研讨会

2011年度美国药典会科学与标准研讨会于2011年10月2日~7日在美国华盛顿州西雅图举行。经国家食品药品监督管理局批准，副院长王军志应邀参加了会议。本次会议以生物制品/生物技术产品及其质量标准为主题，重点对质量标准与分析、检测方法的研究、应用和发展等方面进行了研讨。大会共有250多位来自美国药典会生物制品及相关专家委员会的委员，其中有30个国家的代表参加了会议，参会代表以欧美国家为主。大会安排美国FDA、英国NIBSC、中国NIFDC以及印度等国药品监管部门、工业界、研究机构和行业协会的30多位专家学者作大会报告。王军志在大会作了题为“中国生物制品标准化进展”的报告，以粒细胞集落刺激因子蛋白质含量测定方法及同质蛋白标准品的研究为例，介绍了《中国药典》2010年版三部的增修订情况，同时介绍了生物制品质量控制新方法和新技术研究进展情况，包括采用报告基因法替代细胞病变抑制法测定干扰素生物学活性的研究，采用PCR方法替代蚀斑形成试验测定水痘减毒活疫苗病毒滴度的研究，以及EV71疫苗质量控制的最新研究成果，受到与会专家学者的广泛关注。

李云龙会见美国FDA卢辛达·布斯博士一行

2011年11月15日，院长李云龙在第二届国际药品快速检测技术研讨会暨第三届中美药品分析技术与检测方法研讨会期间会见了美国食品药品监督管理局专家代表团卢辛达·布斯博士博士等一行4人。李云龙欢迎美国FDA专家的到来，并就双方在快检技术合作事宜进行了讨论，指出中检院在近红外光谱技术方面处于领先地位，FDA在拉曼光谱技术方面有深入的研究，很希望双方在这两方面进行合作，同时希望中检院能派出短期培训人员到FDA学习拉曼光谱技术，也欢迎FDA派员来中检院学习近红外光谱技术，共同提高双方的快检技术水平。双方共同回顾了在过去几年的良好合作，并希望进一步深化合作交流和发展。

李云龙会见美国药典委员会首席执行官罗杰·威廉姆斯一行

2011年11月14日，在第二届国际药品快速检测技术研讨会暨第三届中美药品分析技术与检测方法研讨会召开之前，院长李云龙会见了美国药典委员会首席执行官罗杰·威廉姆斯博士等一行4人。双方就药品快检技术中的一些新技术和新方法，国内外标准物质的协作标定，生物制品和中药方面的相关合作研究以及双方互派技术人员学习交流等方面进行了充分深入的探讨。李云龙指出中检院与USP的合作交流卓有成效，双方的合作是真诚、坦诚和务实的，切实提高了在国际上的影响力，同时希望双方的合作继续不断拓宽、加强，进一步促进双方技术上的优势互补，为两国人民乃至全球人民的健康做出应有的努力和贡献。李云龙还向罗杰博士介绍了机构调整及新成立的11个研究所的情况。罗杰博士也向李云龙介绍了USP在中国的合作项目及在上海USP实验室的情况。

方玉随国家食品药品监督管理局团参加美国FDA医疗器械过程确认培训

应美国FDA邀请，经国家食品药品监督管理局批准，国家食品药品监督管理局药品认证管理中心副主任刘渊与中检院医疗器械检验中心主任技师方玉于2011年11月13日~20日赴美国马里兰州盖瑟斯堡参加了美国FDA举办的医疗器械过程确认培训（DV303）。期间，8名FDA的资深专家分别就过程确认基础、检测方法确认、过程确认与设计控制的关联、过程确认的统计学方法及工具、风险分析、金属试验方法、计算机系统的确认、电子产品制造的过程确认的检查途径和体外诊断试剂的过程确认等内容进行了讲解。

加拿大卫生部疫苗评价中心主任林赛·艾尔格林博士一行来访

应院长李云龙邀请，加拿大卫生部疫苗评价中心（CVE）主任林赛·艾尔姆格伦博士（Lindsay Elmgren）和黎旭光教授（Sean Li）于2011年12月5日~8日对中检院进行正式访问。李云龙对林赛·艾尔姆格伦博士和黎旭光教授的来访表示热烈欢迎，并对林赛·艾尔姆格伦博士当选新一任CVE主任表示祝贺，同时表达了对上一任主任阿兰·莫缇莫（Alan Mortimer）博士的深厚友谊。艾尔姆格伦博士作了题为“支持生物制品质量的实验室活动”的报告。艾尔姆格伦博士和黎旭光教授先后参观了中药标本馆、国家菌种保藏中心及生物制品检定所相关科室，并分别与重组技术产品室、疫苗二室、疫苗三室、血液室、菌种室等科室，就干扰素活性测定的报告基因新方法研究、EV71疫苗、流感疫苗、麻腮风疫苗、重组EPO、多糖疫苗等生物制品的质量控制研究进行详细和深入的探讨，并提出很多很好的科学建议。

金少鸿参加黑海经济合作组织国际药品快检技术研讨会

应俄罗斯联邦健康医疗和社会发展监督服务局邀请，中检院首席专家金少鸿于2011年12月7日~11日赴莫斯科参加了俄罗斯联邦框架下的黑海经济合作组织举办的基于药品快检车采用快速检测技术进行药品质量控制的科学实践研讨会。出席此次会议的有来自俄罗斯、乌克兰、塞尔维亚、乌兹别克斯坦等五十多位黑海经合组织成员国的药品监管当局的代表和观察员，同时大会还特邀了中检院（NIFDC）和美国药典委员会（USP）的代表专程赴莫斯科出席此次会议并作快检技术经验介绍。金少鸿作了题为“中国采用快检技术和药品快检车在药品质量控制中的实际应用”的报告。

英国国家生物制品检定所专家来访

2011年10月10日~13日，英国国家生物制品检定所（NIBSC）专家Stephen Poole和Lucy Anne Findlay来到中检院进行有关“热原的单核细胞活化试验”（MAT）以及细菌内毒素标准物质等方面的学术交流。此次学术交流分为科研讲座和MAT法现场实验两部分。两位专家依次就

"MAT法试验背景介绍"、"欧洲药典收录的MAT法的实践应用"、"MAT法进展－从热原检测到新生物制品内在促炎症活性实验的应用"、"细菌内毒素国际标准品的全球协调"进行了介绍，并到化学药品检定所药理室进行MAT法现场实验，Lucy Anne Findlay演示了外周血单核细胞－IL6法的实际操作全过程以及结果评价方法，直观展示并交流了实验的全部细节。相关人员还同其探讨了已开展的体外热原检测法与欧洲药典2010年收载方法的差异。同时就细菌内毒素标准物质的国际协调以及标准物质生产工艺、内毒素检查法的相关进展等相关问题和Stephen Poole博士进行了深入的交流。

王云鹤率团赴德国、瑞典和英国访问放射、电子医学与卫生信息技术欧洲协调委员会成员单位

应放射、电子医学与卫生信息技术欧洲协调委员会邀请，经国家食品药品监督管理局批准，中检院副院长王云鹤率团于2011年12月1日～12日赴德国、瑞典和英国对其成员单位德国SIEMENS、瑞典RTI Electronics AB（RTI）、英国标准协会进行了正式访问。在SIEMENS，医疗业务领域质量管理、法规事务与程序管理副总裁Lars Becker等人介绍了在IEC 60601－1第三版实施方面的经验，双方讨论标准化工作、风险管理等事宜，参观了SIMENS内部质量控制实验室和R&D Center，了解了产品研发线。在瑞典RTI公司，其总裁Lars Herrnsdorf介绍了多排螺旋CT IEC标准新修改方案的进展情况，参观内部质控溯源/校准实验室；交流了有关乳腺机和DSA床边散射线对患者辐射剂量评估的最新检测技术，参观了乳腺机溯源/校准实验室。在BSI，其保健运营部全球经理Dr. Neil Adams等人介绍了电子医疗设备方面问题、BSI在实验室管理方面经验、BSI在设备检验流程以及检验系统方面经验等。

饶春明等随国家食品药品监督管理局团赴德国参加"中国生物制品监督管理人力资源合作项目"第三期培训

根据国家食品药品监督管理局的安排，重组技术产品室主任饶春明、院办公室副主任舒融、生物制品检定所张洁助理研究员，于2011年11月6日～26日随国家食品药品监督管理局团组赴德国参加"中国生物制品监督管理人力资源合作项目"第三期培训班。在为期3周的培训中，代表团在药品监管，特别是药品注册监管方面得到了全面系统的培训，深入了解和学习了欧盟以及德国的药品管理与医疗法规体系及有关指导原则，与德国药品监督管理部门（包括BfArM和PEI）以及有关研究中心和医药研究协会进行了充分的沟通和交流，向外方介绍了中国的药品和生物制品的研发及审评审批情况，参观了默克集团和默克雪兰诺公司并与其高层领导及资深专家进行了深入细致的技术交流与讨论，达到了本次培训班预期目标。

高凯赴美国麻萨诸塞州大学医学院基因治疗中心进行合作研究

根据中检院国际合作研究计划，中检院重组技术产品室副主任高凯作为短期访问学者于2011年9月～12月赴美国麻萨诸塞州大学医学院基因治疗中心进行了为期3个月的合作研究。合作研究期间，高凯主要承担了完成AAV8标准品的协作标定，同时开展空壳病毒对AAV8病毒载体在体内表达效率和免疫效果的初步评价研究。

王军志参加美国药典委员会宿主DNA残留检测等专家组会议

应美国药典委员会邀请，2011年12月14日～18日，副院长王军志作为美国药典委员会生物分析总论专家委员会委员参加了USP宿主DNA残留检测和总蛋白检测两个专家组会议。在宿主

DNA 残留检测专家组会议上，王军志作了“Vero 细胞 DNA 定量国家参考品的制备及适用性验证”的专题报告，在蛋白质含量测定专家组会议上，王军志作为美国药典委员会观察员身份参加了该专家组会议的讨论。会议期间，USP 执行主席 Roger L. Williams 博士，会同主要部门的领导和两位新上任的首席科学家会见了王军志，讨论了中检院与 USP 的合作备忘录（MOU）关于生物制品合作的具体事项，并对生物制品质量控制方面（质控标准、标准品的建立和检测方法验证等）的合作模式进行了交流。

林瑞超参加 WHO 西太区草药协调论坛第九次常委会会议

2011 年 11 月 17 日 ~18 日，西太区草药协调论坛第九次常委会工作会议在越南河内召开。本次会议由越南药监局副局长 Nguyen Van Thanh 主持，越南卫生部副部长 Cao Minh Quang 出席了会议。FHH 的七个成员国/地区（澳大利亚、中国、中国香港、日本、韩国、新加坡、越南）、加拿大卫生部（观察员）以及 WHO 西太区均派代表参加了此次会议，与会代表共有 40 名。中国代表团由中国食品药品检定研究院中药民族药检定所所长林瑞超院士，国家食品药品监督管理局药品注册司副处长陈易新和药品评价中心副处长任经天组成。会上，林瑞超代表中国作了《中国药典》（2015 版）I 部的编撰情况报告，介绍 2015 版药典编撰的指导思想、基本原则、目标和任务、工作思路、标准提高、标准更正等内容。

马仕洪参加 WHO 药品微生物检测培训研讨会

应 WHO 邀请，化学药品检定所抗生素室副研究员马仕洪于 2011 年 11 月 21 日 ~24 日参加 WHO 在约旦首都安曼举行的质控实验室预认证计划关于药品微生物实验室良好规范及微生物检测的区域性培训研讨会。本次会议的主题是讨论 WHO 最新颁布的《药品微生物实验室良好规范》（WHO Technical Report Series，NO. 961，2011）、微生物实验室软硬件要求及管理细则、微生物检测标准化操作及溯源调查。会议期间，与会代表对中药微生物表现出了极大的关注。中国代表在发言中介绍了中药的发展历史及特点，就如何对中药微生物进行控制和评价进行了沟通和交流，得到了与会代表的认可。

接受世界卫生组织疫苗监管体系首次跟进评估

2011 年 12 月 12 日 ~16 日，来自比利时公共卫生科学研究所的 Wim Van Molle 博士作为 WHO 评估专家对中检院进行疫苗监管体系的跟进评估。此次跟进评估是继 2010 年 12 月 WHO 对我国疫苗监管体系进行评估以来对中检院的第一次正式跟进评估，主要是针对去年评估中提出的涉及实验室准入和批签发两项职能中的问题及建议措施的落实情况。Molle 博士对中检院整改工作给予高度评价，并建议中检院在对疫苗产品和检测用标准品进行很好的趋势分析同时，可考虑建立和完善试验内控品的趋势分析；在人员培训效果评估中，针对各项技术或方法培训，设定具体可接受的评估标准，并进一步细化人员再评估程序。Molle 博士分别就方法转移和验证、趋势分析、试验设备的安装/操作/性能确认（IQ/OQ/PQ）、偏差和 OOS、人员培训等内容对生检体系、人事教育处和仪器设备处等部门相关工作人员了进行培训。同时结合欧盟及 WIV - ISP 实际情况详细讲解各项内容，与中检院相关人员进行深入、细致的讨论。

与香港特别行政区卫生署签署建立香港中药材标准合作协议

2011 年 11 月 22 日，中国食品药品检定研究院与香港特别行政区卫生署在学术厅签署了“建立香港中药材标准的合作协议”。国家食品药品监督管理局局长邵明立，国家食品药品监督管理局港澳台办公室主任徐幼军，中检院院长李云龙，副院长李波和香港卫生署署长林秉恩，署长助理、香港卫生署中医药事务部高级药剂师罗国伟等出席签字仪式。李云龙代表中检院，林秉恩代表香港卫生署，在合作协议上签字。黎洁廉及林瑞超作为见证人也在合作协议的附件上签字。根据此次协议，中检院中药民族药检定所将承担24种中药材标准的研究工作，此项工作的开展将有力加强内地与香港在中药标准研究方面的紧密合作，促进双方的合作与交流，也是对中国食品药品检定研究院检验检测及其研究能力的认可。

美国FDA北京办事处官员参观访问安评中心

2011年11月15日，美国FDA北京办事处新上任的助理主任Gang Wang博士、Nicole T. Smith博士及行政助理王莉霞到安评中心参观访问。副院长王佑春等会见了Gang Wang博士一行。安评中心主任汪巨峰详细介绍了安评中心的承担任务、GLP组织机构、人员组成、新技术新方法的建立、对中国GLP发展的贡献、国际合作及展望等。徐丽明博士就医疗器械安全性检测问题与客人进行了交流。双方讨论了合作意向及进一步的交流的措施和办法，王佑春和汪巨峰在交流中表达了希望在食品、化妆品和医疗器械安全评价新方法、新指南领域建立进一步合作的意愿；美国FDA代表团就我国相关的管理规定，国家安评中心和中国国内CRO、CMO等情况进行了了解，就我国医疗器械发展及合作前景进行了交流，为中美双方进一步合作建立桥梁。

李云龙率团赴WHO总部进行学术访问

应世界卫生组织（WHO）的邀请，院长李云龙于2011年10月24日~28日率生物制品检定所所长沈琦、药品检定所所长杨化新等一行6人访问了WHO总部。WHO总干事陈冯富珍会见了代表团。期间分别与WHO总部的家庭和社区卫生部（FCH）以及卫生系统和服务部（HSS）两个部门内主管生物制品、血液制品、化学药品和中药事务的负责人David John Wood博士、Lembit Rago博士和张祺博士及有关官员进行了会谈。李云龙就中检院申请成为WHO生物制品合作中心事宜向陈冯富珍作了详细的介绍，提出中检院申请加入WHO生物制品合作中心的三条理由：中国是疫苗生产和使用大国，积累了丰富经验，为完成WHO生物制品合作中心的任务奠定了良好的基础；中检院长期与WHO和WHO的其它生物制品中心合作，成为WHO生物制品合作中心打下良好的基础；中检院将为WHO做出更多贡献。在与WHO相关部门会见时，李云龙提出希望与WHO在参与药典的制修订工作、协助WHO提高生物制品质量工作、参与WHO生物制品规程制修订工作、参与WHO生物制品国际标准品的协作研究、发展快检技术、承担WHO疫苗评估后的疫苗质量和安全的技术支持、承办WHO的会议和培训、协助WHO落实WHO的新指南八个方面继续深入合作。

WHO专家对中国食品药品检定研究院申请WHO生物制品标准化合作中心工作进行指导

继2011年10月院长李云龙率团访问WHO总部，与总干事陈冯富珍和David Wood博士等就中国食品药品检定研究院申请WHO生物制品协作中心进行交流、讨论后，WHO专家Ivana Knezevic博士、雷殿良博士和Carmen Rodriguez博士于2011年11月4日访问中检院，对中检院申请WHO生物制品标准化合作中心工作进行具体指导。Ivana Knezevic博士详细介绍了WHO关于申请WHO生物制品标准化合作中心的详细路线图和随后几年WHO的工作计划。在双方交流讨论过程中，Ivana Knezevic博士、雷殿良博士和Carmen Rodriguez博士就中检院如何申请WHO生物制品标准化合作中心，提出很多宝贵的意见。此外，双方还就生物仿制药（Biosimilar）问题进行了深入的讨论。

李云龙率团赴德国疫苗及血清研究所进行学术访问

2011年10月28日，院长李云龙一行访问德国疫苗及血清研究所（PEI）。PEI副所长卫斯·斯戴芬博士（Dr. Vieths Stefan）和相关科室主任参加了双方会谈。PEI副所长卫斯·斯戴芬博士介绍了该所的总体情况；该所3位专家分别做了专题介绍。代表团一行参观了免疫化学室、变态反应原产品质量分析室、蛋白分析室和微生物安全室。李云龙介绍了中检院基本情况，希望在加强在疫苗和血液制品检验检测技术和方法的研究、参加国际标准品的协作标定、人员培训、共同举办学术研讨会四个方面进一步加强合作。

中国食品药品检定研究院标准物质与标准化研究所与英国政府化学家实验室签署谅解合作备忘录

2011年11月9日，中检院标准物质与标准化研究所和英国政府化学家实验室（LGC）隆重举行了合作备忘录签署仪式。院长李云龙及标化所分管院领导副院长李波出席签署仪式。英国政府化学家实验室有限公司总裁戴维．理查德森介绍LGC的总体情况。李波在签约仪式上作了热情诚挚的讲话，代表中检院对双方的合作项目寄予了厚望，表达了美好的祝愿。标准物质与标准化研究所所长马双成与LGC公司总裁戴维·理查德森共同签署了谅解合作备忘录。

徐苗参加WHO疫苗使用后肺炎血清型流行病学变化的第二次专家咨询会

应世界卫生组织邀请，经国家食品药品监督管理局批准，生物制品检定所副所长徐苗于2011年9月15日~16日参加了在瑞士日内瓦举行的疫苗使用后肺炎血清型流行病学变化的第二次专家咨询会。本次会议由WHO的疫苗和生物制品司扩大免疫规划处（EPI）主办，约有50余人参加会议。会议结束后，技术工作组将形成一个工作报告，并提交给WHO Strategic Advisory Group of Experts on Immunization（SAGE）会议进一步讨论，整个项目的研究目的是期望通过流行病学研究结果为政策制定者提供科学依据。

王军志参加第62届WHO生物制品标准化专家委员会年会

第62届WHO生物制品标准专家委员会年会于2011年10月17日~21日在WHO总部召开。副院长王军志作为临时顾问应邀参加会议。来自美国、加拿大、英国、德国、中国、俄罗斯、日本、泰国、韩国等20多个国家的药品管理部门（NRAs）和质量控制机构（NCLs）的9位ECBS专家委员、22位临时顾问出席了会议；另外来自美国、欧洲、中国等国家药典会、大学研究机构、医药协会机构的代表32人列席了会议。C. Etlenne博士代表WHO总干事致会议开幕词，大会推举加拿大卫生部生物制品和基因治疗部负责人E. Griffiths博士为大会主席，美国J. Petricciani博士为副主席。WHO生物制品标准化相关部门及合作机构对过去一年来开展的工作进行了汇报，并提出下一步的工作计划。此外，会议就“四价登革热减毒活疫苗”、“卡介苗”、“无细胞百日咳”、“发现潜在外源因子风险评估”以及“含汞疫苗和药品风险评估”等WHO有关增修订管理法规和技术指南进行了讨论；WHO相关合作试验室还就新建立和替换WHO国际标准品的研究情况进行了汇报。

金少鸿参加美国药典委员会光谱库和标准物质专家委员会会议

应美国药典委员会的邀请，化学药品检定首席专家金少鸿教授作为特邀代表和USP标准物质专家委员会的委员于2011年10月31日~11月4

日赴美国分别参加了由USP各专业委员会主任参加的USP光谱库专题会和标准物质专家委员会(2010年~2015年)第3次会议。金少鸿教授在会上介绍了我国快检技术，表示目前中国的快检技术的工作重点是建立基本药物的光谱库，并对USP拟建立仪器依赖性的光谱库表示支持，因为这非常有利于光谱的直接比对，同时表示愿意提供经验予以合作，并建议美国应该建立从国外进口的原料药光谱库以及出口的成品光谱库。

举办生物制品质量控制国际先进技术高级研修班

2011年4月25日~5月6日，中国食品药品检定研究院举办生物制品质量控制国际先进技术高级研修班。加拿大卫生部疫苗评价中心 Michel Girard 博士和 Terry D. Cyr 博士受邀为本次研修班进行授课和实验室培训。研修班由理论讲座和实验室培训两部分组成，采用全英文授课。理论讲座包括光谱学介绍、高效液相色谱（HPLC）和毛细管电泳（CE）技术用于生物大分子的分离、蛋白质结构和稳定性研究的原理和方法、质谱分析（MASS）、蛋白质组学介绍、分离方法的优化和确认、仪器确认、HPLC在流感疫苗等生物制品检验中的应用等10个主题。实验室培训阶段，两位专家以HPLC分析流感疫苗、CE分析红细胞生成素和MASS分析重组蛋白、单克隆抗体等为例，对参训学员进行具体的实验指导。大家一致认为此次培训将对中国食品药品检定研究院今后相关领域的工作起到良好的推动、促进作用。生物制品检验体系各科室及生化药品及基因工程药物室相关工作人员共40余人参加了本次培训。

举办实验动物福利伦理培训班

2011年5月13日，中国食品药品检定研究院举办实验动物福利伦理培训班，邀请国际实验动物管理评估及认证协会（AAALAC）理事会委员克尔 D. kastello 博士和 AAALAC 认证委员会顾问戴尔 G·马丁博士就 AAALAC 概况、实验动物管理及福利伦理审查等内容作了学术报告。两位专家分别以“实验动物管理与福利伦理委员会的作用”和“动物伦理审查的法理依据”为题，概述了实验动物福利与管理委员会的组织结构、动物保护和使用项目及其成员的相互关系，并对实验动物管理委员会（IACUC）进行了详细介绍，通过一些实例讲述了IACUC的工作、特点、不足等问题。

举办生物制品标准品高级研修班

2011年5月16日~18日，中国食品药品检定研究院邀请英国国家生物制品检定所(NIBSC)资深专家 Adrian Bristow 博士和 Paul Matejtschuk 博士，对生物制品检验体系的工作人员进行了为期三天的培训授课。本次培训内容主要由13个讲座组成，内容全面涵盖了生物制品标准品相关工作的各个方面。生物制品检验处和国际合作处共同组织，生物制品检验体系各科室、标准物质管理处、生化药品及基因工程药物室均派出技术骨干参加了本次培训，学员总人数达50余人。

举办疫苗质量控制及批签发研修班

2011年5月25日，中国食品药品检定研究院邀请泰国国家生物制品检定所（IBP）所长 Teeranart Jivapaisarnpong 授课，介绍泰国疫苗批签发系统现状及改进、疫苗质量及稳定性评价、泰国国家实验室（NCL）在AEFI案例调查中的作用等三方面内容，培训全程采用英文授课。学员包括生物制品检验检测体系各科室负责人和制品负责人等40余名技术骨干。

举办血液制品质量控制及批签发培训交流会议

2011年9月5日~6日，中国食品药品检定研究院邀请英国国家生物制品检定所（NIBSC）

资深专家 Anthony Ralph Hubbard 和 Susan Jane Thorpe 来中检院对我国从事血液制品质量控制的相关工作人员进行为期两天的专业培训。培训交流的主要内容有 8 个方面：NIBSC 对血液制品的质量控制概述，人血白蛋白制品的质量控制，凝血因子标准品的制备，免疫球蛋白批签发的标准化，凝血因子制品的质量控制，人免疫球蛋白的质量控制，溶栓药的效价测定以及抗栓药的效价测定，涵盖了血液制品的质量控制、标准品制备及质量控制、批签发等方面问题。中检院血液制品室的全体人员以及北京、上海、吉林、四川、湖北、广东等参与血液制品批签发药检所的相关人员近 40 人参加了本次培训研讨会。

召开国际交流与合作工作会议

2011 年 11 月 18 日，中国食品药品检定研究院召开国际交流与合作工作会议。国家食品药品监督管理局国际合作司司长徐幼军、副巡视员秦晓岭、中国医药国际交流中心副主任常永亨应邀参加会议。院领导及全体中层干部、院外事工作小组成员、对外交流与工作联系人参加会议。会议由副院长王军志主持。会议首先传达了国家食品药品监督管理局外事工作会议精神。国际合作处处长李玲作了题为“宽领域深层次开展国际交流与合作积极推进检验检测国际化战略”的工作报告，重点汇报中检院“十一五”期间国际交流与合作的情况。院长李云龙在讲话中强调开展国际交流与合作是适应监管需要的顶层需要，是实现中检院发展的重要途径，是实施中检院发展战略的主攻方向，其出发点和落脚点是为提高检验检测能力水平服务，为实现中检院的发展目标服务，为更好发挥监管的技术支撑作用服务。并对国际交流与合作的工作重点和保障措施提出了具体要求。在“十二五”期间，中国食品药品检定研究院将人才培养作为国际合作中的优先发展战略，把“请进来”与“送出去”相结合，努力培养造就人才、集聚顶尖人才。徐幼军充分肯定了中检院“十一五”期间，在国际交流与合作方面所取得的显著成绩。对中检院协助国家食品药品监督管理局在双边、多边等国际技术交流与合作中所起到的作用表示感谢，对中检院将国际交流的成果转化为资源所做的努力表示欣慰，对中检院对国际交流与合作的准确定位表示赞赏，并希望中检院在国际交流与合作中取得的成绩在国家食品药品监督管理局等更大的范围内共享。徐丽明、贺鹏飞、冯艳春三位博士向与会者分享了各自在国际交流工作中的经验与体会。

第十部分　信息化建设

信息平台建设

建立国家基本药物质量信息平台

根据《财政部 国家食品药品监督管理局关于下达食品药品监督部门公共卫生专项资金的通知》要求，中国食品药品检定研究院承担的“基本药物质量信息平台”建设工作正式进入实施阶段。2011年完成353个所（包括中检院）的设备准备、货物验收、安装调试、线路铺设、网络测试、连通性测试、全辖区、全国的连调测试、项目的初步验收以及全国的试运行工作，包括：39根SDH线路的铺设与连调；353台服务器、2台小型机的安装与连调；349台阵列存储的安装与调试工作；351个3G线路的安装与调试工作；349台交换机、350台防火墙、347台UPS、349套KVM和机柜、38台路由以及258台打印机、270台笔记本的安装调试与集成性测试。

为保证项目的实施，先后组织4期共计400余人参加的技术培训班。2011年8月，基本药物质量信息平台进入试运行阶段。

建立数据和信息共享平台

为配合基本药物质量信息平台专网建设工作，2011年，中检院建立基本药物信息平台专网网站。该专网是药检系统信息发布、数据交流、资料查询的综合平台。专网定位于建成科学、严谨、互动式政府型网站，面向药监监管部门及药检系统下属全国各药检所。

专网下设主要板块：国家药品抽验信息系统、国家药品标准物质质量管理系统、生物制品批签发管理系统、国家医疗器械监督抽验信息化系统、中检院图书馆电子期刊。正在逐步实现面向全药检系统的开放。

加强机房升级维护

为配合基本药物质量信息平台建设的需求，信息中心对核心交换机进行了升级扩容，增加接入板卡，为全国各药检所提供共享数据。增加路由器、防火墙、3A认证服务器等设备，建设基本药物质量信息平台核心节点。架设IBM小型机、阵列和数据库等设备，并做双机冗余设计，为下一步平台上运行的业务系统打好硬件基础。

信息中心加强中心机房服务器、网络等核心设备的维护工作，保证网络的正常运行，主要工作有：加强中心机房原有服务器的维护，增加一台机房用专业空调和冷水机组，扩容原有UPS的电池蓄电能力；加强内外网网络维护与升级改造，对16个二级交换机节点进行清理，将原有的2000多根网线更换成新的超五类双绞线跳线，将原来由于实验室改建扩建而增设的线路集中上线架，整理并重新编号；对二级交换机进行更新，替换6台发生故障的交换机，并根据各个位置的信息点数量及时调整交换机，做到各楼均有一部分冗余网络接口，方便各部门随时增加网络节点的需求。2011年对标准物质处、医疗器械中心、计划财务处、光机电室、标本馆、中食化等部门网络布线，新增或改建信息点148个。

信息中心对院内接入内网、外网的计算机进行维护，解决无法连接网络和部分系统问题，对联网计算机进行网络设置，安装院内网络版杀毒软件，对内网计算机安装中检院综合办公系统，并调试用户，保证正常使用。

完成新址机房建设可研方案

经过多次调研，信息中心编写完成中检院新址机房建设可研方案，该方案对机房的建设，包括机房环境建设、UPS、温湿度、综合布线、监控、管理等综合考虑，并结合最新的云技术、虚拟计算机技术等进行设计，方案已报送迁建办。

探索实行电子化公文运转

2011年信息中心开发完成中国食品药品检定研究院收文管理系统。包含扫描二维码识别关键字，扫描整个公文生成可以检索的PDF，接受人在处理完登记后，可以实现对于该文的任意角色、任意人员的批量发送、相关人员也可以实现对于该公文的任意人员的转发、退回和办理等流程。2011年9月29日举办公文管理培训后，该系统于10月上线试运行。

信息资源的统计与上报

2011年，完成全国各口岸所上报的药品进口报告书数据的收集、核对及网站发布。完成国家食品药品监督管理局（食药监办〔2010〕122号）“药品监督管理统计报表制度”中2010年第四季度、2010全年及2011年第一、二、三季度的进口药品检验情况的汇总统计数据。同时也为院内相关部门，作了气雾剂、力百汀、头孢吡肟等80余种进口药品情况跨年度的查询、检索工作。

网站建设与维护

2011年，外网发布文章549篇，内网发布文章681篇。配合“所变院”，将内外网站程序中所有涉及“中国药品生物制品检定所”名称变更为“中国食品药品检定研究院”，及时办理新域名注册及邮件系统域名注册，网址：www. nicpbp. org. cn网址变更为：www. nifdc. org. cn；邮件系统：mail. nicpbp. org. cn变更为mail. nifdc. org. cn（原域名保留），同时更新网站中文、英文高清晰视频文件。首页增加离退休干部工作标签，在检务公开中加药包材注册审评的链接。为配合院内重大活动，完成首页元素的设计，如添加中检院成立周年庆祝标志及添加庆祝中华人民共和国成立62周年元素等。创建2011年全国药检工作会议、庆祝建党90周年专栏。在相关体系及部门的配合下，逐步完成医疗器械标化中心、实验动物二级站的建设。其中实验动物二级站福利伦理栏目，将国家、地方、中检院规章制度合并。

内网主页启动了内网门户管理系统，新增财务查询管理系统、全球基金项目管理两个专题链接。

按照互联网站备案管理要求，根据北京市公安局网安总队《关于统计上报管辖单位互联网站基础情况的通知》，填写《国际互联网接入单位网站备案登记信息表》、《北京市公安局计算机信息网络国际联网单位网站备案表》，并签订计算机信息网络国际联网单位网络信息安全责任书。

综合业务管理系统建设

中国食品药品检定研究院综合管理系统是中检院的核心业务系统，主要实现检定业务、发文等管理流程，随着业务不断发展，不断对该系统进行改进。2011年，在维护该系统的同时，信息中心尽可能的实现后台向关系型数据库（DB2）的平稳过渡，以提高系统运行的速度及稳定性。本年度增加或完善的模块功能有：检验收费管理模块、检定业务查询统计模块、检验项目模块、样品管理模块。另外，中国药品生物制品检定所更名为中国食品药品检定研究院后，对各系统里的中文名、英文名、徽标（LOGO）进行了变更；根据院机构的重新调整，完成了部分流程的修改、组织机构及人员权限的调整。

初步整合各管理系统

信息中心建立中国食品药品检定研究院内网门户管理系统，实现协同办公管理系统、物资领用管理系统、标准物质管理系统、动物实验管理系统、固定资产管理系统5个系统的统一登录；整合并集中显示各系统的待办列表、统计图表。

1. 生物制品批签发管理系统

生物制品批签发管理系统实现了国产、进口的疫苗、血液制品、诊断试剂的统一网上受理，按照不同的类型发送到7个授权药检所，由授权药检所检验完毕后部分直接出批签发证、部分检验项目自动合并到中检院的检验报告中，完成了全国的协同检验，确保了数据的准确性和及时性。2011年5月1日，生物制品批批检由综合管理系统迁移至该系统运行。

2. 药品、医疗器械抽验管理系统

药品、医疗器械抽验管理系统按照《国家药品抽验管理规定》、《国家医疗器械抽验管理规定》实现了相关的业务流程，实现了整个评价性抽验从品种确定、抽样、检验、复验、公告核查、基本药物数据上报、企业生产数据上报、质量管理等各个方面的流程管理；实现了30多个药检所、30多个稽查局、10多个医疗器械检验中心在该管理平台下联合办公，现系统已经运行4年。2011年增加了通知、上传下达功能，修改公告核查、质量分析网络评议管理、基本药物地方监督抽验管理等功能模块。

3. 医疗器械标准管理信息系统

医疗器械标准管理信息系统完全建成后，将实现医疗器械标准管理中心的业务包括：医疗器械标准库的电子化工作、分类界定流程、标准申报审批流程、中心内部公文流转等。2011年已实现医疗器械标准库的电子化工作，形成较完整的器械标准目录、全文数据库；开发完成并上线试运行器械标准的分类界定功能；标准申报审批流程及内部公文流转已基本开发完成，处于试运行阶段。

4. 固定资产管理系统

固定资产管理系统实现中检院9000多台仪器设备的资产盘查，实现了新的仪器设备的采购、维修、赠与、受赠、转移、报废、报损、入账、验收等全过程的管理，实现了和国家财政部、国资委的数据上报软件的接口，可以及时准确地统计和分析全院现有的仪器设备情况。另外，完成了计量功能管理模块的开发工作，2011年，该模块处于试运行阶段。

5. 协同办公管理系统

协同办公管理系统在系统原有的稿件审批、中层干部外出申请的功能上，开发了院内请示、年度考核、重点工作年度考评、人员来访登记功能、加班审批功能、工作管理、院培训管理7个模块，2011年，除院培训管理模块外，其余均已上线运行。

6. 标准物质管理系统

标准物质管理系统是在标准物质销售管理系统基础上开发的二期项目，实现标准物质从制备到销售的全过程管理，系统自2010年开发完成并试运行以来，不断修改完善，于2011年3月1日正式运行，7月实现了与财务系统的数据接口，完成系统间的数据交换。

7. 动物实验管理系统

动物实验管理系统可实现科室在网上预订实验动物的功能，实验动物管理处、动物实验室、实验动物资源中心可以实现对实验动物的管理和查询统计。该系统于2010年开发并试运行，2011年3月16日，配合实验动物资源研究所向全院进行了系统培训，培训后系统正式运行。

第十一部分　综合管理

综合业务管理

综合业务处成立

国家食品药品监督管理局2011年9月23日印发的《关于印发的中国食品药品检定研究院（国家食品药品监督管理局医疗器械标准管理中心）主要职责内设机构和人员编制规定的通知》规定中国食品药品检定研究院成立综合业务处，主要职能有七项，第一：承担院检验检测业务工作的综合、组织、协调和管理；第二：组织开展相关业务计划、技术文件的制修订及实施工作；第三：负责检验检测样品收检、留样、检验检测相关标准的管理及报告书制发等工作；第四：承担食品药品检验检测领域相关质量和标准等信息的统计、分析和报告；第五：组织开展补充检验方法的复核、审核和综合等相关工作；第六：承担“世界卫生组织药品质量保证合作中心”的相关工作；第七：承办院交办的其他事项。

2011年10月11日，经2011年第29次院长办公会研究决定，综合业务正式成立，开始具体筹建和职能运转。

召开ICH Q5E分析部分研讨会

2011年12月9日，为提高中国食品药品检定研究院检验检测人员的业务能力，加深对和药品生产相关技术问题和有关指导原则的理解，促进药检人员和研发人员的深入交流，综合业务处组织召开ICH Q5E分析部分研讨会。ICH质量工作组成员、中国食品药品检定研究院生物制品检定所、化学药品检定所、综合业务处等部门相关技术人员共50余人参加会议。

本次会议上ICH中国研究小组质量工作组成员就药品开发过程中的方法变更及开发过程中的可比性评估进行专题报告，并与参会者就相关的技术问题和指导原则进行热烈的互动讨论，取得良好的效果。本次会议搭建了制药行业专家和中国食品药品检定研究院技术人员交流的平台，为今后此类方式的交流研讨创造了模式和打下了良好的基础。

综合考核评价

为强化综合管理，促进科学发展，进一步完善综合考核评价体系，2011年4月，中检院成立以党委副书记丁丽霞为组长的综合考核评价办法修订小组，包含了党委办公室、院长办公室、纪委监察室、信息处、计划财务处、人事教育处、质量管理处、科研管理处等部门。工作小组多次召开专题会，研究讨论综合考核评价相关工作，并前往浙江、广东学习综合考评相关经验。在修订的综合考核评价工作中，其考核评价工作内容更为丰富，首次纳入了对重点工作、专项工作、创新工作的评价，对部门负责人的测评纳入了对中层干部述职述廉测评和部门内职工对中层干部的测评，全方位多层次地对各部门进行考核评价；同时，职工参与度进一步扩大，考核评价计算也更为合理。经院长办公会审议通过，最终形成《综合考核评价办法（试行）》及《2011年度综合考核评价工作实施方案》。

按照综合考核评价工作安排，在各部门的积极配合下，完成了行为规范、部门工作评价、质量管理、部门负责人测评以及工作业绩考察五个方面的考核评价工作。党委办公室、纪委监察室、人事教育处共同对综合考核评价工作进行了统计汇总。2012年2月2日，院长办公会对2011年度综合考核评价工作结果进行了审议。

档案管理

档案管理工作统计

2011年收集各类档案1503卷。完成《2010年度大事记》2万6千余字来稿的征集、编纂、征求意见和修改工作。接待查阅档案972卷/365人次，充分发挥了档案室工作查考、学术研究、技术开发等方面提供服务支持和保障的作用。完成二次档案销毁工作，共销毁档案9495批次、1326卷、503份、10239页，合计182麻袋。

科技档案立卷与归档操作规范培训

档案室举办了生检体系科技档案操作规范培训班，生检片的部分室主任与全体兼职档案员参加培训。培训班通过对《科技档案立卷与归档操作规范（SOP）》的宣传与解读，使各处、室主任们了解到执行SOP的必要性与重要性；使兼职档案员解决了以往在档案立卷与归档工作中不清楚或不太清楚的问题，学到了解决问题的具体方法。

档案室有计划的派出人事教育处、纪委监察室、医疗器械管理处、质量管理处4个部门的兼职档案员参加国家档案局干部教育中心举办的档案业务人员岗位培训班，培训班半脱产形式为期3个月，4人均考试合格并获得档案业务人员岗位证书。

档案信息安全与数字化管理培训

9月17日～23日组织全国药检系统档案管理人员35个省市药检所共计50人参加国家档案局干部教育中心在杭州举办的档案信息安全与数字化管理培训班。到会的药检系统档案管理人员对2005年经国家档案局和国家食品药品监督管理局批准执行的全药检系统科技档案保管期限（以下简称保管期限）的修改稿进行讨论。部分药检所人员介绍了本所的档案管理经验供大家参考，并将自己在工作中遇到的问题提出请大家帮忙解决。部分药检档案管理员提出要增加药包材、食品、保健品、化妆品等新类别的档案保管期限。档案室主任陶维玲就大家提出的问题进行了解答，并就保管期限中的问题听取大家的意见。最终大家达成了一致意见，为保管期限的修改奠定了基础，对更好的保管档案为各单位检定、科技等工作服务提供有效保障。

编辑出版与图书管理

《中国药事》编辑出版工作

截止2011年11月30日，《中国药事》2011年编辑出版12期，刊登文章403篇（简讯除外），1264页，250余万字。其中药品监督管理栏目刊发31篇文章，理论探讨栏目刊发36篇文章，论著栏目刊发60篇文章，工作研究栏目刊发92篇文章，药品质量栏目刊发96篇文章，其它栏目刊发88篇文章（包括：综述、GMP专论、国外药事、药物与临床、临床药学、医院药剂科管理、不良反应合理用药等）。上述5个主要栏目占全部刊出文章的78%。从文章的刊出比例和栏目分布看，基本体现了《中国药事》面向药监、药检，为药品监督管理服务的办刊宗旨。截止到11月30日，共收稿700余篇，比去年同期略有下降。

《药物分析杂志》编辑出版工作

《药物分析杂志》共收稿件1230余篇，平均每月收稿117篇，其中国家级、省部级基金项目论文占多数。全年出版12期，刊登文章560余篇，2386页，470余万字。

《药物分析杂志》关注本年度召开的国际国内学术会议，有针对性地重点约稿，对热点问题进行了快速报道，对专项课题进行深层次报道。如参与“第二届生物材料与组织工程产品质量控制国际研讨会”，协助主办方征稿，参与组织稿源，并特约稿件安排刊用。关注并参与其他与药物分析杂志密切相关的学术交流活动，如第二届国际药品快速检测技术论坛，药包材、药用辅料国际交流会。组织论文征集筛选，增设栏目发表特约稿件。此外，《药物分析杂志》主编金少鸿研究员多次应邀参加国际学术会议，加强国际交流及国际话语权。

2011 年《药物分析杂志》升级《药物分析杂志》期刊网站，启用功能更加完善的新系统，改进在线投稿管理功能，充实系统功能和信息发布平台，实现《药物分析杂志》论文全文开放获取。

中国药检学术期刊60华诞纪念暨2011年《药物分析杂志》编委（扩大）会圆满召开

2011 年 11 月 13 日在浙江省绍兴市召开中国药检学术期刊60华诞纪念暨2011年《药物分析杂志》编委（扩大）会议。参加会议的有来自全国各地的《药物分析杂志》编辑委员会成员及特邀专家120余名。

会议由《药物分析杂志》主编金少鸿主持。中国食品药品检定研究院院长、《药物分析杂志》名誉主编李云龙到会并作重要讲话，勉励《药物分析杂志》发扬60年学术期刊办刊人的优良传统，提高办刊能力和水平，加强编辑队伍自身建设，继续办好品牌学术期刊，为广大药物分析专业技术工作者、管理者搭建学术交流平台，为药学学科发展服务，为药品质量监管服务，为人民用药安全有效服务。

《药物分析杂志》是我国药检领域首批学科带头人涂国士等专家创办的学术期刊，由始创于1951年的《药检工作通讯》发展而来，1981年更名为《药物分析杂志》，2005年由双月刊改为月刊，是中国自然科学核心期刊和中国中文核心期刊。本次会议一是纪念中国药检学术期刊办刊60周年，回顾中国药检历经艰辛、始终不渝坚持办学术期刊的历程，回顾《药物分析杂志》为推动药物分析学科发展，为促进我们行业技术进步所作的努力；二是总结本届编委会换届三年来的工作，并就期刊发展面临的挑战和需要努力的方向汇报工作规划。

中国食品药品检定研究院副院长、《药物分析杂志》副主编李波，介绍了会议组办的目的意义和会议的内容安排。副主编田颂九回顾了从《药检工作通讯》到《药物分析杂志》的发展历史。主编金少鸿解读了新修订的编委会章程及编委增补情况，并代表编委会常委会对近年来贡献突出的编委专家给予了表扬；副主编曾苏介绍了药物分析杂志新增栏目和内容设想；副主编粟晓黎汇报编委会工作和期刊管理及发展思路；编审陈立亚讲解编委会工作标准；责任编辑赵慧芳介绍新采编系统功能。

本次会议取得预期成效。中国药检60年的办刊历程是《药物分析杂志》的里程碑，必将激励《药物分析杂志》在新的起点上，继续以编委专家为依托，共同努力迎接更好的明天。

2012年美国化学文摘将正式收录《中国药事》

2011 年 10 月 10 日，《中国药事》编辑部收到通知，美国化学文摘社经过两年的试收载后决定于2012年起正式收录《中国药事》杂志。这标志着《中国药事》越来越受到国际药学界的关注，迈出了走向世界的第一步，同时使得《中国药事》能够搭建起更宽广的平台，促进我国药学领域科技成果在世界范围内的交流，更好地为药监药检事业服务。

组织召开第二届全国药品质量分析论坛

为发挥期刊在药物分析学科的专业引领作用，2011年4月19日~21日，《药物分析杂志》在江苏省泰州市组织召开第二届全国药品质量分析论坛。本次论坛取得了预期效果，为本领域的技术工作者、管理者提供学术交流的平台更好地为药品质量安全事业服务。本次论坛自计划、筹备历时3个多月，会后对特约代表不同专业的稿件再次遴选优秀论文，二次组织修改，并在本刊设专栏发表。

加强制度和编辑队伍建设

2011年，在深入调研的基础上，结合刊物近年期刊发展情况，编辑部讨论修订《药物分析杂志》编委会章程，明确了编辑、编委的职责和义务，起草审、编工作标准，岗位工作职责、例会学习等期刊管理制度，细化各环节要求。不仅完善了编辑部内部管理，也进一步理顺编辑部服务读者、服务作者、服务专家的工作制度。

2011年，药物分析杂志加大了队伍建设投入，在学习相关法规文件的同时，加强编辑人员业务学习，提高编辑工作水平。全体人员参加新闻出版总署和中国科协组织的出版专业技术人员继续教育培训。2011年1月两人参加新闻出版总署教育培训中心举办的“名词术语与语言文字规范应用培训班”。2011年6月，全体人员参加了新闻出版总署教育培训中心举办的“全国科技期刊出版专业技术人员继续教育培训班”，均取得合格证书。

2011年5月，药物分析杂志编辑部参加了中国药学会主办期刊第十七次审读会，向主办单位汇报工作情况，并参与期刊审读，学习交流，为进一步管好本刊质量吸取经验。会后，按主办单位中国药学会要求，组织全室人员学习了相关文件。

图书期刊管理

2011年，图书馆购买中文图书252册，外文图书38册。外文期刊订购97种，到馆外文期刊2000册，装订484册。中文期刊订购216种，到馆约2100册，中文期刊装订502册，剔旧465册。每月更新期刊数据库，包括中文期刊全文和博硕论文。外馆查询全文文献50余篇，其它为读者检索摘要等信息4000余条。全院读者借书3471册，还书2623册，借书人次956，还书人次937。2011年还增加了图书标签的联机打印。

图书馆从2005年开始使用金盘公司的图书管理软件，每年定期升级。2011年增加电子资源，上半年开通万方中外文期刊论文数据库3个月试用，以及Wiley公司的外文期刊全文下载的两个月试用，9月份开通了Informa Healthcare和Micromedex两个数据库试用。

财务管理

年度收支情况

2011年全院总收入为58683万元，其中，财政拨款11677万元，科研等专款收入8373万元，事业收入等38633万元。

2011年全院总支出为62642万元，其中，基本支出39503万元，项目支出15608万元，基建支出9407万元，科研等支出7531万元。

加强财务日常管理

1. 制度建设

根据国家加强“三公”经费管理的有关精神，财务处修订出台《差旅费管理暂行办法》、《专家费支付管理暂行办法》及《关于进一步加强经费使用管理的通知》，对城市间交通费、住宿费、伙食补助费和公杂费做出了明确规定；规范了专家费的支付范围、标准和程序；进一步加强了会议费、培训费、公务用餐费等费用的管理。以上制度的修订出台，规范了院财务报销流程及管理。

为规范银行对账，建立银行对账结果分析汇报制度，建立银行对账单计划财务处、纪委监察室、分管财务副院长联签制度，主动接受纪委监察室的监督，确保资金安全。

2. 日常管理

计划财务处加强内部整顿、理顺报销流程，

财务报销时间及方式均有所改变。时间上由半天报账改为全天报账，方式上由事后做账、复核改为实时做账、事前复核，进一步统一和规范会计凭证的传递、粘贴、装订、归档等程序，确保原始凭单账本的安全完整，确保资金支付的安全有效。

发布《财务报账指南》，方便职工了解报账流程，规范报销手续及签字手续，提高工作效率。

重新调整工作岗位，设置预决算管理、财务管理、收费管理、制单、复核、工资管理、科研管理、固定资产管理、往来账管理、出纳、装订等岗位，不断提高财务管理和服务水平。

加强国有资产监督、管理，规范资产处置审批、入账手续。

通过首次报送资产报废申请，逐步理顺了院内资产报废流程，这是经国家食品药品监督管理局批准报废的首例。

3. 科研经费管理

计划财务处按照财政部、科技部文件要求及会议精神，与科研处联合出台《关于贯彻执行财政部科技部<关于调整国家科技计划和公益性行业科研专项经费管理办法若干规定的通知>的通知》，在制度上确保“十二五”期间国家设立的科研经费的有效使用。

设专人负责科研经费管理，通过参与科研经费预算的编制，熟悉了解相关制度及科研特点，设置财务模版进行过程控制，规范管理，不断提高服务水平和服务质量。

4. 检验收费重点自查

计划财务处组织2010年度药品检验收费重点年审自查，梳理收费项目、收费标准，为下一步药检系统调整收费项目、收费标准提出建议和依据打下基础；建立健全收费管理的长效机制，全面规范收费管理 。

5. 财务人员培训

计划财务处加强人员培训，提高会计人员的政策水平和业务水平。

建立周四下午业务学习制度，传达上级会议、文件精神，加强业务学习，强化专业技能培训，研讨实际工作问题，逐步提高财会人员的业务技能和综合素质，提高全局意识、责任意识和服务意识。

采取“走出去、请进来”等方式，参加国家食品药品监督管理局举办的直属单位财务人员培训，组织全院会计人员进行继续教育培训；请专家进行培训，不断开阔会计人员的视野，激发其创新能力，为不断提高管理及服务水平打下良好的基础。

会计电算化管理

2011年5月计划财务处启用“天翼财务软件”系统，加强项目收支控制；制定内部电算化操作规范；在内网设立“财务查询管理”专栏，开通项目收支查询、工资奖金发放查询、银行到款查询等功能，保证项目负责人实时查询、掌握项目的执行情况，有利于加强经费的过程控制；同时给分管院领导、相关职能部门及纪委授权，加强经费监管；银行到款查询功能，有利于各部门及时查询来款信息，保证收入及时入账。

因查询系统的开通，为保证职工个人信息安全，贯彻上级厉行节约的要求，自2011年11月起，停止集中打印、分发在职职工纸质工资条，改由职工通过内网查询系统自行打印。

“小金库”专项治理

计划财务处调整治理“小金库”工作领导小组成员，与纪委共同组织2011年“小金库”专项治理工作，注重源头防治，建立健全防治“小金库”的长效机制，完成自查、重点检查等各阶段工作。积极落实2010年度的小金库审计整改意见，不断规范内部管理。

银行账户变更户名

由于“中国药品生物制品检定所”变更名称

为“中国食品药品检定研究院”，计划财务处对涉及的银行账户及预留印鉴、税务登记证等进行了变更，在内外网发布了公告通知，尽量将变更户名带来的影响降到最低。同时，与银行协商，争取免收上门服务等费用，实现送款上门，进一步提高了财务工作效率。

第十二部分　党群工作

廉洁从检建设

召开纪委扩大会

2011 年 4 月 27 日上午，中国食品药品检定研究院召开了纪委扩大会，会议由纪委书记张永华主持。院纪委委员、支部纪检委员共 15 人参加了会议。会上，学习贯彻了中检院《“三重一大”决策实施办法》和《党风廉政建设责任制实施办法》；就中检院《廉洁从检若干规定》的修订完善进行了座谈；布置了 2011 年纪委工作；构想中检院廉政文化建设。

张永华最后强调，纪检委员要明确自己的职责，加强宣传工作，督促领导、督促支部，及时提出建议意见，使每个同志把握住自己，树立中国食品药品检定研究院良好形象。

2011 年 7 月 12 日，院纪委召开纪委扩大会，院纪委委员、支部纪检委员共计 13 人参加会议。会上对纪委上半年工作进行总结，部署了下半年工作，讨论研究中检院《廉政风险防范管理实施办法》（试行）和《廉政风险防范管理工作的考核办法》（试行）。会上讨论通过 2011 年中检院廉政风险防控管理工作实施方案、廉政教育月活动实施方案、党风廉政建设和反腐败工作实施方案。

参观预防工程建设领域职务犯罪巡展

2011 年 5 月 25 日下午，中检院纪检书记张永华、副院长邹健带领迁建办公室全体人员、行政处相关人员、纪委监察室全体人员共计 18 人，到大兴区参观预防工程建设领域职务犯罪巡展。大家纷纷表示，这次参观深受教育，一定在工作中严以律己，警钟长鸣，注意防范工程建设中潜在的廉政风险点，堵塞漏洞，努力建设一个牢固、放心、干净的中国食品药品检定研究院。

参观北京反腐倡廉警示教育基地

2011 年 6 月 1 日上午，院长李云龙、党委副书记丁丽霞、纪委书记张永华、副院长王云鹤、副院长邹健、院办、纪委监察室、仪器设备处、行政处、财务处的部门领导干部、基建处全体人员参观北京反腐倡廉警示教育基地。在教育基地参观了首都监狱工作成果、反腐倡廉警示教育展，观看警示教育录像片和服刑人员忏悔演讲。为进一步加深教育效果，强化教育力度，下午召开了座谈会，每位参观人员都谈了体会感想，纷纷表示这种教育活动很及时很必要，院纪委组织教育活动是对每位同志的爱护、关心；大家都认识到慎用手中的权力，认清廉政风险，严格执行各项制度，坚守住底线，既要做好本职工作，更要坚持廉洁从检。

廉洁廉政座谈会上，院长李云龙强调抓好廉政教育是每个领导的责任，不仅要洁身自好，还要管好下属，特别指出解决思想认识问题是关键，认识到位才能避免出问题，反腐保廉是能力建设的一个很重要表现。

7 月 13 日，纪委组织仪器设备处全体职工及业务科室兼职仪器设备管理员 30 余人到北京市反腐倡廉教育基地参观。7 月 14 日上午由纪委书记张永华主持召开观后座谈会。大家畅谈了感想，对一个个典型案例和服刑人员的现身说法录像教育深刻。大家谈到，每次学习都有不同的感受，但是这次参观教育感触更深。兼职仪器设备管理员大多数都是大学毕业和硕士毕业后应聘到中国食品药品检定研究院工作的年轻同志，他们谈到：我们的工作岗位选择了药检事业，就要为人民的用药安全负责，党和国家以及我们的父母培养我们不容易，我们要珍惜现在的工作和家庭幸福生活，决不能为了蝇头小利而断送了我们的美好前程。

纪委书记张永华告诫大家：要做明白人，明白自己是一个公职人员，人民的用药安全与我们的工作息息相关。明白自己有家庭，不要攀比，不存侥幸，不要为企业的一点小利失去自己做人的尊严。

纪委组织全院教育活动

2011 年 7 月 ~ 9 月，纪委监察室组织全院 750 余名在职职工分 12 次到北京市廉政教育基地进行现场学习。在各部门高度重视、积极组织、充分配合下，廉政教育专题活动有声有色的开展着，职工们都很认同这种教育方式，对教育基地中展示的案例都有不同的感受，表示要珍惜眼前的工作和生活，正确处理好名利、是非关系，做好自己应该做的事，不该做的坚决不做。

廉政谈话会议

2011 年 10 月 14 日中国食品药品检定研究院召开全体中层以上干部大会。大会宣布机构编制的 26 个职能部门，聘任 49 个中层干部。并对参加会议的全体中层以上干部进行集体谈话。

纪委书记张永华在会上谈了三点：①任职走上了新的岗位，怎么把本部门的工作做好，提醒大家要两手抓，两手都要硬，对于廉政建设工作要真抓，要有新思路。②干部自身的廉洁自律，本身要带头做好是做好工作的关键。③抓好班子建设，树立正风，工作要有民主意识，做到公开公正这是保证廉洁的重要环节。

院长李云龙在讲话中谈到廉政建设时强调，在抓好各单位工作的同时，同样要抓好廉政建设。要科学管理好本单位的工作，一要靠制度，各单位抓好制度建设，按规矩办事。二要靠好的机制。三要靠落实，对于上级的工作安排，制度的执行都要有一个严格的执行力。

2011 年 10 月 17 日和 10 月 28 日纪委书记张永华分别与今年中国食品药品检定研究院全球招聘的四个科室主任何兰、袁宝珠、李玉华、汪巨峰分别进行了廉政谈话。谈话中介绍了中国食品药品检定研究院廉政建设情况，重点强调一岗双责和做到廉洁自律是抓好本部门廉政建设的关键。

创新工作模式开展动态监控管理

2011 年纪委对重点部门、关键岗位的监控列入工作重点，拟定动态监控实施方案，在院党委指导下，纪委书记带领纪委监察室形成监控小组，监控小组深入到部门了解和掌握廉政建设情况，共同分析存在的风险、探讨防控措施，通过深入部门，调阅部门学习记录，与党员群众、岗位负责人开展座谈，了解部门基本情况及对院内各项制度的执行情况，座谈部门的工作状况，包括工作中存在的问题、遇到的困难和矛盾。通过动态监控，发挥廉政风险预警、采取有针对性的防范措施的作用。在各部门的大力支持配合下，完成了 17 个一级风险部门 20 个部门负责人动态监控工作。

编制职权目录，绘制权力运行图

根据中国食品药品检定研究院 2011 年廉政建设工作安排，对检验检测、财务管理、人事任免、监督抽验（质量公告草拟工作权利运行图、国家抽样计划拟定工作权利运行图）、基本建设、设备采购等六大项工作进行权力运行分析，完成了 7 项重点工作的权力运行图。

纪委编辑“药检人道德准则一到十”

一颗为民心——为国把关为民尽责是药检人的职责，在岗位上建功立业，在岗位上创先争优。

两副责任担——一岗双责：工作责任和廉政、廉洁责任。

三观牢固树——世界观、人生观、价值观。

四自要常温——自重、自省、自警、自励。

五方需敬畏——法律、职业、权力、人民、亲人。

六项不可为——以权谋私不可为、不义之财不可取、不当之利不能要、不正之友不能交、心存侥幸不可有、黄赌毒迷不能沾。

七帐要算清——一算政治帐—不要自毁前程、二算经济帐—不要倾家荡产、三算名誉帐—不要身败名裂、四算家庭帐—不要妻离子散、五算亲情帐—不要众亲蒙羞、六算自由帐—不要身陷囹圄、七算健康帐—不要心身交瘁。

八条禁止令——国家食品药品监督管理局八条禁止令。

九要常做到——党性锻炼要常想、廉政警钟要长鸣、党纪政纪要遵守、文化修养要持久、读书学习要经常、做人做事要诚信、勤俭节约要随时、锻炼身体要坚持、要事大事要关注。

要做十种人——廉洁高尚人、遵纪守法人、谦虚正派人、文明教养人、自信自强人、负责守信人、勤学创新人、宽宏大度人、团结合作人、乐观健康人。

廉政制度建设进一步加强

为进一步加强党风廉政建设工作，根据中共中央国务院发布的《关于实行党风廉政建设责任制的规定》及“三重一大”决策制度，中国食品药品检定研究院研究制定了《“三重一大”决策实施办法（试行）》和《党风廉政建设责任制实施办法（试行）》经党委会讨论通过；为了明确实施风险防控的措施和要求制定了《廉政考核办法》，把廉政考核制度化，以促进各级领导干部加强廉洁自律和积极履行党风廉政责任。

党建工作

组织建设

截至2011年底，全院党员共555人，其中在职党员335人。全年发展党员11名，预备党员转正14人。选派3名党员干部到中央党校学习。组织17名同志参加卫生部积极分子培训班，系统接受党的基本知识、政治理论以及党史的教育。

中检院党委授予第一党支部等6个基层党支部“先进党支部”称号；授予成双红等50名同志“优秀共产党员”称号，授予柴玉生等20名同志“优秀党务工作者”称号。

党建工作会议

2011年4月21日下午，中检院召开党建工作会议。会议由党委书记李云龙主持。纪委书记张永华同志传达了上级会议精神，党委副书记丁丽霞总结了2010年党建工作，布署了2011年党建工作的主要任务。第五支部书记、第十支部和第四支部党员示范岗代表作典型发言。党委委员、院领导、支部委员和中层领导干部共105人参加会议。

李云龙强调，加强党建工作要在三个方面“六个字”上做文章下功夫。一是在“围绕”上做文章下功夫，就是要紧紧围绕中心工作，围绕检验检测事业的科学发展上用气力；二是在“示范”上做文章下功夫，就是要发挥好党组织的先进性作用，发挥好领导干部示范引领作用，发挥好党员的模范带头作用。三是在“安全”上做文章下功夫。就是要在单位稳定、行政管理、检验检测、党风廉政建设等方面保证不出问题，保证健康工作健康生活的工作环境。

李云龙要求，传达贯彻会议精神可以分两步：第一步，各支部要结合今年党建工作的目标任务，研究制定本支部党建工作的计划；第二步，召开支部党员大会在传达学习院党建会议精神的基础上，通报本支部党建工作计划。并要求各支部要把会议精神学习领会好，把本支部党建工作计划制定好，结合业务工作，把做好党建工作的措施落实好，真正达到统一认识，明确重点，理清思路，总结经验，改进工作，促进落实的目的，以优异成绩迎接建党90周年。

国家局直属机关第三次党代表大会代表推荐选举工作

院党委对出席国家局直属机关第三次党代表推荐选举工作高度重视。2011年9月26日召开了支部书记参加的党委扩大会进行部署，各支部分别召开了党员大会，选举了60名代表候选人预备人选，10月18日组织召开党员代表大会差额选举了51名代表，出席10月23日国家局直属机关召开的第三次党代表大会。

庆祝建党90周年主题歌会暨“两优一先”表彰大会

2011年7月1日，中检院隆重举行庆祝建党90周年主题歌会暨“两优一先”表彰大会，通过歌唱红歌、回顾历史，表彰先进、学习模范的形式，热烈庆祝中国共产党90周岁华诞。国家局直属机关纪委书记冯俊钢，全体院领导出席大会。受表彰的先进基层党支部、优秀共产党员、优秀党务工作者，以及各支部主题歌会演出人员约350人参加了大会。

会上，党委书记、院长李云龙发表了热情洋溢的致辞，热情讴歌了党90年来的丰功伟绩，回顾了在党中央、国务院的正确领导下，在国家局党组的坚强领导下，我国食品药品监管事业取得了巨大成绩，为保障公众饮食用药安全做出了突出贡献。李云龙指出，中检院改革发展取得的成绩，正是党领导的中国特色社会主义事业的伟大成就在食品药品监管领域的生动写照。面对新形势新任务，面对难得的发展机遇，广大食品药品检验检测职工要在院党委的领导下，深入贯彻落实科学发展观，大力践行科学监管理念，为实现“国内领先、国际一流”的发展目标，为保障公众饮食用药安全而继续努力奋斗！

主题歌会以党旗颂为主题，分为革命烽火、全面建设、繁荣复兴三个篇章。通过一曲曲红歌的深情歌唱，大家重温了中国共产党走过的90年的光辉历程，并用歌声表达了对党和人民的爱。各党支部根据指定曲目周密组织、精心排练，呈现了一场精彩的主题歌会。全体院领导共同唱起了《打靶归来》、《团结就是力量》，将整场主题歌会推向高潮。

大会同时还表彰了院“两优一先”先进个人和集体，向50名优秀共产党员、20名优秀党务工作者、6个先进基层党支部进行了颁奖。最后，大会在《没有共产党就没有新中国》的全场大合唱中圆满落下帷幕。

“学党史、知党情、听党话、跟党走”主题教育系列活动

结合建党90周年，在党支部和广大党员中开展主题系列活动。组织开展庆祝建党90周年征文活动，党委理论中心组成员及全院党员干部、入党积极分子分13批次赴革命圣地和纪念馆等红色教育基地开展革命传统教育活动。组织550名党员观看了建党伟业影片，327名党员观看了复兴之路展览。召开“学习史俊琴精神”大讨论活动，邀请离退休老党员傅兴治同志为新入院的党员职工进行“中国药检”精神等八个一系列教育活动。通过回顾党的成就、学习党史、进行小竞赛、小讨论等形式，对党员普遍进行党性教育，增进了团结，凝聚了人心，营造了团结和谐工作氛围。

统战工作

截至2011年底，中检院现有九三学社、农工民主党、国民党革命委员会、民主建国会、民主同盟会和致公党等六个民主党派成员76人，九三学社和农工民主党在院内建立了基层支部。在院党委的领导下，不断发挥民主党派的监督作用。协助各民主党派进行换届改选工作，大力支

持民主党派开展有意义的活动，提供民主党派必要的组织经费保证。广泛征求民主党派的意见，探讨研究影响科学发展中存在的问题和因素，为党委科学决策提供依据。

王钢力被九三学社北京市委授予九三学社北京市委员会2010创优争先活动优秀社员、九三学社北京市委员会2011创优争先活动突出贡献奖称号。王春荣、郭玮被农工党北京市委授予2009－2010年度农工党北京市优秀党员称号。

工会工作

维护员工切身利益，增强职工凝聚力。不断完善职工代表大会制度，充分发挥职代会的作用，让职工代表参政议政、参与院内的民主管理工作，组织职代会参与干部竞聘等院内重大事项。本着“群众利益无小事”的理念，关心职工生活，认真解决职工关切和迫切需要解决的问题，时时刻刻关心职工的疾苦。做到两务必访，一是遇到职工去逝必访，二是职工生大病住院必访。每逢元旦、春节走访慰问困难职工，送上慰问品、慰问金共计13600元。为全院286名职工独生子女补助医药费57200元。响应号召，积极社会捐助活动。积极组织职工参与“送温暖 献爱心”社会捐助活动，共募集资金4117元。

开展丰富多彩的文体活动，陶冶职工情操。举办两场迎新春联欢会，用多种艺术形式歌唱对党、祖国和生活的热爱。正月十五组织了猜谜活动，“三八”节期间，采取多种不同的方式为女职工祝贺节日，邀请北京友谊医院林青主任医师做了专题讲座，为女职工购买节日礼品。组织职工“神堂峪”春游踏青活动，举办十一趣味运动会、羽毛球赛、职工钓鱼等活动。

“七一”前夕，组织建党90周年书画、摄影展。配合党办组织中检院建党90周年暨两优一先表彰大会，并组织80人合唱团参加国家局庆祝建党90周年演出活动。组织参加中央国家机关网球比赛两次，获得第一名及第三名的好成绩。通过这些活动的开展，增强了职工的团队精神和凝聚力，活跃了职工的文化生活，进了全民健身运动的开展。

共青团及青年工作

增强理论学习，强化理论武装。定期向团员青年推荐相关阅读材料，强化团员青年政治理论水平。召开以“弘扬五四精神，青春奉献药检”为主题的纪念“五四”青年座谈会，号召团员青年立足岗位，将创先争优活动精神融入到检验检测的工作中。参加国家局团委举办的“我读红色经典”征文活动。中检院团委获得优秀组织奖。食品药品技术监督所郝擎同志撰写的文章获得“我读红色经典”征文一等奖，宋光西、申幸娇撰写的文章获得优秀奖。

围绕中心工作，开展团青活动。与人事教育处共同举办创新能力和文化建设讲座，组织全院共青团员、28岁以下青年及2011年新入职员工聆听党委书记、院长李云龙关于《创新检验能力建设》、《用文化力创造单位生机》的系列讲座。

推先进，树典型。通过基层选拔推荐，经国家局直属机关团委评选，院团委被授予“国家食品药品监督管理局直属机关2009－2011年度五四红旗团组织”称号，陶磊、关皓月同志被授予“国家食品药品监督管理局直属机关2009－2011年度优秀共青团员”称号，赵晨、高华同志被授予“国家食品药品监督管理局直属机关优秀共青团干部”称号。

举办第三届青年专业外语大赛

为创建学习型团组织，加强食品药品检验检测能力建设，提高青年职工专业外语水平，进一步促进全国药检系统青年团员沟通和交流，中检院于2011年10月20日举办第三届青年专业外语大赛决赛及颁奖仪式。院长王佑春向大赛致辞。院长李云龙，纪委书记张永华，国家局直属机关团委书记安抚东及国家局国际合作司青年评委出席颁奖仪式。

本届青年专业外语大赛，通过预赛对选手听力、阅读理解、专业翻译、即兴阐述四个方面的考核，最终从中检院27名选手和各兄弟药检所56名选手中，各选拔9名成绩优异者参加决赛。评委从专业翻译、即兴阐述、语言能力、舞台表现四个方面对选手现场进行打分。随后，选手们通过抢答用英语回答了食品药品检验检测工作的相关考题。经过激烈的角逐，中检院和各兄弟药检所的选手各决出一等奖一名，二等奖三名，三等奖五名。

院长李云龙作重要讲话。他指出，近年来，中检院从战略高度来认识国际交流与合作，提出并全力贯彻“合作促进提高”的发展战略，国际交流的步伐越来越快，有力地促进了检验检测工作。青年是中检院以及全国药检系统的希望群体，作为检验检测队伍的后备军，要树立国际视野，不断提高自身能力，努力提高专业外语水平，积极争当专业外语人才。各单位各部门要着眼于大局、着眼于未来，要建立和推动专业外语学习的机制，鼓励和支持中青年职工开展外语学习，尤其是专业外语的学习，推动食品药品检验检测工作的开展。

在颁奖仪式上，全体参赛人员观看中检院英文版宣传片。比赛在全场人员共同唱响《中国药检之歌》的歌声中圆满落幕。本届青年外语大赛的开展，切实达到了展示自我、沟通交流、促进学习、提高水平的良好效果。

第十三部分　人事与教育

机构设置与人员管理

2011年12月，正式印发中国食品药品检定研究院医疗器械检定所、实验动物资源研究所、食品药品安全评价研究所、食品化妆品检定所4个内设机构的主要职责内设机构和人员编制规定的通知。

截至2011年底，中国食品药品检定研究院正式在编人员797人。人事教育处管理的编外聘用人员209人，其中派遣人员161人，返聘人员48人。

国家食品药品监督管理局党组2011年12月30日研究决定：免去丁丽霞中国食品药品检定研究院党委副书记职务。

中层领导干部的选拔和调整

2011年，中国食品药品检定研究院继续探索创新领导干部选拔任用机制，完善制度，坚持公开、平等、竞争、择优的原则选拔任用领导干部。2011年提拔中层干部1名（副处级），平级交流干部5人次，京外调干1名（副处级），国家食品药品监督管理局推荐援疆挂职干部一名（副处级）。

职务职称晋升

报送中国食品药品检定研究院2名同志参加2011年出版专业高级职称评审申报材料。

受国家食品药品监督管理局人事司委托，中国食品药品检定研究院起草《国家食品药品监督管理局在京直属单位专业技术职务评审工作暂行办法》。协助国家食品药品监督管理局组织2011年度高级专业技术职务任职资格评审工作，以及中级专业技术职务资格评审工作。中国食品药品检定研究院共有14人获得了正高级专业技术职务资格，52人获得副高级专业技术职务资格，6人获得中级专业技术职务资格。

组织中国食品药品检定研究院2011年一般行政职务晋升工作，10人晋升主任科员，1人晋升副主任科员。

2011年公开招聘

根据国家食品药品监督管理局人事司《关于开展2011年度公开招聘工作的通知》（食药监人函［2011］19号）的精神，中国食品药品检定研究院于4月14日~5月30日组织2011年的公开招聘工作。经过发布信息、接收简历、资格审查、笔试和面试等程序，经2011年第20次院长办公会研究决定，2011年共接收应届毕业生及社会在职人员42名，其中博士研究生13人、硕士研究生20人，大学本科生9人。

为进一步做好人才发展工作，全面提升检验检测创新能力和水平，促进中国食品药品检定研究院成为“国际一流、国内领先”的检验检测权威机构，经国家食品药品监督管理局人事司批准，面向国内外公开招聘化学药品室负责人、细胞室负责人、血液制品室负责人、国家药物安全评价检测中心负责人高层次专业技术人才。经过发布信息、接收简历、资格审查和面试等程序，并经报请国家食品药品监督管理局人事司批准，正式聘用何兰、袁宝珠、李玉华、汪巨峰为以上四部门负责人。

职工人才培训

中国食品药品检定研究院人事处制定了2011年培训计划，加强职工的业务能力、综合素质等方面的培训工作。在培训工作中，注重协助组织与管理培训班开展情况，对培训内容在工作中的应用情况以及培训效果开展评估。主要工作如下：

组织赴扬子江药业集团和兰州生物制品研究所各两期实训班，分别派出14名药品检验人员和14名生物制品检验人员参加培训。通过了解药品、生物制品的生产工艺流程，提高检验检测过程中发现、分析和解决问题的能力。

组织2011年新入所员工入职培训，培训分为专业技能培训、综合能力培训、消防安全培训三个方面。经过培训，新员工得以快速适应工作环境、增强专业技术水平。

按照《质量手册》要求，对新进入检验检测岗位工作人员实行考核，考核合格后颁发上岗证方可独立从事检验检测工作。2011年共有11人取得上岗证。

与实验动物资源研究所共同组织实验动物从业人员上岗培训，194人参加培训，全部获得实验动物从业人员上岗证书。

2011年共派出9人赴泰国生物制品检定所、英国国家生物制品检定所、美国麻萨诸塞州大学医学院基因治疗中心、日本爱媛大学等机构培训进修。

研究生管理

2011年，按照教育部的有关文件精神，成立研究生复试工作领导小组，集体对达到中检院复试分数线的32名考生进行复试评分，招收硕士研究生18人。对研究生管理工作主要有如下几个方面：

教务工作：针对2011级研究生的选课情况并按照专业研究方向进行适时调整，同时做好新生的入学教育工作。安排2009级研究生开题报告及培养计划等有关工作，组织科室对研究生进行考评，开题报告2次，18人进行了开题报告。布置2008级研究生毕业答辩及答辩申请等有关工作，共组织研究生答辩6次，毕业15人。

研究生宿舍管理：毕业研究生15人，按时搬出研究生宿舍。2011年安排18名新生的住宿。及时解决研究生的生活问题及宿舍硬件的报修工作，为研究生提供良好的生活条件。

研究生活动安排：2011年组织2009和2010级研究生，到山西省学习，进行爱国主义教育。不定期召开研究生会议，随时了解研究生学习、生活等情况，协调解决有关问题。组织学生勤工俭学，帮助标准品室做一些力所能及的工作。

数据库汇总：根据上级和有关文件要求，上报毕业生数据库、学位数据库、研究生报考考试成绩库、复试数据库、新生录取数据库、新生报到数据库、2012研究生准考数据库。

人才资助项目申报

组织2011年度留学人员科技活动项目择优资助申请工作，中国食品药品检定研究院张双庆、徐潇、张琪、罗飞亚4名同志符合条件并报名参加，向人社部提交科研项目资助申请。

组织第十二届中国青年科技奖候选人选拔与推荐工作，确定高凯、王钢力、霍艳三名同志作为中国食品药品检定研究院第十二届中国青年科技奖候选人，向国家食品药品监督管理局人事司报送申报材料。

组织青年拔尖人才支持计划申报工作，向国家食品药品监督管理局人事司报送曹守春等8人申报材料。

2011年人事奖惩

表彰2010年度中国食品药品检定研究院先进集体和先进个人。

组织表彰在“塑化剂”应急检验表现突出的集体和个人，药品检验处获得“集体突出贡献奖”，院长办公室等11个部门获得“集体贡献奖”，王岩等6名同志获得“个人突出贡献奖”，金少鸿等33名同志获得“个人贡献奖”。

组织进行人社部2011年度留学人员科技活动项目择优资助申请，其中张双庆、徐潇各获得8万和3万元项目资金。

组织博士后科学基金面上资助申报工作，其中余传飞、刘静分别获得10万和3万元资金资助。

对中国食品药品检定研究院违法违纪人员做出了处分决定。

第十四部分　条件保障

迁建项目

2011 年，迁址建设项目在院领导及各所、处（室）、中心的支持下，各项工作按照计划，整体有序向前推进，完成了年内计划任务，实现“东区结构封顶、西区开工建设”预期目标。

工程进展

2011 年东区工程主体结构通过验收。完成勘察放线、地基处理工程、土方开挖、基础工程和主体结构工程施工，食堂、教学楼、公寓楼和动力中心主体结构通过质量监督部门验收。西区工程完成施工图设计，通过各级审核。完成建筑、结构、给排水、空调通风、电力、自动化、热力等七个专业的施工图，按单体、分专业完成图纸会审，通过各体系、院长办公会、国家食品药品监督管理局在京办和市勘察设计管理处审查。地下通道取得《规划许可证》并通过施工图设计审查、消防设计审查工作。通过竞争性谈判方式与西区相同的施工总承包单位与工程监理单位，签订合同。

资金管理

2011 年支付东区工程进度款 608 万元；西区工程预付款 8041 万元；西区工程监理预付款 77 万元；支付工程设计费 420 万元；地基处理设计费 26 万元；招标交易服务费 34 万元；律师费 10 万元；预缴墙体材料和散装水泥专项基金 108 万元；建设单位管理费 144 万元；其他待摊 533 万元；全年累计支出 10001 万元。

后勤保障

2011 年，后勤服务中心起草《中国食品药品检定研究院招标代理机构管理办法》和《中国食品药品检定研究院管理 SOP—招投标工作流程》，完成食品、化妆品检测中心实验室仪器设备采购招标结果的审议和复议工作。制定了 14 项规章制度和迁建项目《工作手册》。完成 50 卷 1147 册基建档案资料的搜集整理。完成 5362 台（套），近 7 亿元资金的国产、进口仪器设备集中招标采购任务。23 个省、市的药检所全部与中标商签订了采购合同，所购仪器设备基本到位。16 个口岸所实验室改造和仪器设备资金到位 24689 万元，占总计划投资的 88%。实验室改造完成主体施工 2 个，在建项目 9 个，未开工的项目 3 个。

后勤服务中心明确领导分工，规范 7 个内设部门的名称和职责（综合科、房管科、供应科、膳食科、运行科、医务室、汽车队），调整各部门的临时负责人，理顺奖金分配机制，调动了大家的积极性，增强凝聚力。

2011 年，后勤服务中心发布规章制度 4 个，发布部门 SOP 34 个，印制呈批件、会议纪要等制式报批呈阅纸 9 种；用制度规范大家行为，按程序办事。做到：项目有批示，工作有程序，比选有方案，验收有把关。

食堂改制

为解决食堂管理工作中的人员管理风险、浪费现象严重、供餐质量偏低、管理水平不高等问题，从 4 月 6 日起食堂进行改革，职工工作餐实行零点制，人员服务部分外包，提供工作餐、早餐、接待餐、值班餐等业务。同时进行主副食外卖、生活用品外卖等服务。早餐要求主食4～6种，稀食4～6种，点心、副食6～8种，小菜4～6种；工作餐要求热菜8种，主食5种，汤粥各1种；接待餐要求达到标准要求。改制后，劳动用工规范、浪费现象遏制、服务质量提高、用餐品种花样增多、职工满意度提高。

电力保障

近几年随着检定业务的不断发展，基础设施及保障条件要求不断提高，配电室设备严重超负荷运行。配电室的两台1250KVA的变压器，每台二次输出额定电流1800A，高峰时超出额定电流2000安培，如不及时采取措施，极易产生变配电室烧毁的恶性事件。考虑面临迁址，且增容成本过高，采用节能减排措施保障我院夏季高峰用电（花费少、可行、具有操作性）。措施：1. 停购空调、冰箱、冷库等用电负荷大的仪器设备。2. 对院内965台空调中的办公用空调进行统一控制。3. 冷库、冰箱、冰柜关停并转。4. 对院内现用大功率电器、公共场所空调进行清理。对院内暂住有关人员、非正常住户进行清理。5. 在七八月份电高峰期，统筹安排全院职工集中休假。6. 院办、党办、纪检等全程参与，监督，加强执行力，保证了方案真正落到实处。

固定资产清查

1. 全院办公家具14120件。

2. 院内地形图及房屋面积的测绘：精准测得全院总面积39246.39㎡；绘制了1∶500全院地形图、院内房屋平面图。

3. 调整院内部分办公实验用房：增加办公用房32.40㎡，调整办公实验用房55间1825.85㎡，其中调整增加实验用房1142.65㎡。

4. 院房产清查，对非正常住户清理。

现场认证

计量认证粉饰药检楼、生检楼、综合楼房间91间，12356㎡；食化品化妆品检验楼恒温恒湿改造项目、实验室调整达到认证要求；光基电检测室21间改造，835.14㎡；实验耗材验收、质量溯源、供应商评价；医疗废弃物处理61984kg、废试剂9698kg。

安全保障

安全保卫工作及制度建设

安保处制定并完善中国食品药品检定研究院《人员进出管理制度》，规范外来人员预约接待制度，实现外来人员来访预约和中国食品药品检定研究院人员加班申请在内网综合办公平台办理，简化流程，提高办事效率。

建立电子巡更系统，包括院内和实验动物资源中心，完善对保安员巡检工作的监督，确保八小时以外的安全。

组织完成辐射安全许可证的扩项换证和放射药品库的换证验收，对放射药品库的监控系统按照公安部门的要求重新改造，并进行数据实时上传，进一步增强了对放射药品库的有效监控。

在北京市公安局内保局和院领导的支持下，内保局在中国食品药品检定研究院设置警务工作室，进一步确保人员、财产的安全以及工作生活秩序的正规有序。

实验室安全管理

安保处负责组织第四版《实验室安全手册》的修订工作，对管理机构和理化实验室的安全管理进行了重大修订，11月15日已颁布执行。

建立实验室生物安全设施的巡检维护制度，对巡检中发现的问题及科室报修问题及时维修，全力保障实验室的安全正常使用。截至2011年底，全院共装备生物安全柜达82台，全院共有生物安全实验室的科室达到16个，共有48套，分布于食化、中药、化药、生检、医疗器械和实验室动物等6个体系。

仪器设备管理

2011年设备维修报废统计

2011年，设备处规范仪器设备维修保养合同，采用经律师审核并上报院领导批准的统一制式合同版本。大型精密仪器设备维保合同采用全院统一洽谈、集中购买，提高优惠率，节省资金；其他仪器设备维修原则上采用厂家维修站直接维修。空调集中维保服务商采取比选方式产生，日常维修采取筛选方式选择入围，规范仪器设备维修保养秩序。全年维修仪器设备393台（次），制冷设备维护维修833台（次）。仪器设备采购完成738台套仪器设备的采购。报废仪器设备189台（套）。

实验室仪器设备状态管理

实验室仪器设备状态管理是质量管理的基础，设备处重新设计制作实验室仪器设备操作记录夹、仪器设备使用维护记录、温度湿度记录和状态标识，规范各类标识的粘贴位置。经化学药品室试点取得成功，确定2012年第一季度开始在全院推广，确保仪器设备运行正常高效。

固定资产管理系统正式运行

2009年9月开始，仪器设备处开发资产管理系统软件平台，对固定资产的仪器设备开展清查，采用二维条形码对仪器设备资产进行标识，账、卡、物相符，实现固定资产生命周期和使用状态的全程跟踪。2010年，固定资产资产管理系统逐步开发、测试，解决日常办公、资产管理、业务管理需求，实现即时沟通、数据共享、移动办公。

2011年1月，固定资产管理系统正式运行，该系统的功能包括：仪器设备购置（年度计划和应急）申请及审批、维保及审批、共享申请及审批、计量状态管理、处置申请及审批、档案管理、查询和统计等。固定资产资产管理系统实现仪器设备理信息化和网络化管理，使中国食品药品检定研究院仪器设备管理工作走向科学化和规范化。

全国药检系统仪器设备管理工作座谈会

2011年9月22日~23日，全国药检系统仪器设备管理工作座谈会在四川省成都市召开。会议由中国食品药品检定研究院主办，四川省食品药品检验所承办。国家食品药品监督管理局局办公室副主任王三虎、发展规划处副处长孙继龙，中检院副院长邹健、仪器设备管理处处长陈为，四川省食品药品监督管理副局长局魏夕和出席会议。全国各省、直辖市、计划单列市、总后、武警及口岸药检机构的负责人及业务工作负责人，共计90余人参加会议。

会议要求各单位完成药检系统“十一五”规划所有项目任务，为药检系统“十二五”规划项目申报和执行做准备工作；起草中西部药检所仪器设备配置项目验收方案；布置口岸药检所实验室改造及仪器设备配置项目；加紧食品药品监管系统资源管理平台建设。

北京、广东、江苏、四川、深圳药检所代表分别介绍仪器设备管理经验。会议围绕中西部药检所仪器设备配置项目、口岸药检所实验室改造及仪器设备配置项目、药检系统仪器设备管理工作3个主题进行探讨，与会代表对提高仪器设备管理提出了意见和建议。

第十五部分　大事记

中检院2011年大事记

1月4日

中检院固定资产管理系统软件正式运行。

1月6日

院学术委员会组织全院科技评优活动，推荐出21个参与全院的评优。院领导、学术委员会全体成员以及部分职工代表共150余人参加了活动。北京市食药检所、天津市食药检所、总后卫生部药品仪器检验所和武警部队药品仪器检验所派代表参加。

1月17日

金少鸿研究员应国际过程分析技术和控制论坛邀请，作为25年来第一位来自中国被邀请参加该论坛年会的讲演者赴美国参加国际过程分析技术和控制论坛2011年年会，并作题为“药品移动实验室在中国基层地区对上市后药品监督的作用”的报告。期间金少鸿研究员应美国FDA邀请与美国药品评价研究中心（CDER）的药品检验和药品市场监督技术人员就双方药品快速检测技术的研究、应用及合作前景进行了座谈并应邀作了中国药品移动实验室简要介绍。为期6天。

院长办公会议研究并征得食品药品监管局人事司同意，决定聘任曹洪杰为计划财务处副处长。聘期3年。（中检人〔2011〕2号）

1月18日

2011年全国食品药品医疗器械检验工作会议在京召开。院长李云龙及院全体领导班子成员出席会议，副院长王军志主持开幕式。各省、自治区、直辖市、计划单列市、副省级省会城市（食品）药品检验所，各口岸药品检验所，总后、武警药品检验所，各有关医疗器械检验检测机构党委书记、所长，部分曾经工作在检验检测领导岗位并做出重要贡献的老书记、老所长及中国食品药品检定研究院主要职能部门和业务体系负责同志参加会议。为期2天。

1月25日

何莉、张洁、张华捷和刘欣玉应泰国公共卫生部医学科学局生物制品研究所邀请赴泰国参加生物制品批签发管理培训。为期6天。

2月1日

黄宝斌助理研究员延长借调到世界卫生组织驻华代表处工作任期，担任WHO药品国家项目官员。聘期为2011年2月1日至2013年2月10日。

中检院被食品药品监管局创先争优活动领导小组办公室授予“创先争优我先行”主题知识竞赛组织优胜奖，李珊珊等7人授予“创先争优我先行”主题知识竞赛个人优胜奖。（食药监机党〔2011〕4号）

2月15日

中检院梁争论等完成的“乙型肝炎疫苗免疫策略和免疫效果评价研究”项目获2009年北京市三等奖（京政发〔2011〕7号）。

2月16日

院学术委员会组织2009年立项的中青年发展研究基金课题结题验收会，对首批立项的15个中青年发展研究基金课题进行了验收，14个课题顺利通过验收。1个课题因未完成任务书中规定的考核指标，未通过结题验收。

2月17日

院学术委员会组织2009年立项的中青年发展研究基金课题验收会，对首批立项的9个中青年发展研究基金课题进行了验收，9个课题均顺利通过验收。

2月18日

在科技部举行的2011年全国科技工作会议上，中检院获“十一五”国家科技计划执行优秀团队奖。重组戊型肝炎疫苗三期临床研究团队获得科技部“十一五”国家科技计划执行优秀团队奖。李冠民获“十一五”国家科技计划组织管理突出贡献奖。

2月21日

召开2010年总结表彰大会。全体院领导出席会议，全院职工及返聘同志参加会议。党委书记、院长李云龙代表院党委和行政班子讲话，副院长王军志主持。公布表彰2010年度先进集体和先进个人的决定、公布2010年度科技评优工作的通知。院领导为15个先进集体、58位先进个人及20位科技评优获奖者颁发了证书。（中检人〔2011〕10号）

2月25日

中央国家机关妇女工作委员会授予南楠“中央国家机关巾帼建功先进个人”荣誉称号。（国妇工发〔2011〕2号）

2011年药品医疗器械抽验工作会议在京召开。会议对2010年国家药品和医疗器械抽验工作进行了总结，对2011年工作进行了详细部署。全国31个省（区、市）食品药品监管局、40个药检所、10个国家医疗器械检验中心和6个省级医疗器械检验单位、药品包装材料检验机构负责人等，共计87个单位150余名代表参加了会议。食品药品监管局稽查局局长王立丰作了重要讲话。为期2天。

3月3日

召开党委会，讨论并原则通过了《院主要职责、内设机构及人员编制》。

3月6日

副院长王军志作为美国药典委员会生物制品总论专家委员会委员应USP邀请赴美国参加USP生物制品检验专家委员会会议。副院长王军志提出的“用于细胞治疗的生长因子的种类有多种，只介绍rhIL-4还不全面，所以建议增加品种这样使这一部分内容具有参考意义”被采纳。为期5天。

3月9日

党委副书记丁丽霞主持接待来访的农业部考察团，美国农业部国家食品及农业研究所戴马纳·拉姆基山·罗、美国华特迪士尼乐园维纳萨·克莱福特、中国农业部国际合作司林罗庚食品安全管理体系考察团一行3人。双方就食品安全管理的标准和技术进行了交流，并探讨了进一步进行技术交流合作的相关事宜。

3月11日

院长办公会议研究决定：聘任杨化新为药品检验处处长，解聘其中国药品生物制品标准化研究中心常务副主任职务；同意张启明辞去药品检验处处长职务；解聘陈月其行政处处长职务（保留正处级），另有任用。（中检人〔2011〕17号）

3月14日

协助食品药品监管局稽查局在杭州市召开2011年国家药品评价抽验及业务人员培训会。中检院和各省、自治区、直辖市（食品）药品检验所，大连、武汉、青岛、厦门、深圳、宁波、广州、西安市药品检验所，北京市药用包装材料检验所，解放军总后卫生部药品仪器检验所的抽样及业务负责人员，共计190余名代表参加了会议。为期2天。

3月15日

“国家药品标准物质管理系统”内网正式运行。（院办〔2011〕8号）

3月16日

受食品药品监管局委托，食品药品监管局和巴西卫生监督局双边会议在中检院举行。院长李云龙对巴西卫生监督局巴尔巴诺局长一行12人表示热烈欢迎并向外宾介绍了中检院工作职能。院长李云龙和食品药品监管局国际合作司副司长丁建华分别主持此次会议。食品药品监管局药品安全监管司颜敏副司长和稽查局副局长崔恩学分别就中国药品生物制品上市后监管、GMP 检查、中国药品生物制品打假情况等作大会报告。巴方就巴西药品生物制品上市后监管、GMP 检查、巴西卫生监督局药品生物制品打假方面的情况进行了介绍。副院长王军志及中检院相关部门负责人参加了会议。

食品药品监管局创先争优活动领导小组办公室授予病毒三室、药用辅料与包材室局直属机关第一批创先争优示范岗“集体示范岗”称号，授予院长办公室收检办局直属机关第一批创先争优示范岗“青年集体示范岗”称号。（食药监机党〔2011〕14 号）

3 月 17 日

贺争鸣和岳秉飞被科学技术部聘为国家实验动物专家委员会副主任委员和委员。

3 月 21 日

副院长王佑春、黄维金和聂建辉应国际艾滋病疫苗行动组织人类免疫学实验室邀请赴英国对国际艾滋病疫苗行动组织人类免疫学实验室进行学术交流。副院长王佑春分别介绍了我国艾滋病疫苗的研究进展及中检院的情况，并就中检院开展艾滋病疫苗临床试验检测的方法学验证和协作标定工作做会议交流报告。为期 6 天。

3 月 23 日

取得迁建项目综合业务楼等 16 项（西区工程）的《建筑工程规划许可证》［2011 规（大）建字 0030 号］。

3 月 25 日

向食品药品监管局上报《关于中国食品药品检定研究院迁址建设项目周边土地预留情况的报告》（中检办〔2011〕469 号）。

3 月

与北京百奥赛图基因生物技术有限公司签署合作研究模式动物协议，由两家单位共同打造模式动物外包服务平台。11 月，第一个基因敲除模式小鼠制作成功。

4 月 2 日

院长办公会议决定：聘任柴玉生为离退休干部管理处处长，解聘其党委办公室主任职务，聘期 3 年。（中检人〔2011〕24 号）

4 月 7 日

化学对照品技术标定培训会在京召开，上海市食品药品检验所、四川省食品药品检验所、安徽省食品药品检验所、武汉市药品检验所等 15 个单位负责化学对照品技术标定的工作人员、中检院化学药品室相关人员及标准物质管理处全体人员，共计 50 余人参加会议。为期 2 天。

由四川省食品药品监管局协办的 2011 年全国药包材监管检验工作会议在成都召开。会议由食品药品监管局注册司综合处处长李茂忠主持，药品注册司杨威稽查专员、四川省局局长刘伟德、副局长陈勇、副院长李波到会并讲话。中检院、国家药典会、食品药品监管局药品审评中心、中国医药包装协会等部门领导以及全国各省、自治区、直辖市食品药品监管局；药品检验所（包括药包材检验机构）的 150 多位代表参加会议。为期 2 天

4 月 10 日

徐苗随卫生部团组应世界卫生组织邀请赴瑞士参加 WHO 共享流感以及获得疫苗和其他利益成员国不限名额工作组会议。为期 8 天。

4 月 13 日

世界卫生组织技术官员 Milan Smid 博士一行 3 人来访并就相关方面的合作进行交流沟通。院长李云龙对 Milan Smid 博士一行的到来表示欢迎，双方就中检院与世卫组织开展溶出度合作的相关事宜进行讨论和沟通。党委副书记丁丽霞、副院长李波、国际合作顾问金少鸿以及相关部门负责人参加了接待。

4 月 15 日

科技部社会发展司组织召开“十一五”国家科技支撑计划项目验收会，组织专家对食品药品监管局为组织部门的项目“药品安全关键技术研究”（下设 7 个课题，其中中检院 2 个课题）进

行全面审核验收。该项目顺利通过专家验收。

4月18日

受副院长李波委托，药品市场监督办公室接待WHO抗疟药品质量控制项目专家Souly Phanouvong博士一行4人，陪同来访的还有食品药品监管局稽查局黄勤副调研员、国际合作司刘艾同志。市场监督办公室向来访的WHO项目专家及项目官员一行简要介绍市场办的基本情况、前期WHO抗疟药质量监测项目执行情况以及药品快速检测技术在药品质量监管工作中的应用情况。Souly Phanouvong博士一行简要介绍此行目的，暨评估将中国纳入湄公河次区域抗疟药及其他抗感染药品质量提高项目的可行性。双方就感兴趣的方面进行深入交流，Souly Phanouvong博士尤其对药品检测车近红外模型的应用和快速检测技术应用情况表示浓厚兴趣，双方围绕将药品快速检测技术纳入此次待评估合作项目的可行性进行了探讨。Souly PHANOUVONG博士一行参观了化学药品室。

安评中心与美国安全药理学会共同在京举办第二届安全药理学国际学术研讨会，邀请10位国际上安全药理专业著名专家来华演讲，演讲题目涉及安全药理专业各个方面，包括安全药理学体外检测方法、QT间期方面的研究、中枢神经系统、心血管系统、呼吸系统、胃肠道和泌尿系统等组合实验内容及实例分析，副院长王佑春、李波到会并讲话。来自全国各省（区）市药检所及相关单位的研究人员109余人参加。为期2天。

4月19日

药品市场监督办相关技术人员陪同WHO抗疟药品质量控制项目专家Souly Phanouvong博士和WHO中国办事处项目官员钱颖峻一行2人赴云南省昆明市和普洱地区进行实地调研评估。双方达成意向。为期3天。

《药物分析杂志》编辑部主办的“第二届全国药品质量分析论坛”在江苏省泰州市召开。论坛由国药励展和泰州中国医药城承办，江苏省食品药品检验所、泰州市食品药品监督管理局协办，参会人员700余人。为期3天。

4月21日

由食品药品监管局医疗器械监管司主办，中检院、江苏省医疗器械检验所承办的2011年医疗器械检测机构比对试验工作会议于在南京召开。经比对试验专家组研讨2011年比对试验，确定了2011年医疗器械检测机构比对试验项目及方案。全国医疗器械检测机构负责人及医疗器械比对试验专家90余人参加会议。为期3天。

确认中国食品药品检定研究院第一批创先争优示范岗。（中检党〔2011〕6号）

4月22日

院长李云龙会见美国药典委员会首席执行官罗杰．威廉姆斯一行4人。双方共同讨论了今后合作计划的组织和框架结构，计划将互派访问学者到对方实验室学习进修，还就今年年底拟举办“第三届中美药典分析方法和技术研讨会”的筹备工作以及药品光谱库的合作方面进行了初步交流。副院长李波及相关部门负责人参加。

4月24日

中检院实验动物管理委员会成立大会在京召开。院长李云龙任委员会主任委员，副院长王佑春任常务副主任委员，中科院院士孟安明、北京市实验动物管理办公室主任李根平和实验动物管理处处长贺争鸣任副主任委员。会议由副院长王佑春主持，外聘专家和中检院有关专家共32位委员参加了会议。

4月25日

举办生物制品质量控制国际先进技术高级研修班。加拿大卫生部疫苗评价中心Michel Girard博士和Terry D. Cyr博士受邀进行授课和实验室培训。培训过程中，院长李云龙和副院长王军志会见了2位专家，对2位专家的来访表示热烈欢迎。生物制品检验体系各科室和生化药品及基因工程药物室相关工作人员共40余人参加了培训。

为期12天。

第一期医疗器械标准化工作培训班在深圳举办。副院长、食品药品监管局医疗器械标准管理中心副主任王云鹤出席培训班开幕式并讲话。各国家级医疗器械检测中心标准化工作人员、22个全国医疗器械标准化技术委员会秘书长及标准起草单位的人员，共计80余人参加。为期5天。

院长办公会议决定：聘任陈蕾为食品药品监管局药品市场监督办公室抽验管理处副处长，解聘其食品药品监管局药品市场监督办公室广告审查处副处长职务，聘期3年。（中检人〔2011〕24号）

5月2日

副院长李波、食品药品监管局稽查局贾建国专员、金少鸿研究员及相关技术人员应欧洲药品质量管理局邀请赴法国对EDQM进行学术访问。马双成作“中国食品药品检定研究院标准物质现状及管理和中药质量控制研究”报告。为期2天。

副院长王佑春应世界卫生组织邀请赴泰国参加首届国家监管机构战略论坛。为期5天。

5月4日

副院长李波、食品药品监管局稽查局贾建国专员、金少鸿研究员及相关技术人员应英国国家生物制品检定所和英国政府化学实验室（LGC）邀请赴英国对英国NIBSC和LGC进行学术访问。马双成作“中国食品药品检定研究院标准物质现状及管理”报告。为期1天。

5月5日

李波副院长、食品药品监管局稽查局贾建国专员、金少鸿研究员及相关技术人员应“第六届国际打击假药论坛”组委会邀请赴英国参加第六届全球打击假药论坛会议。金少鸿研究员作为受邀大会演讲者作题为“药品快检车在中国的成功”的报告。为期2天。

5月12日

安评中心与中国毒理学会质量保证专业委员会在京共同举办第三届全国毒理研究质量保证研讨会。中国合格评定国家认可委员会（CNAS）代表应邀出席并作了《中国认证认可监督管理委员会（CNCA）GLP符合性评价程序》的专题报告，同时与我国其他GLP管理部门及实验室代表进行了深入交流。来自全国各省（区）市药检所及相关单位的研究人员68余人参加。为期2天。

5月13日

主任胡昌勤、冯艳春助理研究员应大会邀请赴南非参加第十五届国际近红外年会。冯艳春助理研究员在大会上以海报的形式展示中检院近两年来应用近红外光谱分析方法进行化学药品生产过程在线分析的最新研究进展。为期8天。

5月15日

副院长王云鹤及相关技术人员应国际临床化学和实验室医学联盟邀请赴德国参加第21届临床化学和实验室医学国际会议、第19届欧洲临床化学和实验室医学会议和第8届德国临床化学和实验室医学协会年会。为期6天。

5月16日

邀请英国国家生物制品检定所资深专家Adrian Bristow博士和Paul Matejtschuk博士，对生物制品检验体系的工作人员进行培训授课，并在培训期间进行实验室参观和学术交流讨论。Adrian Bristow博士和Paul Matejtschuk博士参观重组技术产品室、血液制品室和菌种室，各科室介绍了实验室的基本情况、标准品的研制和管理、主要工作任务和研究领域等，并与2位专家进行了深入交流。培训期间，院长李云龙会见了2位专家，对2位专家的来访授课表示热烈欢迎和衷心感谢。生物制品检验体系各科室、标准物质管理处、生化药品及基因工程药物室均派出技术骨干50余人参加培训。为期3天。

四川省食品药品检验所承办的标准物质技术标定培训班在成都举办。全国各省、自治区、直辖市、武警药检所等38个单位的98名代表参加了此次培训。为期4天。

5 月 17 日

副院长王军志应世界卫生组织邀请赴美国参加 WHO 关于生物制品中发现外源因子污染后的风险评估指导原则（草案）修订会，并代表中检院作题为“我国生物制品中外源因子检测与控制现状”的专题报告，还应邀参加了国际生物制品标准化协会召开的关于外源因子检测新技术和风险评估学术研讨会。为期 6 天。

5 月 19 日

美国药典委员会首席执行官、专家理事会主席罗杰．威廉姆斯博士向副院长李波研究员发出聘书，聘任李波研究员为美国药典委员会 2010－2015届毒理专家委员会委员，聘期从接受聘任之日起到 2015 年 6 月 30 日结束。李波研究员担任毒理专家委员会委员的主要职责是参与 USP 标准的制定、保证 USP 质量标准的科学性和可靠性。

应世界卫生组织邀请，周铁群第六次延聘 WHO 疫苗质量安全和标准化部门工作，聘期至 2012 年 5 月 31 日。

5 月 23 日

欧洲药品质量管理局质量、安全及环境部主任 Pierre LEVEAU 博士作为 WHO 派出的技术专家来中检院进行质量管理和人员培训方面的技术支持访问。张河战作题为《中国食品药品检定研究院及中国药检系统实验室质量管理情况介绍》的报告，蓝煜作题为《中国食品药品检定研究院的培训情况》的报告。Pierre LEVEAU 博士介绍了欧洲实验室网络体系，并作题为《EDQM 质量管理体系和欧洲官方药品质控实验室（OMCL）介绍》的报告。双方就质量管理和人员培训相关问题进行了深入讨论，并就如何加强质量管理和其他许多感兴趣的话题进行了讨论和交流。中国合格评定国家认可委员会实验室评审处处长曹实、实验室认可评审专家杨梁和 CNAS 毕玉春同志参加了 5 月 25 日下午的交流会。曹实作《中国实验室认可介绍》的报告。共计 151 人参加。为期 4 天。

5 月 25 日

中检院举办疫苗质量控制及批签发研修班。邀请泰国国家生物制品检定所所长 Teeranart Jivapaisarnpong 为大家授课。Jivapaisarnpong 所长介绍了泰国疫苗批签发系统现状及改进、疫苗质量及稳定性评价、泰国国家实验室（NCL）在 AEFI 案例调查中的作用等三方面内容。生物制品检验检测体系各科室负责人和制品负责人等 40 余名技术骨干参加。

5 月 30 日

第 20 次院长办公会讨论通过院《十二五发展规划纲要》。

5 月 31 日

贺鹏飞和谭亚军应英国国家生物制品检定所邀请赴英国进行细菌多糖结合疫苗和百日咳疫苗质量控制合作研究。为期 94 天。

5 月

完成北京地区上半年实验动物质量抽检工作，共抽检 20 家生产单位，动物 415 只，其中小鼠 130 只（SPF40 只），大鼠 40 只（SPF20 只），豚鼠 90 只（CL5），家兔 95 只，犬 50 只，猴 10 只。

6 月 6 日

党委副书记丁丽霞随食品药品监管局团组应美国卫生与人类服务部等邀请赴巴西参加 WHO、发展中国家疫苗监管网络和 HHS 共同举办的国际加强流感疫苗监管能力研讨会并赴新加坡和泰国双边访问。为期 12 天。

6 月 8 日

科技部社会发展司组织召开了“十一五”国家科技支撑计划项目验收会，对食品药品监管局为组织部门的项目“生物制品安全评价技术及原辅料安全性研究”和“我国当前急需建立和提高的药品监督检验技术研究”2 个项目（下设 15 个课题，其中中检院 11 个课题）进行验收。

6 月 13 日

食品药品监管局直属机关党委授予第十党支

部为先进基层党组织；授予白东亭等21人为优秀共产党员；授予丁丽霞等6人为优秀党务工作者。（食药监机党〔2011〕35号）

6月15日

副院长邹健、食品药品监管局办公室副主任王桂忠、处长陈为、副主任陈欣、李新国主任科员和姜蒙男工程师应荷兰国家动物研究所、瑞士妥思HESCO气流和声学实验室和瑞典乌普萨拉大学化学和生物实验室邀请赴荷兰、瑞士和瑞典执行迁建项目空调系统及实验动物设施考察。为期12天。

6月16日

党委副书记丁丽霞和处长张庆生随食品药品监管局团组应奥地利食品工业协会、欧盟健康与消费者保护总司和法国健康产品安全局（Afssaps）的邀请赴奥地利、比利时和法国执行中欧化妆品工作组会议并考察。为期12天。

6月20日

张庶民作为临时顾问应世界卫生组织邀请赴瑞士参加WHO百白破疫苗指导原则修订会议。为期4天。

沈琦应太平洋卫生峰会邀请赴美国参加太平洋卫生峰会，沈琦在专题会上介绍2010年新版药典的主要变更情况，并与与会代表讨论了中国国家疫苗监管相关政策法规问题。为期6天。

6月23日

卫生部直属机关党委授予第十党支部为先进基层党组织；授予白东亭、李冠民为优秀共产党员；授予丁丽霞为优秀党务工作者。（卫机党发〔2011〕50号）

6月26日

美国FDA驻中国办公室主任克里斯托弗．海克、主任助理布兰达．尤它尼及两位专家来访。FDA官员此行目的是介绍FDA实验室研究主任约翰．霍夫曼、拉曼光谱专家康妮．睿智卡到中国食品药品检定研究院学习交流快检技术。院长李云龙对克里斯托弗主任一行的到来表示热烈欢迎。来访的2位拉曼数据库研发和使用方面的专家利用2周的时间专门学习交流快检技术及探讨FDA与中检院的合作等问题。副院长李波及相关部门负责人参加会见。

李凤祥随国家发改委团组赴德国参加“第六届中德经济技术合作论坛”。李凤祥参加并主持中德生物技术和医药经济合作会议中的“生物技术、基因工程及再生医学和（分子）诊断”组的讨论会，并就中国生物药物的基本情况作介绍。为期6天。

6月29日

中检院党委授予第一党支部等6个基层党支部“先进党支部”称号；授予成双红等50名同志“优秀共产党员”称号，授予柴玉生等20名同志“优秀党务工作者”称号。（中检党〔2011〕12号）

6月30日

院长办公会讨论通过，《学科带头人培养基金管理办法》7月1日起实施（院办〔2011〕29号）。

6月

内网实现了门户管理系统的整合，建立了“中国食品药品检定研究院内网门户网站”。

招聘应届毕业生28人，社会在职人员14人。

白东亭、鲁静被国务院批准为享受政府特殊津贴专家。

7月6日

取得北京市规委关于迁建项目天贵大街专用地下通道《建设规划意见书》（2011规条市政字0497号）。

7月11日

金少鸿应世界卫生组织邀请作为临时顾问赴瑞士参加WHO药品标准和实验室质量控制非正式会议。会议重点审议了由我国为国际药典起草的3个新品种，分别为：由浙江省药检所起草的左炔诺孕酮片；由深圳药检所起草的双羟萘酸噻嘧啶口服混悬剂和双羟萘酸噻嘧啶咀嚼片。金少鸿分别回答了这3个品种在全球征求意见后收集到的反馈意见。为期6天。

7月13日

副院长李波会见英国政府化学家实验室资深专家、LGC有限公司（中国）总裁Ray Ah - Sun博士一行3人。副院长李波对LGC在中检院代表团访问期间给予的热情招待表示衷心的感谢。Ray Ah - Sun博士简要介绍了LGC有限公司（中国）的情况。双方讨论了今后合作计划的组织和框架结构，计划将在标准物质（包括制备、标定、供应等）、新技术和新方法以及其他相关领域开展合作和研究，达到相互补充、共同发展的目的相关部门负责人参加了接待。

7月14日

党委会议审议并原则通过《廉洁从检若干规定》。

7月23日

印发《关于成立中国食品药品检定研究院综合考核评价工作委员会的通知》。（院办〔2011〕31号）

7月25日

范昌发应美国西北大学Feinberg医学院邀请赴美国进行转基因小鼠基因型分析和表型分析技术研修并开展合作研究。为期3个月。

院长办公会研究，党委会讨论决定：聘任刘刚为生物制品检验处副处长（赴新疆维吾尔自治区食品药品监管局挂职），聘期3年；解聘胡昌勤兼任的化学药品室主任职务；解聘王卫国迁建项目办公室副主任职务（保留正处级待遇）。（中检人〔2011〕39号）

院长办公会研究决定：于2006年3月30日与张新妹解除人事关系。（中检人函〔2011〕40号）

院长办公会研究决定：于2005年5月30日与姚智慧解除人事关系。（中检人函〔2011〕41号）

院长办公会研究决定：于2004年4月30日与武秀娟解除人事关系。（中检人函〔2011〕42号）

院长办公会研究决定：于2005年8月30日与王召解除人事关系。（中检人函〔2011〕43号）

院长办公会研究决定：于2005年10月30日与范成相解除人事关系。（中检人函〔2011〕44号）

院长办公会研究决定：于1989年8月30日与洪宏解除人事关系。（中检人函〔2011〕45号）

经院党委会讨论通过，《中国食品药品检定研究院廉洁从检若干规定》发布执行。

7月26日

院长李云龙及相关技术人员应日本国立医药品食品卫生研究所邀请赴日本对NIHS进行学术访问。访问期间，院长李云龙和NIHS大野所长一致同意，在已经达成的合作意向基础上，2012年将采取具体措施实现合作目标：1）在安全性评价领域互派学者开展毒性研究项目；2）中国食品药品检定研究院将派遣医疗器械专业进修人员；3）中检院将派遣食品专业进修人员。

7月27日

院长李云龙及相关技术人员应日本国立感染症研究所邀请赴日本对NIID进行学术访问，双方就开展院所间交流合作举行了会谈。

7月28日

院长李云龙及相关技术人员应日本制药工业协会邀请赴日本对JPMA进行学术访问。

8月4日

受食品药品监管局委托，副院长王军志在会见来访的古巴农业部部长顾问劳尔．鲁伊斯、古巴高等教育部部长顾问赫苏斯．苏亚雷斯和古巴卫生保护监管局驻华代表处代表劳尔．亚涅斯等一行4人。食品药品监管局国际合作司副司长丁建华参加会见。副院长王军志对古巴代表团的来访表示热烈欢迎，并向外宾介绍了中检院的工作职能。林瑞超介绍我国中药质量控制与检测情况。双方就中药质量控制与检验检测等领域进行了会谈，并希望以此为契机，推动今后在相关领域中的实质性的合作与交流。代表团参观中药标本馆。

8月10日

蒋祖唐、高华、张长庆被全国医药卫生系统

创先争优活动指导小组办公室食品药品监管联络组评为参加人民网庆祝建党 90 周年“党史知识竞赛”个人优胜奖。（食药监机党〔2011〕42 号）

8 月 15 日

食品药品监管局直属机关团委授予中检院团委为直属机关 2009 – 2011 年度五四红旗团组织；陶磊、关皓月为直属机关 2009 – 2011 年度优秀共青团员；授予赵晨、高华为直属机关 2009 – 2011 年度优秀共青团干部。（食药监机团〔2011〕11 号）

8 月 16 日

王钢力应泰国卫生部医学科学局邀请赴泰国参加“第十九届医学科学年会”，并作题为“中国实验室在食品安全中的作用”的主题报告。为期 5 天。

8 月 28 日

王斌和王春娥应德国国家疫苗及血清研究所邀请赴德国进行细菌安全和热源测试实验室技术研修。为期 21 天。

8 月 31 日

院长办公会研究决定，聘任汪巨峰为国家药物安全评价监测中心 GLP 机构负责人，解聘李波国家药物安全评价监测中心 GLP 机构负责人职务。（中检人〔2011〕49 号）

9 月 1 日

医疗器械实训基地在深圳迈瑞生物医疗电子股份有限公司成立并举行揭牌暨第一期实训班开班仪式。副院长王云鹤和深圳迈瑞生物医疗电子股份有限公司总裁李西廷共同为“实训基地”揭牌，同时开办第一期实训。

9 月 5 日

院长李云龙特邀请英国国家生物制品检定所资深专家 Anthony Ralph Hubbard 和 Susan Jane Thorpe 来中检院对我国从事血液制品质量控制的相关工作人员进行专业培训，会后 2 位专家参观中国食品药品检定研究院血液制品室并进行技术交流。为期 2 天。

9 月 6 日

成都生物制品研究所协办的全国热原物质检测方法培训班在成都举办。各省市药检所、生物制品研究所、药品生产企业等共计 80 余人参加本次培训。为期 3 天。

9 月 7 日

吉林省药检所承办的 2010 年度血液制品批签发工作会议在长春举行。出席会议的有食品药品监管局注册司调研员常卫红、吉林省药监局局长霍凤兰，以及中检院和北京、上海、广东、四川、湖北、吉林和甘肃等省市药检所批签发相关工作人员。为期 2 天。

9 月 8 日

中国生物医学工程学会和中国生物材料委员会协办，四川省食品药品检验所（四川省医疗器械检测中心）承办的“第二届生物材料与组织工程产品质量控制国际研讨会”在成都召开。美国、法国、加拿大、日本、中国台湾地区及国内医疗器械监管部门、检验检测及审评机构、科研单位、大学、生产企业等从事生物材料与组织工程产品质量控制领域知名专家 28 人参加，会议代表 140 多人。副院长王云鹤主持，党委书记、院长李云龙，国家食品药品监管局器械司王兰明专员，国家食品药品监管局医疗器械审评中心主任张志军，四川省食品药品监督管理局局党组书记、局长刘伟德，中国工程院院士张兴栋、法国 la Pitie 医院高级顾问 Daniel Loisance 博士，美国波士顿大学周来生教授出席并讲话。为期 2 天。

9 月 9 日

副院长李波会见国际药用辅料协会美国主席戴尔卡特、中国分会主席刘晓海等一行 7 人。副院长李波代表院长李云龙对 IPEC 代表团的来访表示热烈欢迎。双方就明年国际辅料年会的合作、国际药用辅料的发展及技术交流进行了会谈，并希望以此为契机，推动今后在药用辅料和药包材技术领域进行实质性的合作与交流。IPEC 代表团参观了中检院药用辅料及包材室。中国医药国际交流中心厉处长梁秋及中检院相关部门负责人参加会见。

取得北京市规划委员会批发的天贵街地下通道《建设工程规划许可证》(2011 规（大）建市政字 0116 号)。

9 月 10 日

王军志等完成的《大流行流感疫苗、诊断试剂评价关键技术的创新和应用》获得 2011 年国家科技进步二等奖（国家科学技术奖励工作办公室公告，第 65 号)。

9 月 13 日

高凯应美国麻萨诸塞大学医学院基因治疗中心邀请赴美国麻萨诸塞大学医学院基因治疗中心进行合作研究。为期 95 天。

9 月 14 日

徐苗应世界卫生组织邀请赴瑞士参加 WHO 使用疫苗后肺炎球菌血清型流行病学变化的第二次专家咨询会。为期 5 天。

2011 年全国食品药品监管系统对口支援新疆工作推进会在乌鲁木齐举行。食品药品监管局局长邵明立、副局长李继平出席会议并讲话。大会期间，院党委书记、院长李云龙代表中检院与新疆维吾尔自治区食品药品检验所签订了合作协议。为期 2 天。

院学术委员会组织对 2011 年申请立项的中青年发展研究基金课题 19 份材料进行终审。经院长办公会讨论，决定对支持率超过 50% 的 13 个课题予以立项支持。

9 月 15 日

院学术委员会组织对首批学科带头人培养基金课题 12 份材料进行最终评审。经院长办公会讨论，决定对支持率超过 70% 的 7 个课题予以立项支持。

9 月 16 日

印发《关于印发 <2011 年度综合考核评价工作实施方案 >的通知》。(院办〔2011〕34 号)

科技部会同发改委、财政部，组织专家组对中国食品药品检定研究院“十一五”期间承担的“重大新药创制”和“传染病防治”两个科技重大专项相关课题的立项、执行情况进行督查评估。

9 月 19 日

收到食品药品监管局下发的《关于中国食品药品检定研究院二期工程项目有关事宜的批复》(国食药监办函〔2011〕141 号)。

9 月 20 日

中检院团委获得食品药品监管局直属机关团委组织的“我读红色经典”征文活动优秀组织奖；郝擎获得“我读红色经典”征文活动一等奖，宋光西、申幸娇获得优秀奖。(食药监机团〔2011〕13 号)

9 月 21 日

受食品药品监管局委托，院长李云龙会见台湾地区药品管理机构代表团一行 22 人。食品药品监管局副司长丁建华、副院长李波参加会见。院长李云龙对代表团的来访表示热烈欢迎，并介绍了中检院的工作职能。杨化新、白东亭和张庆生分别就药品、医疗器械、化妆品及保健食品检验体系及标准、中央与地方分工情况、上市前检验与上市后监测等相关情况进行了介绍。参会人员就上述领域进行了技术层面的交流。中检院相关部门负责人参加了此次会见。

国家药物安全评价监测中心通过食品药品监管局 GLP 复查。

9 月 22 日

药品中“邻苯二甲酸酯类物质”应急检验工作总结会议在京召开。食品药品监管局稽查局副局长崔恩学、注册司李茂忠副巡视员、院长李云龙、李波副院长出席会议并讲话。中检院相关科室人员，全国 9 个省市药检所等单位的 30 余人出席会议。

第一届全国药检系统实验动物学术交流会在京召开。国家科学技术部科研条件与财务司处长孙增奇、北京市实验动物管理办公室主任李根平、南京大学模式动物研究所所长高翔，以及来自50个省市级食品药品、医疗器械检验检测机构共计80余位代表出席本次会议。为期3天。

四川省食品药品检验所承办的全国药检系统仪器设备管理工作座谈会在成都召开。副院长邹健，食品药品监管局局办公室副主任王三虎，四川省食品药品监督管理局副局长魏夕和，食品药品监管局局办公室发展规划处处长孙继龙出席会议并讲话。与会代表围绕“中西部药检所仪器设备配置项目”、“口岸药检所实验室改造及仪器设备配置项目”、“药检系统仪器设备管理工作”3个主题进行深入探讨。全国各省、直辖市、计划单列市、总后、武警及口岸药检机构的相关负责人和专家共90余人参加会议。为期2天。

经食品药品监管局党组批准中国食品药品检定研究院（国家食品药品监督管理局医疗器械标准管理中心）主要职责内设机构和人员编制规定。内设食品化妆品检定所、中药民族药检定所、化学药品检定所、生物制品检定所、医疗器械检定所、包装材料与药用辅料检定所、实验动物资源研究所、标准物质与标准化研究所、食品药品安全评价研究所、食品药品技术监督所、医疗器械标准管理研究所、院长办公室、党委办公室、纪委监察室、人事教育处、计划财务处、综合业务处、质量管理处、科研管理处、仪器设备管理处、档案室、国际合作处（港澳台办公室）、安全保卫处、离退休干部管理处、信息中心（图书馆）、后勤服务中心。事业编制核定为821名，其中院长（主任）1名、副院长（副主任）5名、党委书记1名、党委副书记1名、纪委书记1名。中国食品药品检定研究院加挂国家食品药品监督管理局医疗器械标准管理中心的牌子，对外开展工作时可使用中国药品检验总所的名称。（国食药监人〔2011〕431号）

9月27日

亚太经合组织（APEC）生命科学论坛药品安全与检测技术研讨会在北京召开。研讨会由亚太经合组织和美国国际发展署主办，食品药品监管局协办，中检院承办。会议围绕药品安全与检测技术，以加强合作打击假冒伪劣药品、提升药品质量作为讨论重点，进行了深入广泛地研讨。美国商务部、美国FDA、世界卫生组织、国际刑警组织、欧洲药品质量管理局和APEC成员国高级官员出席大会。研讨会主题为：药品安全与检测技术。食品药品监管局副局长边振甲出席大会并致欢迎词。美国商务部驻华荣誉公使衔商务参赞威廉·扎瑞特、美国FDA官员马克·维托维斯克代表FDA局长玛格瑞特·汉博格女士、WHO药品质量保证和安全司协调员兰比特·瑞格、亚太经合组织生命科学论坛负责人史蒂文·陈分别致辞。院长李云龙在闭幕式做总结发言。美国FDA司法化学中心痕量检验部化学监督员马克·维托维斯克、印度办公室药品安全合作主管本杰·米萨瑞、美国商务部健康和消费产品办公室主任亚太经合组织项目主管杰弗瑞·格林分别作了题为《药品检测技术在保证亚太经合组织成员国药品质量方面的优势和局限性》、《假劣药品的危害性和药品检测技术的重要性》、《亚太经合组织生命科学创新论坛打击假药活动总结》的主题发言。APEC各成员国的监管部门、海关、执法部门、相关政府部门、行业代表和检测技术供应商等多方代表共200余人参加会议。各省、自治区、直辖市食品药品监管局、食品药品检验所，食品药品监管局各司局代表，中检院有关领导、专家参加会议。为期2天。

10月2日

朱炯应世界卫生组织邀请赴马来西亚参加WHO区域性打假咨询会议。为期5天。

副院长王军志作为美国药典委员会生物制品总论专家委员会委员应USP邀请赴美国参加USP生物制品总论专家委员会会议和USP 2011年科学与标准研讨会，并作为特邀专家在大会上作题为“中国生物制品标准化进展”的专题报告。为期6天。

10 月 9 日

金少鸿作为 WHO 国际药典和药品专家委员会委员应世界卫生组织邀请赴瑞士参加 WHO 药品标准制订专家委员会第 46 次会议并被推选为会议副主席。为期 6 天。

丁宏和王学硕随食品药品监管局团组应国际膳食联盟和视觉与生命组织的联合邀请赴瑞士参加欧洲食品补充剂监督管理培训。为期 21 天。

院长办公会研究决定，院领导班子分工如下：党委书记、院长李云龙主持全面工作，分管人事教育处、计划财务处、国际合作处（港澳台办公室）；副院长王军志协助院长分管国际合作处（港澳台办公室），分管生物制品检定所、科研管理处；党委副书记丁丽霞协助院长分管人事教育处，分管党委办公室、质量管理处、离退休干部管理处、食品化妆品检定所；纪委书记张永华分管理纪律监察室；副院长王云鹤分管医疗械检定所、医疗器械标准管理研究所；副院长王佑春协助院长分管计划财务处，分管实验动物资源研究所、食品药品安全评价研究所、院长办公室、综合业务处、档案室、安全保卫处；副院长李波分管中药民族药检定所、化学药品检定所、包装材料与药用辅料检定所、标准物质与标准化研究所、食品药品技术监督所、信息中心（图书馆）；副院长邹健分管仪器设备管理处、后勤服务中心。（中检人〔2011〕54 号）

10 月 10 日

英国国家生物制品检定所专家 Stephen Poole 和 Lucy Anne Findlay 来到中国食品药品检定研究院进行有关“热原的单核细胞活化试验”（MAT）以及细菌内毒素标准物质等方面的学术交流。两位专家依次就“MAT 法试验背景介绍”、“欧洲药典收录的 MAT 法的实践应用”、“MAT 法进展 – 从热原检测到新生物制品内在促炎症活性实验的应用”、“细菌内毒素国际标准品的全球协调”进行讲座。并到化学药品检定所药理室进行 MAT 法现场实验，Lucy Anne Findlay 演示了外周血单核细胞 – IL6 法的实际操作全过程以及结果评价方法，直观展示并交流了实验的全部细节。相关人员还同其探讨了我们已开展的体外热原检测法与欧洲药典 2010 年收载方法的差异。同时就细菌内毒素标准物质的国际协调以及标准物质生产工艺、内毒素检查法的相关进展等相关问题和 Stephen Poole 博士进行了深入的交流。为期 4 天。

应世界卫生组织总部的邀请，金少鸿以 WHO 国际药典和药品专家委员会委员的身份参加在瑞士日内瓦举行的 WHO 国际药典及药品专家委员会第 46 次专家会议，并被推选为会议副主席。为期 4 天。

10 月 11 日

院长办公会研究决定，聘任：张庆生为食品化妆品检定所所长；丁宏为食品化妆品检定所副所长；林瑞超为中药民族药检定所所长；鲁静为中药民族药检定所副所长；肖新月为中药民族药检定所副所长；杨化新为化学药品检定所所长；许鸣镝为化学药品检定所副所长；沈琦为生物制品检定所所长；徐苗为生物制品检定所副所长；白东亭为医疗器械检定所所长；黄清泉为医疗器械检定所副所长；杨振为医疗器械检定所副所长；孙会敏为包装材料与药用辅料检定所副所长；张丽颖为包装材料与药用辅料检定所副所长；贺争鸣为实验动物资源研究所所长；马双成为标准物质与标准化研究所所长；曹丽梅为标准物质与标准化研究所副所长；陈亚飞为标准物质与标准化研究所副所长；汪巨峰为食品药品安全评价研究所所长；王秀文为食品药品安全评价研究所副所长（正处级）；李保文为食品药品安全评价研究所副所长；王雪为食品药品安全评价研究所副所长；成双红为食品药品技术监督所副所长；黄志禄为院长办公室主任；高泽诚为院长办公室副主任；舒融为院长办公室副主任；柳全明为党委办公室副主任（正处级）；陈月为工会副主席（正处级）；王藏徐为纪委监察室主任；蓝煜为人事教育处处长；曹洪杰为计划财务处副处长；肖宏文为计划财务处副处长；杨昭鹏为综合业务处处长；张河战为质量管理处处长；于欣为质量管理处副处长；李冠民为科研管理处处长；陈为为仪器设备管理处处长；田利为仪器设备管理处副处长；陶维玲为档案室副主任；李玲为国际合作处（港澳台办公室）处长；郭亚新为安全保卫处副处长；柴玉生为离退休干部管理处处长；鲁葵为离退休干部管理处副处长；李秀记为信息中心（图书馆）副主任；粟晓黎为信息中心（图书馆）副主任；杨正宁为后勤服务中心副主任；陈欣为后勤服务中心副主任；李胜月为后勤服务中心副主任；倪训松为后勤服务中心副主任。以上人员聘3年。(中检人〔2011〕55号)

10月12日

英国政府化学家实验室的德里克·克莱斯登博士、泰罗·卡雷先生等一行4访问中国食品药品检定研究院。院长李云龙对克莱斯登博士的到来表示热烈欢迎，希望双方在11月份即将签署合作备忘录的契机下，加强包括标准物质、新技术、新方法等研究在内的多方合作。副院长李波以及标准物质管理处负责人等相关人员参加会见。会见后，克莱斯登博士作了题为《Purity Assessment of Reference Materials》的学术报告。从事药品标准物质工作的专业技术人员50多人参加报告会。

10月13日

2011年全国口岸药检所工作会议在成都召开。副院长李波、成都市食品药品监管局局长周蓉，成都市食品药品监管局稽查总队总队长魏宗贤，四川省食品药品检验所所长王野，成都市药品检验所所长蒲旭峰出席并讲话。药品检验处许鸣镝、上海食品药品检验所副所长王彦、广州市药品检验所所长江英桥分别作了“口岸药检工作汇报”、“上海市食品药品检验所口岸工作汇报”、“广州市药品检验所口岸工作汇报”大会报告，王素兰就进口药品拟定注册标准中常见的问题进行了技术培训，王岩就进口药品网络信息平台的建设、拟定进口药品注册标准审核专家库的建立工作进行了专项工作汇报。来自中检院及全国各口岸药品检验所共计60余名代表参加会议。为期2天。

10月16日

副院长王军志应世界卫生组织邀请作为临时顾问赴瑞士参加WHO生物制品标准化专家委员会会议，并对四价登革热减毒活疫苗生产和质控指导原则提出意见。为期6天。

10月17日

党委副书记丁丽霞及相关部门负责人应欧洲药品质量管理局邀请赴法国对EDQM进行学术访问。为期5天。

10月18日

苏州药检所协办的全国“生物检定统计和SAS应用培训班”在苏州举办，各省市自治区药检所、医疗器械检验检测机构、药品生产企业等43个单位共计60余人参加。为期4天。

10月21日

举办中检院第三届青年专业外语大赛，邀请全国31个药检所共83名选手参加比赛。中检院和各兄弟药检所的选手各决出一等奖1名，二等奖3名，三等奖5名。(中检团〔2011〕7号)。

10月23日

党委副书记丁丽霞及相关部门负责人应英国政府化学家实验室邀请赴英国对LGC进行学术访问，党委副书记丁丽霞应邀介绍了我国的药品监管体制、中检院机构组成、质量管理体系和人员培训等情况。为期3天。

院长李云龙、秦晓岑副巡视员及相关部门负责人应世界卫生组织邀请赴瑞士WHO总部访问，总干事陈冯富珍会见了代表团，院长李云龙就中检院申请成为WHO生物制品合作中心事宜向总干事陈冯富珍作详细的介绍，提出中检院申请加入WHO生物制品合作中心的理由。总干事陈冯富珍听取介绍后表示，将指示WHO相关部门尽快制定路线图，落实每一步具体目标，希望中检院早日成为WHO生物制品合作中心。代表团还分别与WHO总部的家庭和社区卫生部以及卫生系统和服务部两个部门内主管生物制品、血液制品、化学药品和中药事务的负责人David John Wood博士、Lembit Rago博士和张祺博士及有关官员进行会谈，院长李云龙提出希望与WHO继续深入合作。为期4天。

10月28日

院长李云龙、秦晓岑副巡视员及相关部门负责人应德国国家疫苗及血清研究所邀请赴德国PEI学术交流。院长李云龙介绍中检院基本情况，希望进一步加强合作。为期4天。

10月31日

副院长王军志及相关技术人员应邀参加在厦门召开的第12届发展中国家疫苗企业互联网年会。参加会议的有世界卫生组织、中国疾控中心、美国国立卫生研究院、美国帕斯适宜卫生科技组织、联合国儿童基金会、DCVMN成员的代表约150人。副院长王军志作题为“中国疫苗质量体系”报告。为期4天。

10月

完成北京地区下半年实验动物质量抽检工作，共抽检20家生产单位，抽检动物380只，其中小鼠100只（SPF20只），大鼠40只（SPF10只），豚鼠85只，家兔95只，犬50只，猴10只。

11月1日

金少鸿作为美国药典委员会标准物质专家委员会委员应USP邀请赴美国参加美国USP标准物质专家委员会2011年会议和光谱库专题会并介绍中国快检技术。为期5天。

11月3日

食品药品监管局保健食品和化妆品安全专家委员会成立大会暨第一次全体会议召开。食品药品监管局副局长边振甲、保健食品化妆品监管司司长童敏、副司长张晋京、高峰，院长李云龙，食品药品监管局办公室、政策法规司、稽查局及保健食品审评中心有关负责人以及食品药品监管局保健食品和化妆品安全专家委员会顾问、主任委员、副主任委员以及全体委员参加大会。

11月4日

WHO专家Ivana Knezevic博士、雷殿良博士和Carmen Rodriguez博士来访，对中检院申请WHO生物制品标准化合作中心工作进行具体指导。院长李云龙、副院长王军志分别就中检院准备情况说明。Ivana Knezevic博士感谢中国食品药品检定研究院一直以来为WHO提供的多方面技术支持和帮助。在认真听取副院长王军志的报告后，Ivana Knezevic博士详细介绍了WHO关于申请WHO生物制品标准化合作中心的详细路线图和随后几年WHO的工作计划。Ivana Knezevic博士、雷殿良博士和Carmen Rodriguez博士就如何申请WHO生物制品标准化合作中心提出很多宝贵的意见。双方还就生物仿制药（Biosimilar）问题进行了深入的讨论。

11月6日

饶春明、舒融和张洁随食品药品监管局团组赴德国进行生物制药法规、审评与检验人员培训。在联系实际阶段，访问德国国家疫苗及血清研究所时，饶春明介绍中国生物制品质量控制和疫苗批签发情况。为期21天。

11月7日

受食品药品监管局委托，中检院协助WHO承办的白喉和破伤风类毒素疫苗以及白破疫苗为基础联合疫苗指导原则定稿会议在京召开。参加会议代表有来自WHO总部及区域官员、美国FDA、中国SFDA、英国NIBSC和医药卫生产品管理局（MHPRA）、加拿大卫生部、德国PEI、日本NIID、韩国FDA、印度尼西亚FDA、伊朗FDA、法国、越南、巴西、印度、比利时等国家药品监管机构的专家，以及葛兰素史克公司（GSK）、诺华公司、日本、印度和中国疫苗生产厂家等业界代表。会议主席为比利时公共卫生科学研究所生物制品标准委员会负责人 Roland Dobbelaer 博士。会议主要议题：①破伤风类毒素疫苗 WHO 指导原则；②白喉类毒素疫苗 WHO 指导原则；③白破疫苗为基础联合疫苗 WHO 指导原则。美国 FDA 生物制品评价研究中心（CBER）Karen Farizo 博士报告了美国 CBER 在百白破联合疫苗临床评价的经验，英国 MHPRA Mair Powell 博士报告了百白破联合疫苗评价中的考虑要素，同时对在联合疫苗研究开发中应考虑的问题包括疫苗生产的一致性、疫苗检定、临床评价以及各国疫苗免疫程序等问题展开了讨论。来自各国专家根据会议主题，对白、破疫苗及其联合疫苗指导原则中相关问题进行热烈讨论，并最终达成共识，最后由各自起草人进行相关意见汇总，拟于 2012 年下半年提交 WHO 生物制品标准专家委员会审核。为期 5 天。

11 月 9 日

中检院标准物质与标准化研究所举行成立揭牌仪式，同时和英国政府化学家实验室隆重举行合作备忘录签署仪式。院长李云龙、副院长李波出席签署仪式。英国政府化学家实验室有限公司总裁戴维．理查德森介绍 LGC 的总体情况。副院长李波在签约仪式上讲话。LGC 中国总裁吴治光博士代表英国政府化学家实验室有限公司表达了与中检院标化所合作的良好愿望和信心。中检院标准物质与标准化研究所所长马双成与 LGC 公司总裁戴维·理查德森共同签署了谅解合作备忘录。

卫生部生物技术产品检定方法及其标准化重点实验室第二届学术委员会成立大会召开，全国人大常务委员会副委员长、中国工程院院士、主任委员桑国卫出席会议并讲话。副主任委员赵凯院士和俞永新院士，阮长耿院士、杨胜利院士、沈倍奋院士、陈志南院士、徐建国研究员、王军志研究员、沈心亮研究员和王佑春研究员、卫生部科教司刘晓波副巡视员、食品药品监管局副局长边振甲、注册司生物制品处处长张庶民、党委书记、院长李云龙等领导班子成员以及重点实验室的专家和技术骨干，共计 60 余人参加大会。

11 月 11 日

院长办公会通过的对白坚石、陈继廷、祁自柏、章娜的行政处理决定。

党委会审议通过给予祁自柏开除党籍的决定。

11 月 13 日

方玉随食品药品监管局团组应美国 FDA 邀请赴美国参加美国 FDA 举办的医疗器械过程确认培训。为期 8 天。

“中国药检学术期刊 60 华诞纪念暨 2011 年《药物分析杂志》编委（扩大）会议”在浙江绍兴召开。院长李云龙、副院长李波参加会议并讲话。参加会议的编委专家 110 余人。为期 2 天。

11 月 14 日

院长李云龙会见美国药典委员会首席执行官罗杰·威廉姆斯博士等一行 4 人。双方就药品快检技术中的一些新技术和新方法、国内外标准物质的协作标定、生物制品和中药方面的相关合作研究以及双方互派技术人员学习交流等方面进行了充分深入的探讨。院长李云龙还向罗杰博士介绍了中国食品药品检定研究院机构调整及新成立的 11 个研究所的情况。罗杰博士也向院长李云龙介绍了 USP 在中国的合作项目及在上海 USP 实验室的情况。副院长李波、金少鸿及相关部门负责人等参加会见。

院长办公会研究决定，给予陈继廷开除处分。（中检人〔2011〕59 号）

院长办公会研究决定，给予白坚石开除处分。（中检人〔2011〕60 号）

院长办公会研究决定，给予章娜记过处分。（中检人〔2011〕61 号）

院长办公会研究决定，给予祁自柏取消退休费和其他退休待遇。（中检人〔2011〕61 号）

11 月 15 日

院长李云龙在第二届国际药品快速检测技术

研讨会暨第三届中美药品分析技术与检测方法研讨会期间会见了美国食品药品监督管理局专家代表团卢辛达·布斯博士等一行4人。院长李云龙欢迎美国FDA专家的到来，并就双方在快检技术合作事宜进行了讨论。副院长李波、金少鸿及相关部门负责人等参加会见。

美国FDA北京办事处助理主任Gang Wang博士、Nicole T. Smith博士及行政助理王莉霞到安评中心参观访问。副院长王佑春等会见Gang Wang博士一行。汪巨峰向客人详细介绍了安评所的承担任务、GLP组织机构、人员组成、新技术新方法的建立、对中国GLP发展的贡献、国际合作及展望等。Gang Wang博士介绍FDA中国办事处，并说明此次来访的目的。Gang Wang博士还表示将会申请总部派遣更多的GLP检查员到中国。徐丽明博士就医疗器械安全性检测问题与客人进行了交流。

由中国食品药品检定研究院与美国药典委员会共同举办，浙江省食品药品检验所承办的第二届国际药品快速检测技术研讨会暨第三届中美药品分析技术与检测方法研讨会在杭州召开。研讨会以确保“药品质量和公众健康”为主题。院长李云龙、美国药典委员会首席执行官罗杰·威廉姆斯博士、美国食品药品监督管理局圣·路易斯实验室药物分析室主任卢辛达·布斯女士、浙江省食品药品监督管理局副局长陈时飞先生出席开幕式并致辞。美国食品药品监督管理局、欧洲药品质量管理局、美国药典委员会、英国政府化学家实验室和国内药品检验机构、科研院所、高等院校等相关领域的著名专家、学者和科研人员近500人参加研讨会。为期2天。

11月16日

林瑞超随食品药品监管局团组应世界卫生组织邀请赴越南参加西太区草药协调论坛第九次常委会工作会议。为期4天。

11月18日

中检院国际交流与合作工作会议在本院召开。食品药品监管局国际合作司司长徐幼军、副巡视员秦晓岑、食品药品监管局国际交流中心副主任常永亨应邀参加会议。中检院院领导及全体中层干部、院外事工作小组成员、对外交流与工作联系人参加会议。会议由副院长王军志主持。李玲作题为“宽领域深层次开展国际交流与合作积极推进检验检测国际化战略”的工作报告。院长李云龙、司长徐幼军作重要讲话。

11月20日

马仕洪应世界卫生组织邀请赴约旦参加WHO预认证项目质量控制实验室区域间研讨会。为期5天。

11月21日

食品药品安全评价研究所通过了北京市实验动物管理办公室组织的" 实验动物使用许可证" 的现场评审（动态），并获得评审专家的一致好评。(SYXK（京）2011－0037)

中国学术期刊影响因子年报（自然科学与工程技术2011年版，编号CST－JIFR 2011 YWFX）公布，《药物分析杂志》获药学学科类复合JIF和期刊综合JIF排名第5名，技术研究类JIF排名第1名。

11月22日

中检院与香港特别行政区卫生署签署了“建立香港中药材标准的合作协议”。食品药品监管局局长邵明立、港澳台办公室主任徐幼军、院长李云龙、李波副院长和香港卫生署署长林秉恩、署长助理、香港卫生署中医药事务部高级药剂师罗国伟等出席签字仪式。根据此次协议，中检院中药所将承担24种中药材标准的研究工作。

11月25日

院长李云龙率相关部门负责人参加在厦门召开的“第一届两岸医药品管理研讨会”及“第三届海峡两岸医药品论坛”。

11月27日

食品化妆品检定所申请并通过食品检验机构资格认定（CMAF)、实验室认可（CNAS ISO/

IEC 17025：2005）和实验室资质认定（CMA）现场评审，具备包括食品、保健食品和化妆品420余项检测项目的检验检测能力，涉及理化、微生物、毒理和功能/功效等多个不同专业领域，覆盖了餐饮服务食品、保健食品和化妆品大部分的检测项目。为期2天。

11月28日

王军志等完成的《大流行流感疫苗、诊断试剂评价关键技术平台体系的建立和应用》获得2010年北京市科学技术奖一等奖（2011年颁布）。

11月

医疗器械检定所通过国家食品检验机构资质认定（初评）、国家实验室资质认定、实验室认可扩项及SFDA医疗器械检验扩项“四合一”扩项评审，共扩项162个。医疗器械承检认可项目达1117个，承检项目居全国器械机构之首。

12月1日

副院长王云鹤、食品药品监管局办公室副主任王三龙、国家发展和改革委员会固定资产投资司副处长韩新慧、食品药品监管局办公室发展规划处副处长孙继龙及中检院相关技术人员应放射、电子医学与卫生信息技术欧洲协调委员会邀请赴德国、瑞典、英国考察医疗器械检测实验室。为期12天。

12月4日

副院长王佑春作为团长携相关技术人员随食品药品监管局团组应药品信息协会邀请赴美国执行药品注册管理法规培训。为期21天。

12月5日

应院长李云龙邀请，加拿大卫生部疫苗评价中心主任林赛·艾尔姆格伦博士和黎旭光教授来访。艾尔姆格伦博士作题为《支持生物制品质量的实验室活动》的报告。艾尔姆格伦博士和黎旭光教授先后参观了中药标本馆、国家菌种保藏中心及生物制品检定所相关科室，就干扰素活性测定的报告基因法研究、EV71疫苗、流感疫苗、麻腮风疫苗、重组EPO、多糖疫苗等生物制品的质量控制研究进行详细深入探讨，并提出很多建议。

12月7日

金少鸿应俄罗斯联邦健康和社会发展监督局邀请赴俄罗斯参加药品快检技术研讨会，并应邀在会上作了题为“中国采用快检技术和药品快检车在药品质量控制中的实际应用”的报告。为期5天。

12月9日

经院长办公会研究同意中国食品药品检定研究院医疗器械检定所主要职责内设机构和人员编制规定。内设综合办公室、生物材料和组织工程室、光机电室、体外诊断试剂一室、体外诊断试剂二室、标准研究室。设所长1名，副所长2名，正副室主任12名。（中检人〔2011〕66号）

经院长办公会研究同意中国食品药品检定研究院实验动物资源研究所主要职责内设机构和人员编制规定。内设综合办公室、实验动物生产供应室、动物实验室、实验动物质量检测室、模式动物研究室。设所长1名，副所长1名，正副室主任8名。（中检人〔2011〕67号）

经院长办公会研究同意中国食品药品检定研究院食品药品安全评价研究所主要职责内设机构和人员编制规定。内设综合办公室、质量保证室、一般毒理室、生殖遗传毒理室、安全药理室、临床检验与病理室、药物代谢动力学室、实验动物技术室。设所长1名，副所长3名，正副室主任10名。（中检人〔2011〕68号）

12月12日

来自比利时公共卫生科学研究所Wim Van Molle博士作为WHO评估专家对中检院进行疫苗监管体系跟进评估。跟进评估主要是针对去年评估中提出的涉及实验室准入和批签发两项职能中的问题及建议措施的落实情况。双方就趋势分析、方法验证、偏差处理和OOS、批签发检验策略、批签发审查表、人员培训及批签发档案管理等相关内容进行了深入细致的交流和讨论。Molle博士对中检院整改工作给予高度评价。邀请Molle博士分别就方法转移和验证、趋势分析、试验设备的安装/操作/性能确认（IQ/OQ/PQ）、偏差和OOS、人员培训等内容对生检体系、人事教育处和仪器设备处等部门相关工作人员了进行培训。

12月13日

副院长王军志应美国药典委员会邀请赴美国参加USP生物技术产品中残留DNA检测专家组会议及蛋白总量测定专家组会议并作题为“Vero细胞DNA定量国家参考品的制备及适用性验证”的专题报告。会议期间，USP执行主席Roger L. Williams博士，会同主要部门的领导和两位新上任的首席科学家会见副院长王军志，讨论了中国食品药品检定研究院与USP的合作备忘录（MOU）关于生物制品合作的具体事项，并对生物制品质量控制方面（质控标准、标准品的建立和检测方法验证等）的合作模式进行了交流。为期5天。

取得迁建项目综合业务楼等16项工程《建筑工程施工许可证》（〔2011〕施建字1666号）。

12月16日

奚廷斐等完成的《医疗器械生物学评价标准和试验方法建立及应用》获得2010年中华医学科技二等奖（医会科评发〔2011〕178号）。

12月25日

2011年度全国医疗器械专业标准化技术委员会秘书长会议暨2012年度标准制修订项目立项会在深圳市召开。副院长、食品药品监管局医疗器械标准管理中心副主任王云鹤主持会议，食品药品监管局医疗器械监管司司长王宝亭，院长、食品药品监管局医疗器械标准管理中心主任李云龙参会并讲话。各食品药品监管局医疗器械检测中心负责人及22个全国医疗器械标准化技术委员会秘书长等70余人参加了此次会议。为期3天。

12月27日

院长办公会研究决定，聘请周来生教授为中检院客座研究员，聘期5年。（中检人〔2011〕75号）

12月28日

院长办公会研究决定聘任：王金恒为实验动物资源研究所副所长（正处级）；朱炯为食品药品技术监督所副所长；王子兰为食品药品技术监督所副所长；李静莉为医疗器械标准管理研究所副所长。聘期3年。（中检人〔2011〕76号）

经院长办公会研究同意中国食品药品检定研究院食品化妆品检定所主要职责内设机构和人员编制规定。内设综合办公室、风险评估研究室、生物检测室、理化检测室。设所长1名，副所长2名，正副室主任8名。（中检人〔2011〕77号）

全年

2011年受理安排进口药品注册检验400件，组织专家审核进口药品注册标准270份；审签进口药品再注册核档近300件。审签检验报告批次约4000批；审核各类发文约650份；审核技术服务合同约80份；审核标准物质报告约70份；审签药包材注册技术资料综合意见约1600份；督办完成7个品种国抽药品检验及质量分析工作；组织31个药检所共同完成128个品种的新药试行标准转正品种标准统一工作。

可提供标准物质1702种（提供率为97%）；供应基本药物358个品种（提供率为93.2%）。

已审核通过的国家药品标准物质报告582批，首批研制品种156份，换批制备标准物质报告426批。

分装药品标准物质736个品种，146余万支。包装940个品种，156.7余万支。完成塑化剂标准物质的应急分装13个，一万余支分装量，粉碎中药材176个。

标准物质供应100万支。供应支数较2010年增加25%。

中检院共6个课题获得国家“重大新药创

制”、“艾滋病和病毒性肝炎等重大传染病防治”和“转基因新品种培育”科技重大专项立项支持。分别是“生物技术药物质量标准和质量控制技术平台”课题（负责人：王军志），“药物安全评价技术平台”课题（负责人：李波），“艾滋病、乙型肝炎、结核病及新发突发传染病疫苗质量评价技术与标准化研究”课题（负责人：沈琦），“艾滋病、乙型肝炎、结核病及新突发传染病诊断试剂的质量评价技术及标准品研究”课题（负责人：国泰），“Bt 水稻对动物代谢、免疫、生殖及发育影响的研究”课题（负责人：王雪）“新药研究开发关键技术研究”课题（负责人：霍艳）。

共4个课题获得国家科技支撑计划立项支持。分别是“实验动物质量检测关键技术研究”课题（负责人：王佑春），“新型及高风险医疗器械检测与安全性评价技术研究”课题（负责人：王春仁），“有源医疗器械质量评价与安全”课题（负责人：任海萍）；“保健食品中违禁物质检测技术研究”课题（负责人：张庆生）。

“疫苗效果和质量评价新技术研究”课题（负责人：徐苗）获得国家863计划立项支持。

共6个课题获得国家自然科学基金资助，分别为：“戊型肝炎病毒的体外培养和病毒结构研究”（负责人：王佑春），“金银花咖啡酰奎宁酸类成分分离及其抗呼吸道合胞体病毒活性和作用机制研究”（负责人：马双成），“基因缺失型减毒狂犬病疫苗构建的基础研究”（负责人：曹守春），“条件参数对多焦人工晶体光学性能的影响及其应用研究”（负责人：任海萍），“副溶血性弧菌 AphB 和 ToxR 在毒力调控通路上的作用”（负责人：徐潇），“虫草属真菌抗肺纤维化的活性成分及作用机制研究”（负责人：郑健）。

马双成等完成的《保健食品功效成分及安全性检测技术和方法研究》、张庶民等完成的《百白破联合疫苗质量控制和评价技术平台体系的建立和应用》和丛佳等完成的《药品投诉举报的管理、查办、评价体系及实施研究》获得2011年中国药学会科技三等奖。

共办理136人次赴美国、加拿大、瑞士、英国、法国、德国、巴西、约旦、南非、肯尼亚、俄罗斯、印度、日本、韩国、泰国、新加坡、越南、马来西亚、菲律宾，以及中国香港、澳门等29个国家及地区参加 WHO/国际会议、学术交流、考察访问及研修，在 WHO/国际/学术会议上中检院专家应邀作了24个大会报告；共接待来自美国、加拿大、英国、法国、德国、比利时、巴西、古巴、泰国、世界卫生组织、欧洲药品质量管理局，以及中国香港、台湾等10余个国家及地区的技术官员、专家学者291人次来院考察访问、学术交流及授课讲座，作专题报告143个；接待国外政府、港澳台地区相关机构及国际组织重要官员44人；组织举办及承办6次国际/WHO 研讨会及双边会议，举办高级研修班及培训班5次，累计培训1000余名全国技术骨干。

完成“基本药物质量信息平台”项目的实施、培训、初验、试运行等工作，建立了连接中检院与省、地市药检所（353个所）的基本药物质量监督专网。

第十六部分 附录

获奖与表彰

2011 年集体获奖情况汇总

中华人民共和国科学技术部授予中国食品药品检定研究院"'十一五'国家科技计划执行优秀团队奖"。

中华人民共和国科学技术部授予重组戊型肝炎疫苗三期临床研究团队（中国食品药品检定研究院）"'十一五'国家科技计划执行优秀团队奖"。

卫生部直属机关党委授予中国食品药品检定研究院第十党支部"卫生部直属机关 2010－2011 年度先进基层党组织"荣誉称号。

国家食品药品监督管理局直属机关党委授予中国食品药品检定研究院第十党支部"国家食品药品监督管理局直属机关 2010－2011 年度先进基层党组织"荣誉称号。

庆祝中国共产党成立 90 周年网上知识竞赛组委会授予中国食品药品检定研究院"庆祝建党九十周年'党史知识竞赛闯关答题活动'组织奖"。

共青团国家食品药品监督管理局直属机关委员会授予中国食品药品检定研究院团委"国家食品药品监督管理局直属机关 2010－2011 年度五四红旗团组织"。

共青团国家食品药品监督管理局直属机关委员会授予中国食品药品检定研究院团委"'我读红色经典'征文活动优秀组织奖"。

国家食品药品监督管理局办公室给予中国食品药品检定研究院"2011 年度财政性资金投资基本建设项目决算报表编报工作通报表扬"。

北京市公安局授予中国食品药品检定研究院安全保卫处"2011 年度北京市单位内部安全保卫工作集体三等功"荣誉称号。

中共北京市东城区委员会授予中国食品药品检定研究院党委"东城区东城区共驻共建先进党组织"荣誉称号。

北京实验动物行业协会授予中国食品药品检定研究院"2010 年度北京实验动物行业先进集体"荣誉称号。

中国食品杂志社授予中国食品药品检定研究院"中国食品产业产学研创新发展突出贡献科研院所奖"。

北京市献血办公室授予中国食品药品检定研究院"2011 年度北京市无偿献血先进单位"荣誉称号。

中国食品药品检定研究院授予麻醉药品室、病毒二室、病毒三室、细胞室、医疗器械检验中心、标准物质制备室、国家药品安全评价检测中心、生物制品检验处、实验动物管理处、纪委监察室、质量管理处、科研管理处"2011 年度中国食品药品检定研究院先机集体"荣誉称号。

2011 年个人获奖情况汇总

中华人民共和国国务院授予白东亭、鲁静"政府特殊津贴"。

中央国家机关妇女工作委员会授予南楠"中央国家机关'巾帼建功'先进个人"荣誉称号。

九三学社北京市委员会授予王钢力"九三学社北京市委员会 2010 创优争先活动优秀社员"、"九三学社北京市委员会 2011 创优争先活动突出贡献奖"。

中国农工民主党北京市委员会授予王春荣、郭玮"2009－2010 年度农工党北京市优秀党员"荣誉称号。

中华预防医学会授予李凤祥“公共卫生与预防医学发展贡献奖”。

第二次全国R&D资源清查领导小组办公室授予刘增顺“第二次全国R&D资源清查工作先进个人”荣誉称号。

中国计量测试学会授予张河战“2011年度中国计量测试学会全国先进个人会员”荣誉称号。

北京市药品监督管理局授予王春仁“第四届北京市医疗器械评审专家委员会最佳贡献奖”。

卫生部直属机关党委授予白东亭、李冠民“2010－2011年度优秀共产党员”荣誉称号。

卫生部直属机关党委授予丁丽霞“2010－2011年度优秀党务工作者”荣誉称号。

国家食品药品监督管理局直属机关党委授予白东亭、李长贵、梁争论等21人“2010－2011年度优秀共产党员”荣誉称号。

国家食品药品监督管理局直属机关党委授予丁丽霞等6人“2010－2011年度优秀党务工作者”荣誉称号。

国家食品药品监督管理局直属机关党委授予高华、蒋祖唐、张长庆“人民网庆祝建党90周年‘党史知识竞赛’个人优胜奖”。

共青团国家食品药品监督管理局直属机关委员会授予陶磊、关皓月“国家食品药品监督管理局直属机关2009－2011年度优秀共青团员”荣誉称号。

共青团国家食品药品监督管理局直属机关委员会授予赵晨、高华“国家食品药品监督管理局直属机关2009－2011年度优秀共青团干部”荣誉称号。

共青团国家食品药品监督管理局直属机关委员会授予郝擎“‘我读红色经典’征文活动一等奖”。

国家食品药品监督管理局办公室授予刘健“2011年度国家食品药品监督管理局办公室优秀工作者”荣誉称号。

北京实验动物行业协会授予巩薇、付瑞“2010年度北京实验动物行业先进个人”荣誉称号。

中共北京市东城区委员会授予陈月“奉献东城好党员”荣誉称号。

北京市献血办公室授予王淑燕“北京市无偿献血先进组织者”荣誉称号。

北京市天坛街道办事处授予李真“2011年度天坛地区计划生育工作先进个人”荣誉称号。

中国食品药品检定研究院授予丁宏、于继江、卫辰、马双成、马仕洪、王岩、王青、王威、王悦、王艳、王斌、王召旭、王利友、王建华、王剑锋、王淑燕、叶磊、白玉萍、任丽萍、关凯、刘芳、刘艳、刘燕、刘艳珍、孙磊、孙国顺、巩薇、汤瑶、邢进、吴建敏、吴淑兰、宋钰、张红、张洁、张萍、张河战、李进、李萌、李克坚、杨立宏、陈驰、陈亚飞、陈国庆、周晓冰、苑富强、英志芳、贵利、赵文、赵宗阁、徐潇、柴海燕、耿长秋、郭玮、陶磊、高华、黄杰、黄元礼、彭迈、蔡彤、魏东“2011年度中国食品药品检定研究院先进个人”荣誉称号。

论文论著

2011 年出版书籍目录

序号	书名	主编	副主编	编者/编委	出版社	出版日期	书号（ISBN）
1	毒理学安全性评价 GLP 符合性检查与稽查	王秀文	范玉明	谢 寅，孟建华，吴 晔，张双庆，吕建军，屈 哲	电子科技大学出版社	2011. 8	978-7-5647-0897-9
2	毒理学安全性评价骨髓细胞学研究与图谱	刘 芳，范玉明，顾坚忠			电子科技大学出版社	2011. 7	978-7-5647-0880-1
3	Poly（L-glutamic acid）-Paclitaxel Conjugates for Cancer Treatment	Dhanjoo N. Ghista			Intech Press	2011. 12	978-953-307-471-9
4	保健食品安全性检测	马双成，魏 锋	邓少伟，谢天培	马玲云，石 岩，程显隆	人民卫生出版社	2011. 3	978-7-117-13650-1
5	药品监督与检定中的统计学应用	谭德讲，马双成	曹秀堂*，胡江堂*，张高魁*	马双成，马玲云，王 博*，尹作民*，叶向锋*，白东亭，任晓文*，刘 彤*，刘 倩，杜 颖，杨 悦*，李秀记，肖小河*，张晓兰*，张高魁*，张晶璇*，张 潇，张 横，陈 华，陈易新*，陈炯华*，陈洪波，项容武*，胡江堂*，贺 庆，钱德明，徐为人*，高 华，高 杰*，郭志鑫，黄志禄，黄维金，黄 颖，曹秀堂*，常 艳，庾莉菊，梁争论，梁 冰*，覃 龙*，曾 智*，谢 珺*，鄢 丹*，蔡 彤，谭德讲，谭德勇*	中国科学技术出版社	2011. 9	978-7-5046-5926-2
6	实验动物福利与动物实验科学	贺争鸣，李根平*，李冠民，陈振文*，王禄增*	王洪军*，尹海林*，代解杰*，孙德明*，刘云波*，刘恩歧*，宗阿南*，恽时锋*，徐 平*	贺争鸣，李冠民，李保文，岳秉飞，范文平	科学出版社	2011. 6	978-7-03-031175-7

续表

序号	书名	主编	副主编	编者/编委	出版社	出版日期	书号（ISBN）
7	中级动物实验专业技术人员考试参考教材	李根平*，陈振文*，郑振辉*，孙德明*	王元占*，王承利*，叶华虎*，杜小燕*，吴艳华*，贺争鸣，郭德玉*，曾　林*，阚广悍*	贺争鸣	中国农业大学出版	2011．10	978－7－5655－0406－8
8	高级动物实验专业技术人员考试参考教材	陈振文*，李根平*，孙德明*，郑振辉*	周永生*，郑志红*，贺争鸣，徐　平*，顾为望*，曾　林*	贺争鸣	中国农业大学出版	2011．10	978－7－5655－0372－6
9	实验动物从业人员上岗培训教材	孙德明，李根平，陈振文，郑振辉*	岳秉飞等9人	岳秉飞等20人	中国农业大学出版社	2011．8 第1版	978－7－5655－0343－6
10	初级实验动物专业技术人员考试参考教材	李根平，郑振辉，孙德明，陈振文*	岳秉飞等5人	郑振辉*等16人	中国农业大学出版社	2011．10 第1版	978－7－5655－0399－3
11	中级实验动物专业技术人员考试参考教材	郑振辉，李根平，陈振文，孙德明*	王靖宇*等5人	岳秉飞等17人	中国农业大学出版社	2011．10 第1版	978－7－5655－0387－0
12	高级实验动物专业技术人员考试参考教材	郑振辉，李根平，陈振文，孙德明*	魏　强*等5人	岳秉飞等15人	中国农业大学出版社	2011．10 第1版	978－7－5655－0407－5
13	心血管病实验动物学	霍　勇，陈　明		贺争鸣等30人	人民卫生出版社	2011．3	978－7－117－14197－0
14	世界卫生组织药品标准专家委员会第42次技术报告	金少鸿，宁保明主译		牛剑钊，刘　毅，许明哲，李　婕，陈　华，张才煜，林　涛，余振喜，岳志华，姚　静，庾莉菊	中国医药科技出版社	2011．4	978－7－5067－4942－8
15	呼吸道药物递送的基本理论与实践	金　方*，侯曙光*，杨永健*，宁保明		金　方*，侯曙光*，杨永健*，宁保明（审校）	化学工业出版社	2011．6	978－7－122－10756－5
16	执业药师资格考试学习指南－药学综合知识与技能	金向群*，王　沛*	毛丽超*，张金萍*，魏宁漪		金盾出版社	2011．11	978－7－5082－7146－0
17	执业药师资格考试学习指南－药事管理与法规	金向群*，王　沛*	刘永刚*，张叶明*，魏宁漪		金盾出版社	2011．11	978－7－5082－7151－4

续表

序号	书名	主编	副主编	编者/编委	出版社	出版日期	书号（ISBN）
18	执业药师资格考试学习指南－中药学综合知识与技能	王　沛*，王志宏*，刘齐林*	刘禹辛*，谭跃辉*，魏宁漪		金盾出版社	2011. 11	978－7－5082－7019－7
19	实用药物分析	毕开顺*	丁丽霞，李好枝*	孙立新*，李惠义，杨化新，余江南*，邸　欣*，沈　琦，饶　毅*，饶春明，蒋惠娣*	人民卫生出版社	2011. 3	978－7－117－13620－4
20	食品药品安全与监管政策研究报告	唐民皓*	徐　徕*，顾振华*，程国樑*，严　樑*，许　瑾*，高惠君*	张欣涛	社会科学文献出版社	2011. 5	978－7－5097－2288－6
21	《化妆品稽查工作指南》	王立丰	贾建国	丛　佳，冯　磊，高天兵，黄志禄，王　翀，朱炯等	中国科学技术出版社	2010. 12	978－7－5046－5779－4/D・84
22	中国医疗器械科技创新与产业竞争力国际比较	王宏广	马宏建，贾　丰，安道昌	赵　阳	科学出版社	2010. 12	978－7－03－029735－8
23	实验动物寄生虫学	卢　静	李胜利，杜小燕	李冠民	中国农业大学出版社	2010. 12	978－7－5655－0112－8
24	乙型肝炎和丙型肝炎实验诊断与致癌机制	刘锡光*，白东亭，贾继东*	祁自柏，刘　忠*，卢银平*，马　红*	王佑春，白东亭，许四宏，祁自柏，吴　星，周　诚	人民卫生出版社	2011. 4	978－7－117－13929－8/R ×13930
25	PCR 最新技术原理，方法及应用	黄留玉*	王横梁*，刘先凯*，袁　静*，侯利华*	张影等	化学工业出版社	2011. 1	978－7－122－09482－7
26	中国药品生物制品检定所年鉴 2008	李云龙	丁丽霞，张丽颖，杨昭鹏		中国医药科技出版社	2011. 12	978－7－5067－5306－7
27	中国药品生物制品检定所年鉴 2009	李云龙	丁丽霞，张丽颖，杨昭鹏		中国医药科技出版社	2011. 12	978－7－5067－5307－4
28	中国药材标准名录	林瑞超	张　继　郑　健	刘文启，余坤子，张继，陆以云，林瑞超，郑健，徐纪民，魏爱华	科学出版社	2011. 4	978－7－03－029636－8

注：* 为非中检院作者。

2011 年发表论文目录

序号	题目	作者	期刊名称	年，卷（期）：页码
1	试论符合 GLP 原则的电子原始资料的归档	柴海燕	中国药事	2011，25（3）：261－266
2	符合 GLP 法规的计算机系统管理	张 曦	医学理论与实践	2011，24（1）：122－124
3	GLP 实验室计算机化系统的安全讨论	张 曦	中国药事	2011，25，（7）：670－673
4	基因治疗类产品安全性评价的研究进展	周晓冰，李 波	中国生物制品学杂志	2011，24（5）：613－617
5	肌内注射 Raav2/rTNFR：Fc 对大鼠胶原性类风湿关节炎模型的治疗作用	周晓冰，高凯，沈连忠，赵爱志*，康 禹*，王 刚*，吴小兵*，王军志，李 波1#	中国药学杂志	2011，46（7）：507－511
6	Modulation of immune and inflammatory responses on experimental arthritis following intraarticular gene transfer of tumor necrosis factor receptor－immunoglobulin Fc	Xiaobing Zhou，Kai Gao，Lianzhong Shen，Aizhi Zhao*，Chao Wang，Junzhi Wang#，Bo Li#	Rheumatology International	2011，7，21（Epub ahead of print）
7	细胞依赖性抗体反应检测方法研究进展	霍 艳，艾文超，苗玉发，沈连忠，李 波	中国新药杂志	2011，20（17）：1620－1623，1672
8	TDAR 在药物临床前毒理学研究中的应用	霍 艳，艾文超，闻 镍，沈连忠，王军志，李 波	中国药事	2011，25（7）：705－709
9	DNA－天坛痘苗复合型艾滋病疫苗 BALB/c 小鼠重复给药毒性研究	霍 艳，刘 勇，王三龙，刘 颖，闻 镍，苗玉发，孙 立，沈连忠，李 波，邵一鸣，王军志	中国新药杂志	2011，20（18）：23－29
10	DNA－天坛痘苗复合型艾滋病疫苗小鼠体内生物分布研究	霍 艳，李鼎锋，王三龙，段丹丽，刘 颖，刘 勇，王军志，邵一鸣，李 波	中国药事	2011，25（10）：976－979
11	肝毒性生物标志物研究进展	耿兴超，沈连忠，李 波，王军志	中国药学杂志	2011，46（10）：721－725
12	三种注射用新辅料对 Beagle 犬类过敏及过敏反应研究	耿兴超，张 琳，宋 莹，杨 锐，涂家生，黄芝瑛，孙会敏，李 波	中国药事	2011，25（7）：640－669
13	不同生产工艺聚山梨酯 80 的 Beagle 犬类过敏反应研究	耿兴超，宋 莹，张 琳，杨 锐，孙会敏，李 波	中国药事，	2011，25（10）：982－984

续表

序号	题目	作者	期刊名称	年，卷（期）：页码
14	The involvement of RGS9 in 1 – 3，4 – dihydroxyphenylalanine – induced dyskinesias in unilateral 6 – OHDA lesion rat model	Yin LL，Geng XC*（共同第一），Zhu XZ.	Brain Res Bull	2011，86（5 – 6）：367 – 372
15	A safety study of a B – class CpG ODN in Sprague – Dawley rats	Li Liu，Lianzhong Shen，Xiaomeng Liu，Yongli Yu，Yinzeng Li，Liying Wang，Chunyan He，Jianning Sun，Bo Li.	Journal of Applied Toxicology.	2012，32：60 – 71
16	骨水泥的遗传毒性研究	胡燕平，宋 捷，马 锐，王 欣，郭 隽，王 雪	中国医疗器械杂志	2011，35（6）：425 – 427
17	犬无束缚静脉输注给药的实现	齐卫红	中国药事	2011，25（9）：910 – 911
18	健康恒河猴心电图研究	齐卫红	实验动物科学	2011，28（3）：47 – 50
19	美国病理学家学会认可程序简介	苗玉发 耿兴超 刘 芳 潘东升 王秀文 李 波	中国药事	2011，25（11）：1143 – 1147.
20	Beagle 犬和嗜蟹猴血清生化和血液学指标的测定	潘东升，刘 芳，苗玉发，王 越，沈连忠，李 波	药物评价研究	2011，1（34）：19 – 21.
21	重组嵌合抗 CD20 单抗 PUM100 单次给药药代动力学研究	李佐刚，盖文琳，闻 镍，汤 瑶，孙 旭，于 敏，王秀文，王军志，李 波	中国新药杂志	20（13）：1165 – 1169
22	具有胰岛素样活性的钒化合物研究进展	张双庆，李佐刚	药物分析杂志	31（10）：2021 – 2024
23	水溶性紫杉醇多聚谷氨酸偶合物和紫杉醇在小鼠体内的组织分布比较	张双庆，于 敏，闻 镍，李佐刚	药物分析杂志	31（11）：2030 – 2034
24	Quantification of triamcinolone acetonide in ocular tissues after intravitreal injection to rabbit using liquid chromatography – tandem mass spectrometry	Zhang SQ	J Chromatogr B	879（7 – 8）：548 – 552
25	Quantification of a novel natural antioxidant（UP302）in rat plasma using ultra – high performance liquid chromatography – tandem mass spectrometry	Zhang SQ，Zhu L，Wen N，Yu M，Shen YZ，Jia Q，Li ZG，Li B	J Chromatogr B	879（31）：3763 – 3766

续表

序号	题目	作者	期刊名称	年，卷（期）：页码
26	反相高效液相色谱法测定氟非尼酮的含量	汤　瑶，闻　镍，孙　旭，于　敏，李佐刚	药物分析杂志	31（4）：776－778
27	超高效液相色谱－串联质谱法测定大鼠血浆中的磷酸西他列汀	汤　瑶，李　响，闻　镍，孙　旭，朱　凌，于　敏，李佐刚，李　波	色谱	29（6）：475－480
28	磷酸西他列汀在大鼠体内的药动学研究	汤　瑶，李　响，闻　镍，孙　旭，朱　凌，于　敏，李佐刚，李　波	中国新药杂志	20（22）：2205－2210
29	LC－MS/MS 方法研究新型酪氨酸酶抑制剂 UP302 的大鼠皮肤吸收量和皮肤代谢稳定性	于　敏，张双庆，朱　凌，闻　镍，李佐刚	中国药事	25（11）：1089－1093
30	P－糖蛋白最新研究进展	闻　镍，张双庆，朱　凌，于　敏，李佐刚	中国药事	25（7）：718－723
31	瑞格列奈药代动力学特征及有关基因多态性对其药代和药物相互作用的影响	孙　旭，袁　钊，温金华，熊玉卿	中国临床药理学与治疗学	16（4）：468－473
32	LC－MS/MS 法研究新型酪氨酸酶抑制剂 UP302 在大鼠肝微粒体中代谢的酶动力学	朱　凌*，张双庆#，闻　镍，于　敏，李佐刚#	中国药学杂志	46（21）：1665－1669
33	超高效液相色谱（UPLC）在药物代谢动力学中的应用	朱　凌*，张双庆，李佐刚#	中国药事	25（8）：829－831
34	PhiC31 integrase induces efficient site－specific excision in zebrafish	Jianjun Lu，Lisette A. Maddison* and Wenbiao Chen#	Transgenic Res	2011，20（1）：183－189
35	猫病毒性鼻气管炎 PCR 检测方法的建立与应用	屈　哲，徐镔蕊#，睢艳平*，王　勇*，杜　艳*	中国兽医杂志	2011，47（5）：25－26
36	薯蓣皂苷的次皂苷元 B 体外诱导人大肠癌 HCT－15 细胞凋亡的机理研究	王三龙#，罗红梅*，蔡　兵*，崔承彬*，刘宏伟*，吴春福*	中国药学杂志	2011，46（15）：1167－1172
37	吉九里香碱体外诱导人大肠癌 HCT－15 细胞凋亡的机理研究	王三龙#，罗红梅*，蔡　兵*，崔承彬*，阎少羽*，吴春福*	药物分析杂志	2011，31（9）：1736－1742
38	传染病体外诊断试剂标准物质研制技术要求的介绍	曹丽梅，辛晓芳，周　诚，张春涛，马双成#	药物分析杂志	2011，31（11）：2196－2197

续表

序号	题目	作者	期刊名称	年，卷（期）：页码
39	娑罗子的黄酮类化学成分研究	马玲云，马双成，魏 锋，林瑞超	亚太传统医药	2011，7（3）：0028－0029
40	浅谈药品标准物质原料备案程序及存在的问题	卢 鸽，马玲云#，马双成	中国药事	2011，25（9）：0905－0906
41	国家药品标准物质库管理规范的建立	苏丽红，马玲云，姚令文，马双成#	中国药事	2011，25（11）：1094－1096
42	浅谈国家药品标准物质库的科学管理	肖丽华，马双成，宋玉娟，刘明理	中国药事	2011，25（8）：0735－0755
43	高效液相色谱法快速测定奶粉中三聚氰胺的含量	尹利辉#，王 军*，王 瑾，陈金泉*，刘晋仙*，金少鸿	药物分析杂志	2011，31（10）：1938－1940
44	马来酸罗列格酮的表面增强拉曼光谱研究	张 雁*，尹利辉#，陈亚飞，金少鸿，蔡 永*	药物分析杂志	2011，31（9）：1720－1725
45	反相高效液相色谱法测定盐酸博安霉素含量	鲁 敏*，许鸿章*，尹利辉#，张 瑞，陈汝贤*	中国抗生素杂志	2011，36（1）：30－31
46	近红外光谱一致性检验方法用于快速判断药品质量的研究	张学博，尹利辉#	药物分析杂志	2011，31（3）：603－608
47	国家药品标准物质分包装管理工作现状与探讨	张 琪，谢丽华，赵宗阁	中国药事	2011，25（5）：470－472
48	药品检验动物实验中普通级家兔的管理要点	范文平，张 潇，贺争鸣	中国药事	2011，25（9）：907－909
49	西方国家实验动物健康检测的理念	范文平，贺争鸣	实验动物科学	2011，28（3）：62－67、73
50	普通级实验家兔的质量现状和动物实验机构相应的管理方式探讨	范文平，贺争鸣	实验动物科学	2011，28（5）：29－34
51	动物实验管理系统的设计与开发	邹岩柏，范昌发，张 鑫，贺争鸣	实验动物科学	2011，28（4）：39－42
52	实验动物设施环境检测实验室的建立	李萌，王金恒，张 鑫，范文平#，贺争鸣	中国药事	2011，25（8）：790－793
53	液质联用法分析重组抗肿瘤抗病毒蛋白的一级结构	李 萌，裴德宁，陶 磊，李永红，王 兰，高 凯，饶春明，王军志	中国生物制品学杂志	2011，24（12）：1473－1476
54	动物实验室管理过程中经常遇到的一些问题及解决方案	刘 巍，刘福生，邹岩柏，赵明海，李 萌，张 潇，范文平	实验动物科学	2011，28（5）：60－63

续表

序号	题目	作者	期刊名称	年，卷（期）：页码
55	实验动物资源开发，引进，共享，供应	岳秉飞	中国比较医学杂志	2011，21（10、11）：45－47
56	近交系小鼠过氧化氢酶－2遗传生化标记位点的研究	王　洪，刘双环，王淑菁，岳秉飞	中国比较医学杂志	2011，21（6）：12－15
57	近交系小鼠8个遗传生化标记杂合位点的研究	王　洪，刘双环，王淑菁，岳秉飞	实验动物科学	2011，28（2）：10－13
58	高保真酶特异性检测大鼠SNP基因型新方法	王淑菁，岳秉飞#	中国比较医学杂志	2011，21（8）：69－73
59	TaqMan MGB探针法实时荧光定量PCR快速检测支原体的研究	高正琴，邢　进，冯育芳，岳秉飞，贺争鸣	药物分析杂志	2011，31（9）：1770－1775
60	肝螺杆菌TaqMan MGB探针实时荧光定量PCR快速检测方法的建立及应用研究	高正琴#，邢　进，冯育芳，岳秉飞，贺争鸣	中华微生物学和免疫学杂志	2011，31（9）：833－838
61	TaqMan MGB探针实时荧光定量PCR快速检测布鲁氏菌	高正琴，邢　进，冯育芳，岳秉飞，贺争鸣	中国人兽共患病学报	2011，27（11）：995－1000
62	实验犬布氏杆菌的多重PCR检测与分型鉴定	冯育芳，邢　进，岳秉飞，贺争鸣#	中国比较医学杂志	2011，21（5）：57－61
63	呼肠孤病毒Ⅲ型免疫荧光检测方法的建立及初步应用	王　吉，卫　礼，岳秉飞，贺争鸣#	中国比较医学杂志	2011，21（8）：1－4
64	鼠诺如病毒的体外分离与鉴定	李晓波，付瑞，岳秉飞，贺争鸣#	中国病毒病杂志	2011，1（4）：293－296
65	逆转录酶活性检测方法在金黄仓鼠中的应用	付　瑞，巩　薇，岳秉飞，贺争鸣#	实验动物与比较医学	2011，31（5）：381－383
66	单核苷酸多态性分析在近交系大鼠遗传检测中的应用	王淑菁，岳秉飞#，马丽颖，王　洪，魏　杰，刘军须*，刘福英*，刘双环	中国实验动物学报	2011，19（6）：499－504
67	猴泡沫病毒间接免疫荧光检测方法的建立及初步应用	栗景蕊*，贺争鸣#	中国比较医学杂志	2011，21（7）：59－61
68	猴腺病毒研究进展	张荣建*，贺争鸣#	中国比较医学杂志	2011，21（6）：71－74
69	建立和完善全国实验动物质量抽查检验的新机制	贺争鸣，李根平*	实验动物科学	2011，28（4）：43－45

续表

序号	题目	作者	期刊名称	年，卷（期）：页码
70	试论建立实验动物标准的评估机制	贺争鸣	实验动物与比较医学	2011，31（1）：1－4
71	SPF 家兔和普通家兔在热原实验中的比较研究	王金恒，杜　颖，蔡　彤，张　潇，张　横，高　华	药物分析杂志	2011，31（9）：1764－1769
72	纸质包装箱的灭菌条件及其在屏障环境下的存放时限	刘甦苏，刘　洋，王金恒，范昌发	实验动物科学	2011，28（1）：28－29
73	C57－ras 致癌性转基因模型杂交 1 代的脏器及血液学参数测定	左　琴，李　波，岳秉飞，王金恒，王　洪，马丽颖，魏　杰，范昌发	中国比较医学杂志	2011，21（5）：6－10
74	建立高效运行的补充检验方法批复体系之我见	高志峰#，张启明	中国药事	2011，25（5）：449－450
75	关于药品复验工作程序的理解与讨论	高志峰#，张启明	药物分析杂志	2011，31（1）：201－203
76	马蔺子素化学成分的研究	牛剑钊，张启明	中国新药杂质	2011. 22（20）：2251－2253
77	国内外药品标准物质的研究与应用	牛剑钊，宁保明，张启明	中国药学杂志	2011，11：877
78	药用化工原料监管政策的研究	王　岩，张启明，孙　磊	中国药事	2011，25（6）523－526
79	Comparison of temperature rise interpretations in the rabbit pyrogen test among Chinese，Japanese，European，and United States pharmacopeias and 2－2－2 theoretical models proposed by S. Hoffmann	Du Ying，Li Xiu－ji，Tan De－jiang#	Innate immunity	2011，17（5）：486－495
80	中药生物活性检测方法的思考	谭德讲，鲁　静	中国药事	2011，25（11）：1086－1088
81	缩宫素及其类似物的研究进展	刘　倩，钱德明，刘群丽，高　华#	药物分析杂志	2011，31（3）：609－613
82	人谷氨酰胺：6－磷酸果糖酰胺转移酶的体外表达、纯化及活性检测	刘　倩，张晓琳#*，金　晶*，叶　菲*	生物技术通讯	2011，22（5）：631－635
83	四味地黄乙醇提取物治疗糖尿病心肌病与氨基胍药效比较	张　媛，纳　涛*，戴德哉#*，袁盛华*，刘浩然*，戴　茵*	药物分析杂志	2011，31（11）：24－31
84	丁丙诺啡透皮贴剂在释放度测定中浆碟法与转筒法的差异	陈　华，毛　睿，李永庆，南　楠	药物分析杂志	2011，31（4）：792－797

续表

序号	题目	作者	期刊名称	年，卷（期）：页码
85	美国药典与中国药典透皮贴剂释放度桨碟法测定装置的比较	毛　睿，陈　华，南　楠	现代预防医学	2011，38（6）：1101－1104
86	Facilitated column selection in the separation of acetylspiramycin components using a simple column classification system	Ming－Juan Wang，Chao Zheng，Chang－Qin Hu，Shao－Hong Jin，Jos Hoogmartens，Ann Van Schepdael，Erwin Adams	Journal of Chinese Pharmaceutical Science	2011，20：572－577
87	Relationship between crystal form of cefoperazone sodium and its stability	Jing Xue，Chang－qin Hu，Li－hong Yang，Rui－ping Wei，Jian－wen Li，Bing－zhang Hou.	Journal of Addiction Research & Therapy	2011，2（4）：1－6
88	市售盐酸二甲双胍片的质量评价	薛　晶，邹文博，崔学文，马文利，薛立宁，胡昌勤.	中国新药杂志	2011，20（3）：274－279.
89	HPLC 法测定人用皮卡狂犬病疫苗和皮卡佐剂中硫酸卡那霉素的含量	薛　晶，崔学文，胡昌勤.	药物分析杂志	2011，31（10）：1911－1913
90	生产工艺对氨苄西林钠质量的影响	薛　晶，尹利辉，邹文博，张伟清，胡昌勤.	中国药学杂志	2011，46（23）：45－51.
91	2009 年国产加替沙星注射剂评价性抽验结果及质量评价	李娅萍，杨敏智，张斗胜等	药物分析杂志	2011，31（3）：484－492
92	藏泌清胶囊主成分鉴别	崇小萌，张　宇，胡昌勤	药物分析杂志	2011，31（4）：698－702
93	国产注射用阿奇霉素杂质谱及其与成盐工艺相关性的考察. 药物分析杂志	张斗胜，王悦雯，李　进等	药物分析杂志	2011，31（8）：1521－1526
94	Monitoring drug quality in the circulation field using NIR spectral rapid comparison methods	Yan－Chun Feng，Xiao－Li Yang，Zhi－Hai Yang，Chang－Qin Hu	Journal of Chinese Pharmaceutical Sciences	2011，20（3）：290－296
95	Selection of Characteristic Spectral Bands for the Analysis by the NIR Correlation Coefficient Method. Journal of Chinese Pharmaceutical Sciences	Ting Liu，Yan－Chun Feng，Dan－Qing Song，Chang－Qin Hu	Journal of Chinese Pharmaceutical Sciences	2011，20：77－85

续表

序号	题目	作者	期刊名称	年，卷（期）：页码
96	Analyzing the effectiveness of preprocessing methods to remove artifacts encountered in the development of a universal NIR quantitative model to detect counterfeit drugs	Zhen – Ni，Yan – Chun Feng，Chang – Qin Hu	Journal of Analytical & Bioanalytical Techniques	2011，1：114. doi：10. 4172/2155 – 9872. 1000114
97	A Training Set Selection Strategy for a Universal Near Infrared Quantitative Model	Yan – hua Jia，Xu – ping Liu，Yan – chun Feng，Chang – qin Hu	AAPS PharmSciTech	2011，12（2）：738 – 745
98	Quantitative calibration models for the determination of azithromycin and decladinosylazithromycin in azithromycin injection powders using diffuse reflectance near infrared spectroscopy	Ji – Xiong Dong，Wen – Bo Zhou，Yan – Chun Feng，Dan – Qing Song and Chang – Qin Hu	Journal of Near Infrared Spectroscopy	2011，19（4）：265 – 275
99	Construction of universal calibration model for levofloxacin injections by fiber – optic transmittance – reflectance near – infrared spectroscopy	Shao – Rui Hou，Yan – Chun Feng，Xue – Bo Zhang，Chang – Qin Hu	Journal of Chinese Pharmaceutical Sciences，	2012，21：62 – 69
100	Simultaneous determination of purity and potency of amphotericin B by HPLC	Chang，Y.，Wang，Y. H.，Hu，C. Q.	The Journal of Antibiotics	2011，64：735 – 739
101	Construction of predictive models for gentamicin contents in aqueous solution using specific near infrared spectral regions	Yan – Yun Liu，Chang – Qin Hu	Virbrational Spectroscopy	55（2011）241 – 249
102	合理利用抗生素资源，遏制细菌耐药性蔓延	马　越	中国药房	2011，22（26）：2401 – 2403
103	《药品红外光谱集》中有待商榷之处	余振喜，张启明	中国药品标准	2011，12（3）：163 – 165.
104	红外分光光度法鉴别吲达帕胺片	葛晓莹*，余振喜#	海峡药学	2011，23（10）：56 – 57
105	关于大蒜和大蒜素质量标准研究	魏宁漪，吴建敏，张启明#	药物分析杂志	2011，31（1）：180 – 185
106	酒石酸美托洛尔片假药的鉴别	魏宁漪，周　颖，余振喜，李　捷，施亚琴#	药物分析杂志	2011，31（2）：285 – 287
107	愈创木酚磺酸钾异构体的 NMR 定量分析	魏宁漪，周　颖，胡昌勤#	中国药学杂志	2011，46（12）：953 – 955

续表

序号	题目	作者	期刊名称	年，卷（期）：页码
108	GC－MS 法测定注射用甲氨蝶呤中 BHT 的含量	魏宁漪，庾丽菊，余振喜，张启明#	中国药事	2011，25（6）：591－593
109	GC－MS 法测定大蒜素有关物质和稳定性研究	魏宁漪，吴建敏，张启明#	药物分析杂志	2011，31（9）：1699－1702
110	气相色谱法测定注射用去水卫矛醇的含量及有关物质	魏宁漪，宁保明	中国药师	2011，14（9）：1306－1307
111	甲磺酸倍他司汀标准中存在问题和修改建议	魏宁漪，牛剑钊，宁保明	中国药品标准	2011，12（5）：384－386
112	应用定量构效关系预测技术控制药物毒性杂质的探讨与展望	沈甸甸，施亚琴，胡昌勤#	中国药事	2011，25（7）：710－712
113	脂质体物理化学稳定性研究进展	袁　松，孙会敏，丁丽霞#	中国药事	2011，25（4）：384－387
114	RP－HPLC 法测定酒石酸茚喹诺啉脂质体中药物含量及包封率	袁　松，孙会敏，涂家生* 丁丽霞#	药物分析杂志	2011，31（7）：1205－1208
115	色胺酮热特性研究	刘　毅，黄海伟，杨腊虎，刘建利*	中国医院药学杂志	2011，31（3）：201－3
116	世界卫生组织药品质量控制实验室管理规范简介	张河戬，毛　歆，张才煜，刘　毅，宁保玥，王巨才*	中国药事	2011，25（3）：301－312
117	非洛地平缓释片释放度测定方法存在问题的探讨	宁保明，韩　鹏*，牛剑钊，庾莉菊，张启明	中国药品标准	2011，2，1（6）：403－405
118	China's Perspective On Similar Biotherapeutic Products	Cheng－Gang Liang（梁成罡），Jun－Zhi Wang（王军志）#	BIOLOGICALS	2011，39（5）312－316
119	F1013 对 D－Gal N/LPS 诱导大鼠急性肝损伤的治疗作用	邓利娟，李湛军，罗　楹*，范慧红	中国新药杂志	2011，20（8）：716－720
120	首批醋酸去氨加压素国家对照品的研制	刘蒨莎，郝苏丽，任　雪，范慧红	中国药事	2011，25（3）：245－247
121	硫酸软骨素钠分子量测定方法研究	宋玉娟，任丽萍，范慧红	中国新药杂志	2011，20（18）：1795－1798
122	肝素钠鉴别及有关物质检查用国家对照品的研制	宋玉娟，任丽萍，王　悦，廖海明，郝苏丽，范慧红	中国药事	2011，25（9）：885－887

续表

序号	题目	作者	期刊名称	年，卷（期）：页码
123	毛细管电泳法对肝素钠注射液中杂质的测定	王　悦，李　京，廖海明，杨洪淼，范慧红#	药物分析	2011，6：1119－1122
124	RP－HPLC 法测定注射用重组人甲状旁腺素含量	程速远，李　晶，梁成罡	药物分析杂志	2011，31（6）：1008－1011
125	PCBP2 Enhances the Antiviral Activity of IFN－a against HCV by Stabilizing the mRNA of STAT1 and STAT2	Zhongshuai Xin（辛中帅），Wei Han*，Zhiqiang Zhao*，Qing Xia*，Bin Yin*，Jiangang Yuan（袁建刚）*#，Xiaozhong Peng（彭小忠）*#	PLOS ONE	2011，6（10）：e25419
126	反相高效液相色谱法测定醋酸去氨加压素片及注射液含量	任　雪，廖海明，杨洪淼，范慧红	《药物分析杂志》	2011，31（11）：2143－2145
127	胸腺肽注射剂反相 HPLC 特征图谱研究	李　勇*，廖海明，梁成罡，李　晶，杨化新#，金少鸿	《药物分析杂志》	2011，31（2）：288－292
128	血清胸腺因子 9 肽对人结肠癌 HT－29 的抑瘤作用	李湛军，林　飞，范慧红，徐康森	肿瘤防治	2011，23（5）：374－376
129	净化互联网搜索引擎，扼制违法发布虚假药品信息网站传播途径	张欣涛，王　华*，陈　蕾，白玉萍，张　弛，黄志禄	中国药事	2011，25（8）：761－763
130	我国药品质量分析的方法和策略	张　弛，朱嘉亮，郭志鑫，姜点才，黄志禄，金少鸿	中国药事	2011，25（1）：63－64
131	部分中成药非法添加化学物质分析方法及状况研究	张　弛，朱嘉亮，郭志鑫，姜点才，黄志禄，	中国药事	2011，25（7）：678－679
132	对规范国家药品评价抽验不合格报告书传递工作的几点建议	黄志禄，郭志鑫#，丛　佳，朱　炯，冯　磊，张欣涛，李延敏*	中国药事	2011，25（10）：998－999
133	药品广告困境的“破”与“立”	陈　蕾	中国药业	2011，20（20）：1－3
134	药品广告对医生影响力的调研	陈　蕾，王　华，杨　悦，黄志禄	中国药事	2011，25（7）：659－663
135	公众对药品广告认知度的调研与思考	陈　蕾，王　华，黄志禄，杨　悦#	中国执业药师	2011，8（7）：41－45
136	我国避孕套市场质量状况分析及监管研究	王子兰，李静莉，黄志禄，杨婉娟，郝　擎，吴卫中	中国药事	2011，25（4）：319－320

续表

序号	题目	作者	期刊名称	年，卷（期）：页码
137	药品广告对公众影响力的调查及结果分析	白玉萍，陈 蕾#，张 弛，李延敏*，王 华，黄志禄，杨 悦*	中国药事	2011，25（7）：664－666
138	中国食品药品检定研究院 2001－2010 获奖科研成果分析	张 瑞，刘增顺，王 艳，李冠民#	中国药事	2011，25（5）：441－442
139	中国药品生物制品检定所科研状况分析	张 瑞，刘增顺，王 艳，李冠民#	中华医学科研管理杂志	2011，24（4）：226－228
140	中国食品药品检定研究院科研基本情况调查分析	张 瑞，刘增顺，王 艳，李冠民#	科技管理研究	2011，31（23）：116－118
141	Synthesis of 20nm colloidal gold by microwave heating method	jingJing Feng*，Yang Zhao，XiangYu Yang*，HaiFeng Zhao* and He Huang#.	advanced Materials Research	2011，204－210（7）：2045－2048
142	全国医疗器械检测机构实验室间比对工作总结与思考	卢大伟，陈鸿波，白东亭	中国药事	2011，25（8）：785－789
143	体外诊断试剂监管现状分析与思考	李海宁，母瑞红，任海萍，白东亭	中国医疗器械杂志	2011，35（1）：68－70
144	对人工晶体市场调研情况的思考	李海宁，白东亭	中国药事	2011，25（4）：358－360
145	标准物质在我国传染病诊断试剂质量评价中的作用及意义	李丽莉	中国药事	2011；25（8）787
146	检测实验室仪器设备管理探讨	任海萍，王建宇，王晨希，李佳戈，刘艳珍，邵玉波	实验技术与管理	2011，28（7）：202－204
147	MM－1000 摩擦试验机测试系统研究与应用	王 权 党 徽*郝志强*	重型机械	2011，NO3：17－20
148	《变压器绕组温升测量方法的比较》	李佳戈，刘艳珍，苏宗文，王建宇，李 健，任海萍#	中国药事	2011，25（9）：891－895
149	A Comparison of Matrix－Assisted Laser Desorption/Ionization Time－of－Flight Mass Spectrometry and Surface Plasmon Resonance for Genotyping of High－Risk Human Papillomaviruses	Shoufang Qu，Jie Huang，Jinyin Zhao*，Xuequan Zhao*，Haijun Deng*，Huawei Yang*，Weijun Chen*，Licheng Liu*，Lining Zhang*，Shangxian Gao#	Intervirology	2011，54（6）：326－332

续表

序号	题目	作者	期刊名称	年，卷（期）：页码
150	A Novel Method for Detection of Mutation in Epidermal Growth Factor Receptor	Jinyin Zhao*, Jing Zhao*, Jie Huang, Yan Chen**, Jun Jiang, Weili Wu*, Pengzhi Wang*, Licheng Liu*, Longyun Li*, Lin Wu*, Mengzhao Wang*, Weijun Chen*#	LUNG CANCER	2011，74（2）226－232
151	人类 EGFR 基因突变体质控品的建立	黄　杰，曲守方，徐　任*，徐　超，高尚先#	药物分析杂志	2011，31（9）：1758－1763
152	BCYE 琼脂培养基行业标准的验证试验.	曲守方，孙彬裕，黄　杰，高尚先#	中国药事	2011，25（7）：700　－702
153	采用基因分型质控品评价荧光 PCR 法人乳头瘤病毒核酸检测试剂盒	徐　任*，曲守方，杜　鹃*，高尚先#，于源华*#	药物分析杂志	2011，31（1）：79－83
154	静脉营养输液袋中 DEHP 的溶出量研究	付步芳	药物分析杂质	2011，31（10）：2005－2007
155	过滤和离心对热原实验影响的初步研究	陈丹丹	生物医学工程与临床	2011，15（5）：417－419
156	浸提温度对细菌内毒素影响的初步研究	陈丹丹　王春仁　段晓杰　杜晓丹	中国医疗器械信息	2011，17（8）：29－30
157	含药医疗器械产品检验方法的探讨	孙　雪　冯晓明　卢大伟	药物分析杂质	2011，31（7）：1430－1433
158	小样本量预混精蛋白重组人胰岛素注射液的效价测定	孙　雪　黄元礼　冯晓明　卢大伟	药物分析杂质	2011，31（10）：1987－1989
159	用于皮肤刺激试验的组织工程表皮模型构建	李忠良*伍津津*杨桂红*奚廷斐*王春仁　陈　亮#	中国修复重建外科杂志	2011，25（2）：89－93
160	TiN/Ti 纳米涂层修饰镍钛合金的体外腐蚀行为	邵安良　成　艳*　奚廷斐*　周　艺*　周　亮*　万子义*	中国组织工程研究与临床康复	2011，1（3）：461－464
161	逆转录病毒及对生物制品污染的安全问题	孔　艳#，董关木	微生物学免疫学进展	2011，39（1）
162	反转录酶活性检测实时荧光定量 PCR 方法的建立	孔　艳#，吴小红，杨立宏，安　祺，董关木，俞永新	中国医药生物技术	2010，5（6）
163	痘苗病毒弱毒株广 9 株对动物的致病力研究	朱　蓉*，黄维金，严子林，温智恒，王文波，周　艳，王佑春#，俞永新#	中国病毒病杂志	2011，1（3）
164	痘苗病毒弱毒株广 9 株的免疫原性分析	朱　蓉*，黄维金，王佑春#，俞永新#	中国生物制品学杂志	2011，24（9）

续表

序号	题目	作者	期刊名称	年，卷（期）：页码
165	狂犬病病毒 CTN－1v 株原子力显微镜观察结果的初步分析	曹守春，张丽萍*，李加，唐建蓉，石磊泰，俞永新，胡孔新*，董关木#	中华微生物学和免疫学杂志	2011，31（1）
166	狂犬病病毒核蛋白的原核表达及其免疫原性	曹守春，李　加，王　玲，唐建蓉，刘景华，曲小肃，吴小红，石磊泰，董关木，俞永新#	中国生物制品学杂志	2011，24（4）
167	Vero 细胞 LTR 基因的克隆及其 DNA 定量 PCR 检测方法的建立	曹守春，董关木#，李　加，唐建蓉，吴小红，刘景华，石磊泰	中国生物制品学杂志	2011，24（5）
168	人用狂犬病疫苗 ELISA 快速鉴别试验的建立及验证	曹守春，唐建蓉#，胡巧玲*，徐葛林*，李　加，吴小红，刘景华，曲小肃，石磊泰，董关木#	药物分析杂志	2011，31（9）
169	Study on the protective efficacy of SA14－14－2 attenuated japannese encephalitis against different JE virus isolates circulating in China	刘欣玉，俞永新#，李茂光，梁国栋*，王环宇*，贾丽丽，董关木	Vaccine	2011，29：2127－2130
170	Toll－like receptors and cytokines/ cytokines receptors polymorphisms associate with non－response to hepatitis B vaccine	Jie Chena*，Zhenglun Liang，Fengmin Lu*#，Xin Fang，Shuang Liu*，Ying Zeng*，Fengcai Zhu*，Xiangmei Chen*，Tao Shen*，Jie Li*，Hui Zhuang*#	Vaccine	2011，29：706－711
171	Establishing China's national standards of antigen content and neutralizing antibody responses for evaluation of enterovirus 71（EV71）vaccines	Zhenglun Liang，Qunying Mao，Qiang Gao*，Xiuling Li*，Chenghong Dong*，Xiang Yu*，Xin Yao，Fengxiang Li，Weidong Yin*，Qihan Li*，Xinliang Shen*，Junzhi Wang#	Vaccine	2011，29：9668－9674
172	Enhanced specific immune responses by CpG DNA in mice immunized with recombinant hepatitis B surface antigen and HB vaccine	Xiancheng Zhang*，Peng He，Zhongyu Hu，Xingtai Wang*#，Zhenglun Liang#	Virology Journal	2011，8：78
173	2010 年我国人免疫球蛋白中 EV71 中和抗体效价的比较研究	毛群颖#，郭增兵*，李　青*，梁争论，李凤祥，王军志	药物分析杂志	2011，31（10）：42－47

续表

序号	题目	作者	期刊名称	年，卷（期）：页码
174	肠道病毒71型疫苗候选株和标准的研究	梁争论#	中过病毒病杂志	2011，1（1）：24－27
175	肠道病毒71型疫苗的研发现状及进展	姚　昕，毛群颖，梁争论#	中国生物制品学杂志	2011，24（2）：233－236
176	EV71动物模型及其在疫苗研究中的应用	毛群颖，姚　昕，梁争论#	中国病毒病杂志	2011，1（3）：222－226
177	硫柳汞对新型甲型H1N1流行性感冒疫苗蛋白质含量测定的影响	何鹏，胡忠玉#，李长贵，洪小栩*，梁争论	中国疫苗和免疫	2011，17（4）：336－342
178	不同种类乙型肝炎疫苗诱导小鼠细胞因子水平的比较	何　鹏，胡忠玉#，梁争论，李河民，庄　辉*	中国生物制品学杂志	2011．24（9）：1075－1078
179	中国药典、欧洲药典和WHO草案甲、乙型肝炎疫苗质量控制标准与方法的比较	何　鹏，洪小栩*，郭中平*，胡忠玉#，梁争论	药物分析杂志	2011，31（10）：1996－2000
180	新型CpG佐剂，BW006协同乙型肝炎病毒表面抗原活化小鼠B、T淋巴细胞的作用	何　鹏，张贤臣*，胡忠玉#，方　鑫，邱少辉，梁争论	医学研究杂志	2011，40（11）：27－32
181	甲型肝炎病毒单克隆抗体的筛选与初步应用	高加梅#，宋俐霏*，李　军*，张立志*，于　丹*，国　泰	中国生物制品学杂志	2011，24（9）：1－3
182	乙型肝炎疫苗加强免疫诱导小鼠细胞免疫应答相关因素的研究	邱少辉，方　鑫，何　鹏，胡忠玉#，梁争论	中国疫苗和免疫	2011，17（4）：299－302
183	CpG－w006乙肝疫苗佐剂作用研究	张现臣*，何　鹏，胡忠玉，邱少辉，方　鑫，梁争论#	中国公共卫生	2011，27：16－18
184	新型乙肝疫苗CpG－BW006佐剂对鼠脾B细胞表型和功能的影响	张现臣*，何鹏，胡忠玉，邱少辉，方　鑫，梁争论#	中华微生物学免疫学杂志，病毒学	2011，31（9）：813－814
185	不同HDV诊断试剂对HBsAg阳性样品的检测分析	辜文洁，黄维金，周　诚#，乔　杉*，伍　波*，吴　星，姚　昕，蓝海云，梁争论	中国药事	2011，25（9）：866－879
186	乙型肝炎疫苗新型佐剂BW006对小鼠脾树突细胞表型和功能的影响	张现臣*，何　鹏，胡忠玉，邱少辉，方　鑫，梁争论#	中国生物制品学杂志	2011，24（12）：1－4
187	不同HBsAg酶联免疫检测试剂的血清型灵敏度分析	辜文洁，黄维金，于　洋，吴　星，周　诚#，梁争论	中国生物制品学杂志	2011，24（7）：1－3

续表

序号	题目	作者	期刊名称	年，卷（期）：页码
188	乙肝疫苗免疫效果评价的方法学规范化考虑	梁争论#	中国病毒病杂志	2011，1（5）：327－330
189	10 微克/剂重组乙型肝炎疫苗（酿酒酵母）接种新生儿的安全性评价研究	曾 莹*，李 杰*，宋雪芳*，潘红星*，张艺飓*，梁争论#，朱凤才*#	中国疫苗和免疫	2011，11（6）：506－510
190	甲型乙型肝炎联合疫苗诱导小鼠免疫应答特点的研究	胡忠玉，何 鹏，方 鑫，邱少辉，李河民，梁争论#	中国疫苗和免疫	2011，17（5）：387－403
191	不同种类乙型肝炎表面抗原诱导小鼠早期细胞免疫应答的比较	胡忠玉，何 鹏，方 鑫，邱少辉，李河民，梁争论#	中华微生物学免疫学杂志，病毒学	2011，11（31）：984－989
192	2006～2009 年流感疫苗批签发情况总结与质量分析	刘书珍，邵 铭，邱 平，袁力勇，方捍华，李长贵	中国生物制品学杂志	2011，24（9）：1118－1120.
193	中国婴儿中脊灰母传抗体水平对两种疫苗免疫效果的影响	英志芳，王剑锋，李艳萍，李荣成，李长贵	微生物学免疫学进展.	2011，39（1）：7－9.
194	脊髓灰质炎灭活疫苗在我国婴幼儿中加强免疫效果观察.	英志芳，王剑锋，李长贵等	中国疫苗和免疫.	2011，18（4）：317－320
195	中国甲型 H1N1 流感疫苗质量分析	刘书珍，邵 铭，陈 震，李长贵等	中华微生物学和免疫学杂志	2010，31（7）：653－656.
196	人禽流感裂解疫苗对小鼠的免疫原性观察	刘书珍，闫昆明*，周 蕾*王飞宇*，傅连弟*，高伟星*，周长民*，聂 飞*，王敏文*	中国生物制品学杂志	2011，24（11）：1310－1312
197	辛酸盐灭活静注人免疫球蛋白中脂包膜病毒效果验证的研究	王剑锋，英志芳，李长贵	微生物学免疫学进展	2011，39（2）：38－40.
198	Rapid and accurate determination of the potency of varicella vaccine by quantitative polymerase chain reaction	Marsha S. Russell，Changgui Li，Louise Larocque，Junzhi Wang，Aaron Farnsworth，Runtao He，Xuguang Li.（共同第一作者）	Vaccine	2011，（29）：8490－95

续表

序号	题目	作者	期刊名称	年，卷（期）：页码
199	Comparison of recombinant and native pertactin of*Bordetella pertussis*	Yinghua Xu，Shumin Zhang，Barbara Bolgiano，Yajun Tan，Cathy Asokanathan，Huajie Zhang，Dorothy Xing，Junzhi Wang*	Vaccine	2011，29：1974－80.
200	Comparison of real－time polymerase chain reaction，conventional culture，and serologic assays for diagnosis of Bordetella pertussis infection	Yinghua Xu，Lichan Wang，Qiming Hou，Shumin Zhang*	Chin J Med Lab Technol.	2011，7（1）：41－4
201	百日咳 PT、FHA 和 Prn 血清抗体检测方法的建立及验证.	徐颖华，骆　鹏，王丽婵，卫　辰，侯启明，张庶民*.	中国疫苗和免疫.	2011，17（3）：205－8.
202	第一代国家人源抗百日咳血清参考品的制备.	徐颖华，卫　辰，王丽婵，骆　鹏，侯启明，张庶民*.	中国生物制品学杂志.	2011，24（10）：1211－3.
203	第六代百日咳疫苗效力国家标准品的建立	骆　鹏，沈立濛，孙　琦，徐永革，祖　俊，徐颖华，王丽婵，卫　辰，侯启明，史　峥，郁佳俊，叶　娟，郭玉芬，高　慧，潘海龙，刘　玲，杨邦玲，张庶民*	中国生物制品学杂志.	2011，24（11）：1303－5
204	微量细胞病变法检测原料血浆中肠道病毒71 型中和抗体水平	侯继锋#，孙思才*，王敏力，王　威	中国生物制品学杂志	2011，24（7）：857－865
205	人凝血酶原复合物短波紫外灭活细小病毒验证及对产品质量的影响	王　敏*，岳广智，杨立宏，贾丽丽，杨靖清，周　倩，郝　杰，王箐舟，侯继锋#	中国生物制品学杂志	2011，24（5）：600－612
206	RP－HPLC 法定量测定枸橼酸离子含量	王敏力，杨鹏云，侯继锋#	药物分析杂志	2011，31（4）：788－791
207	Glycan analysis of glycoprotein pharmaceuticals：Evaluation of analytical approaches to Z number determination in pharmaceutical erythropoietin products	Chun－Ting Yuen*#，Yong Zhou，Qing－Zhou Wang，Ji－Feng Hou，Adrian Bristow*，Jun－Zhi Wang#	Biologicals	2011（39）：396－403

续表

序号	题目	作者	期刊名称	年，卷（期）：页码
208	聚乙二醇重组人血管内皮抑制素质控方法的建立	李永红，饶春明，王　兰，韩春梅，陶磊，王军志#	中国生物制品学杂志	2011，24（3）：320－323
209	重组人源化兔抗 vEGF 单克隆抗体的抗原结合活性测定	范文红，毕　华，饶春明#	中国生物制品学杂志	2011，24（9）：1079－1086
210	应用 ELISA 测定睫状神经营养因子中卡那霉素残留量	王　兰，毕　华，饶春明#	药物分析杂志	2011，31（6）：1064－1066
211	错位双链聚核苷酸注射液的质控方法研究	李永红，饶春明，王　兰，范文红，毕　华，王军志#	药物分析杂志	2011，31（8）：1537－1540
212	人源化抗叶酸受体的抗原结合活性测定	范文红，毕　华，王兰，饶春明#	药物分析杂志	2011，31（7）：1213－1215
213	关于生物制品残余 DNA 质量控制问题	王　兰，王军志#	中国新药杂志	2011，20（8）：678－687
214	重组抗体药物的质量控制	高　凯，陶　磊，王军志#	中国新药杂志	2011，20（19）：1848－1855
215	糖链切除对 IgG1 型单抗结构及功能的影响	陶　磊，饶春明，高　凯，史新昌，赵　阳，王军志#	药物分析杂志	2011，31（11）：2095－2098
216	运用优化的毛细管等电聚焦电泳方法评价叶酸受体 α 单抗电荷不均一性	李　响，王　兰，陶　磊，裴德宁，郭　莹，饶春明#	药物分析杂志	2011，31（8）：1489－1491
217	重组复制型溶瘤单纯疱疹病毒人细胞巨噬细胞集落刺激因子的质量研究	高　凯，付志浩，李永红，王　兰，陶　磊，毕　华，饶春明#	中国药学杂志	2011，46（19）：1520－1525
218	重组复制型溶瘤腺病毒 p53 的质量控制方法	高　凯，毕　华，丁有学，李永红，韩春梅，郭　莹，饶春明#	药学学报	2011，46（12）：1476－1482
219	Biopharmaceutical quality control and translational medicine	高　凯，王军志#	Translational Medicine Research	2011，1（2）：17－28
220	四种国产和三种进口第四代抗原抗体检测试剂的质量评价	李秀华，许四宏，聂建辉，宋爱京，王佑春	中华微生物学和免疫学杂志	2011，31（9）：847－850
221	Comparative evaluation of the ViroSeq HIV－1 genotyping system and an in－house method for analysis of HIV－1 drug－resistance mutations in China	Sihong Xu，Ping Zhong，Jingyun Li，Aijing Song，Hanping Li，Jianhui Nie，Xiuhua Li and Youchun Wang.	Mol Diagn Ther.	2011，15（1）：41－52.

续表

序号	题目	作者	期刊名称	年，卷（期）：页码
222	对五种国产核酸筛查试剂检测 HIV－1 RNA 效果的初步评价.	许四宏，宋爱京，聂建辉，李秀华，王佑春.	临床输血与检验.	2011，13（1）：15－20.
223	Merck Ad5 艾滋病疫苗的研究进展	刘强，王佑春	中国生物制品学杂志	2011，24：1112－1118
224	Comparisons of the genetic and neutralization properties of HIV－1 subtype C and CRF07/08 _ BC env molecular clones isolated from infections in China	Wang S.，Nie J.，Wang Y.	Virus Research	2011，155（1）：137－146
225	Phenotypic Analysis of HIV－1 Genotypic Drug－Resistant Isolates from China，Using a Single－Cycle System	Jia Zheng*，Xu Sihong，Nie Jianhui，Li Jingyun*，Zhong Ping*，Wang Wenbo，Wang Youchun#	Molecular Diagnosis & Therapy.	2011，15（5）：293－301
226	The serological prevalence and genetic diversity of hepatitis E virus in farmed rabbits in China.	Geng Y，Zhao C，Song A，Wang J，Zhang X，Harrison TJ，Zhou Y，Wang W，Wang Y#.	Infect Genet Evol.	2011，11（2）：476－82
227	痘苗病毒弱毒株广 9 株对动物的致病力研究	朱　蓉，黄维金，严子林，温智恒，王文波，王佑春，俞永新	中国病毒病杂志	2011，3：183－187
228	痘苗病毒弱毒株广 9 株的免疫原性分析	朱　蓉，黄维金，王佑春#，俞永新.	中国生物制品学杂志	2011，24（9）：1072－1074
229	The serological prevalence and genetic diversity of hepatitis E virus in farmed rabbits in China.	Yansheng Geng，Chenyan Zhao，Aijing Song，Jinheng Wang，Xiao Zhang，Tim J Harrison，Yan Zhou，Wenbo Wang，Youchun Wang	Infection Genetics and Evolution	2011，11：476－482
230	Hepatitis E Virus ORF3 Antigens Derived from Genotype 1 and 4 Viruses Origin are Detected with Varying Efficiencies by an Anti－HEV Enzyme Immunoassay	Hongxia Ma，Xiaoguo Song，Tim J Harrison，Heqiu Zhang，Weijin Huang，Youchun Wang	Journal of Medical Virology	2011，83（5）：827－32
231	重组假病毒和活病毒法在评价抗 HIV－1 病毒药物中的比较	种辉辉，许四宏，李敬云，王佑春	中华实验和临床病毒学杂志	2011，25（1）：73－75

续表

序号	题目	作者	期刊名称	年，卷（期）：页码
232	Infection dynamics of Hepatitis E virus in naturally infected pigs in a Chinese farrow – to – finish farm	Ruofei Feng，Chenyan Zhao，Mingsheng Li，Tim J Harrison，Zilin Qiao，Yuping Feng，Zhongren Ma and Youchun Wang	Infection Genetics and Evolution	2011，11（7）：1727 – 1731
233	重大传染病诊断技术	许四宏，王佑春	中国医药生物技术	2011，6（6）：420 – 423
234	国产 b 型流感嗜血杆菌结合疫苗 PRP – TT 加强免疫效果评价	李亚南，乔瑞洁*，李　红，刘　佳*，王　浩*，史晓玲*，叶　强，谢贵林#	中国生物制品学杂志	2011，24（2）：213 – 215 转 224
235	药检系统科研成果特点分析	杨　英，刘曾顺，王　艳，张　瑞，李冠民#	中国药事	2011，25（8）：794 – 796
236	b 型流感嗜血杆菌总抗体 ELISA 定量检测方法的建立	李　红，李茂光，唐　静，梁　丽，李亚南，何　莉，叶　强#	中国生物制品学杂志	2011，24（8）：974 – 976
237	构建中国食品药品检定研究院科研成果评价指标体系的设想	杨　英，刘曾顺，王　艳，张　瑞，李冠民#	中国药事	2011，25（9）：903 – 904 转 918
238	277 株肺炎链球菌生物学鉴定及血清学分型结果分析	陈　驰，肖　磊，石继春，王珊珊，郭素英，叶　强#	中国医药导刊	2011，13（10）：1774 – 1775
239	完善我国疫苗创新机制的思考	曾　玥	中国药事	2011，25（10）：959 – 961
240	A reference proteomic database of Lactobacillus plantarum CMCC – pooo2	Li Zhu*，Wei Hu，Datao Liu*，（共同第一作者），Wanhong Tian，Gang Yu，Xiankai Liu*，Jie Wang*，Erling Feng*，Xuemin Zhang*，Bei Chen*，Ming Zeng#，Hengliang Wang*#（共同通讯作者）	Plos one	2011，6（10）：e25596
241	霍乱疫苗中残余霍乱毒素检测方法的建立及验证	陈翠萍，朱卫华*，董思国	微生物免疫学进展	2011，39（1）：32 – 36
242	利用弓形虫病人血清筛选弓形重速殖子特异性抗原	张　影，张　瑾，杨英超，薄淑英，辛晓芳#，王国治	中国药事	2011，25（6）：550 – 553
243	STAg 与 BCG – DNA 和氢氧化铝佐剂联合免疫小鼠的免疫效果	张　影，杨英超，张　瑾，薄淑英，辛晓芳#，王国治	中国生物制品学杂志	2011，24（10）：1177 – 1179
244	无细胞蛋白合成系统的研究进展	杨英超，辛晓芳#	中国药事	2011，25（8）：832 – 835

续表

序号	题目	作者	期刊名称	年，卷（期）：页码
245	恶性疟原虫环子孢子蛋白在无细胞表达系统的表达及纯化研究	杨英超，韩　静*，辛晓芳#，王国治，叶嗣颖*	药物分析杂志	2011，31（7）：1228－1231
246	弓形虫 IgG 检测用血清国家参考品的制备	张　瑾，辛晓芳#，薄淑英，杨英超，张　影，王国治	中国生物制品学杂志	2011，24（6）：702－704
247	人用布氏菌疫苗浓度测定分光光度法的建立	李恪梅#，魏　东，王丙翔*，裴明玉*，李晓利*，王国治	中国药事	2011，25（3）：233－235
248	XTT（四唑鎓盐）法快速检测布氏菌疫苗活菌含量的建立	刘景福*，李恪梅#，余菲菲*，王国治	中国地方病防治杂志	2011，26（2）：103－106
249	布鲁氏菌 BP26 蛋白迟发型变态反应的研究	刘景福*，李恪梅#，王国治	药物分析	2011，31：（7）
250	皮上划痕人用炭疽活疫苗活菌数的测定于分析	魏　东，李恪梅，王秉翔，王国治	中国生物制品学杂志	2011，24（11）：1348－1350
251	细菌类生物制品生物危害程度分类探讨	王晓娟*，曹　琰*，王国治#，	微生物学免疫学进展	2011（03）P 50－53
252	鼠疫疫苗的研究进展	汪洁英*，魏　东，王国治#，	微生物学免疫学进展	2011（02）P 60－64
253	BCG－CpG－DNA 重复给药对家兔的安全性评价	蔡皇界*，赵爱华，王　雯*，李凤祥，王国治#，吴小南*，	中国药事	2011（05）P 430－433
254	结核复合抗原疫苗不同抗原组合对小鼠免疫功能的影响	王　鹏*，徐　苗，陈保文，都伟欣，杨　蕾，井申荣*，王国治#	中华结核和呼吸杂志	2011，（4）
255	细胞免疫学和血清学两种方法检测结核分枝杆菌纯蛋白衍生物强阳性者的结果差异	都伟欣，徐　苗，陈保文，杨　蕾，沈小兵，周伟忠*，王国治#	中国生物制品学杂志	2011，（9）：1087－1089
256	Wide dissemination of multidrug－resistant Shigella isolates in China	张文利*，罗燕萍*，李景云，林　兰，马　越，胡昌勤，金少鸿，冉　路，崔生辉#	Journal of Antimicrobial Chemotherapy	2011，66（11）2527－2535
257	Characterization of Escherichia coli Isolates from Healthy Food Handlers in Hospital	罗燕萍*，崔生辉#，李景云，杨继勇*，林　兰，胡昌勤，金少鸿，叶丽燕*，赵　强，马　越	MICROBIAL DRUG RESISTANCE	2011，17（3）：443－448
258	婴幼儿腹泻沙门菌分型与耐药机制分析	林　兰#，丁　宏，崔生辉，张庆生	中国药事	2011，25（8）：836－840
259	耐药细菌产生于传播的原因	崔生辉#，林　兰，丁　宏，张庆生	中华预防医学杂志	2011，45（10）：875－877

续表

序号	题目	作者	期刊名称	年，卷（期）：页码
260	对化妆品化学检测标准及理化检验能力配置的思考	曹　进，高家敏，张庆生，丁丽霞	中国药师	2011，14（5）：734－737
261	食品加工过程的衍生毒物检测管理及发展综述	曹　进，周晓宏*，张庆生，丁丽霞，廖永红*，孙宝国*	中国药事	2011，25（9）：936－942
262	我国化妆品化学检验现状及发展	曹　进，张庆生	中国药事	2011，25（4）：389－391
263	食品药品检验实践中的科学研究规范	曹　进，张庆生，丁丽霞	齐鲁药事	2011，30（3）：159－161
264	食品接触材料及物质仪器检验概述	曹　进，张庆生	中国药事	2011，25（7）：713－717
265	非标记液质联用法测定市售鸡肉和猪肉的蛋白组	曹　进，周晓宏*，苗　兰*，孙明谦*，孙宝国*，廖永红*	食品科学	2011，32（20）：130－135
266	儿童临床试验设计在药物研发和评估中的应用	Di Wu，申昆玲，王晓玲，曹　进#，Jeffrey S. Barrett	中华儿科杂志	2011，49（12）952－956
267	化妆品包装材料检验现状及发展	曹　进，高家敏，邢书霞，张庆生，丁丽霞	日用化学品科学	2011，34（3）：33－36
268	化妆品包装材料的安全性检测	曹　进，宋　钰，黄湘鹭，董　喆，李　莉，冯克然，张庆生，丁丽霞	日用化学品科学	2011，34（11）：35－37
269	食品接触材料安全性风险分析及国内外法规管理纵览	张庆生，曹　进	中国药事	2011，25（3）：219－223
270	国内外化妆品监督管理现状及其发展趋势	黄湘鹭，曹　进，宋　钰，董　喆，李　莉，冯克然，张庆生，丁丽霞	日用化学品科学	2011，34（9）：31－35
271	A comparative uncertainty study of the purity assessment of chemical reference substances using differential scanning calorimetry（DSC）and mass balance method	Jin－Min Gao，Li－xia Ding，Chang－qin Hu#	Thermochimica Acta	2011，525：1－8
272	Strategies to improve dissolution and oral absorption of glimepiride tablets：solid dispersion versus micronization techniques	Xiao Ning，Jin Sun，Xiaopeng Han，Yue Wu，Zhongtian Yan，Jihong Han，and Zhonggui He	Drug Development and Industrial Pharmacy	2011，37（6）：727－736
273	正交实验法优选慢结片的提取工艺	王钢力，张　铮，曹　杰，张海鸣，杜树山	时珍国医国药	2011年01期

续表

序号	题目	作者	期刊名称	年，卷（期）：页码
274	论新形势下的餐饮服务食品安全监测检验	丁 宏，崔生辉，权娅茹，王巨才	中国药事	2011，25（6）：527－530
275	高效液相色谱法测定化妆品中的苯氧异丙醇	陈志蓉，高晓惯*，刘 洋*	日用化学工业	2011，41（4）：310－312
276	反相高效液相色谱法测定化妆品中的酮麝香	陈志蓉，高晓惯*，穆 旻*	科技导报	2011，29（21）：41－44
277	RP－HPLC 法检测化妆品中奎宁的含量	陈志蓉，刘 洋*，张鹏祥*	中国药事	2011，25（9）：871－873
278	Simultaneous determination of 14β－lactam antibiotics in cosmetics products by liquid chromatography tandem mass spectrometry method	Cai Sheng Wu*，Jin Lan Zhang*，Yan Ling Qiao*，Yi Lin Wang*，Zhi Rong Chen#	中国化学快报	2011，22（3）：334－447
279	浅析精品科技期刊在建设与策略	陈唯真	中国科技期刊研究	2011，22（6）：835－837
280	2011 年版英国药典概览	陈唯真，杨腊虎	中国药事	2011，25（9）：943－511
281	学术期刊在公益性及其思考	于宝珠	中国科技期刊研究	2011，22（5）：755－757
282	加强组稿是提高医药类科技期刊质量的重要措施	王雅雯	中国科技期刊研究	2011，22（5）：760－762
283	图书馆搬迁工作探讨	陆玲宝	科技情报开发余经济	2011，21（35）：61－62
284	红花药材掺伪染色检测方法的实验研究	闵春艳*，付凌燕*，汪祺，鲁静#	中国药事	2011，（8）
285	Phenolic compounds from*Eurycorymbus cavaleriei*	Yi He，Li Zhang*，Ming Zhao*，Sam－Hip Tsai*，Yu－ying Zong*，Chun－Tao Che#*	Journal of Asian Natural Products Research	2011，6：575－580
286	红外和近红外光谱法在中药定性分析中的应用	聂黎行，鲁 静，林瑞超	计算机与应用化学	2011，5：540－544
287	银杏叶、银杏叶提取物及其制剂质量控制研究进展	聂黎行，戴 忠，鲁 静，林瑞超	中国药事	2011，2：171－174
288	不连续进样方式与带高基体进样系统的电感耦合等离子体质谱法（ICP－MS）联用直接测定痰热清注射液中的铅、镉、砷、汞、铜、铝、钾	聂黎行，陈玉红*，刘 燕，金红宇，林瑞超	环境化学	2011，5：1055－1058

续表

序号	题目	作者	期刊名称	年，卷（期）：页码
289	ICP－MS 直接测定中药参麦注射液中 26 种元素	聂黎行，刘　燕，王钢力，金红宇，林瑞超	中国药学杂志	2011，11：866－868
290	红外和近红外光谱法在中药质量控制中的应用进展综述	聂黎行，鲁　静，林瑞超	近红外通讯	2011，1：20－41
291	高分离度快速液相色谱－离子阱质谱分析参麦注射液化学成分	刘　燕，聂黎行#，陈方军*，许文祥*，张万峰*	药物分析杂志	2011，9：1672－1677
292	指纹图谱技术在中药对照物质标定中的应用	刘　燕，聂黎行#，林瑞超	中国药事	2011，7：638－639
293	黄芪中皂苷类成分的特征薄层图谱鉴别	汪　祺#，张聿梅，戴　忠，鲁　静，林瑞超	中国药事	2011，12：1227－1229
294	HPLC 法测定痰热清注射液中绿原酸的含量	郑笑为#，刘　燕，戴　忠	中国药事	2011，12：1233－1234
295	中国药典 2010 版（一部）部分标准商榷	张南平，肖新月	药物分析杂志	2011，31（1）：176－179
296	中药资源的可持续利用现状与建议	张南平，魏　锋，肖新月，林瑞超	中国药事	2011，25（11）：1079－1082
297	近红外光谱法应用于蒲黄总灰分的定量预测研究	刘　薇，肖新月，魏　锋，林瑞超	药物分析杂志	2011，31（10）：253－255
298	RP－HPLC－UV 法测定 5 种发酵虫草制剂中麦角甾醇的含量	张　萍，魏　锋，肖新月，林瑞超	药物分析杂志	2011，31（2）：258－260
299	微波消解－石墨炉原子吸收法测定阿胶中铬含量	石　岩，肖新月，石上梅，魏　锋，宋光西，郭尚伟，林瑞超	药物分析杂志	2011，31：1527－1529
300	Pharmacokinetics of ergosterol in rats using rapid resolution liquid chromatography－atmospheric pressure chemical ionization multi－stage tandem mass spectrometry and rapid resolution liquid chromatography/tandem mass spectrometry	Ying－Yong Zhao，Xian－Long Cheng（co first author），Rui Liu，Charlene C. Hoe，Feng Wei，Sui－Hong Yan，Rui－Chao Lin，Yongmin Zhang，Wen－Ji Sun	Journal of Chromatography B	2011（879）：1945－1953
301	雷丸药材中多糖及总糖定量分析方法研究	郑　灏*，程显隆#，肖新月，魏　锋，付凌燕，林玉莲	中国药事	2011，25（9）：863－865

续表

序号	题目	作者	期刊名称	年，卷（期）：页码
302	DART－MS/MS 法直接实时检测保健食品中非法添加的 6 个 PDE5 抑制剂的应用研究	程显隆，李文杰，李卫健，魏　锋，肖新月，林瑞超	药物分析杂志	2011，31（3）：438－442
303	甘遂与制甘遂中的二萜类成分大戟甘遂萜酯 D 的研究	程显隆，肖新月，邹秦文，刘　薇，石　岩，魏　锋，马双成，林瑞超	中国现代中药	2011，13（7）：25－28
304	动物胶类药材的鉴别方法研究进展	程显隆，李文杰，魏锋，肖新月，林瑞超，	亚太传统医药	2011，3：167－169
305	RP－HPLC 法则测定罗布麻叶及其中成药中 3 个黄酮类成分的含量	王李丽*，程显隆，赵英永*，林瑞超#，孙文基#	药物分析杂志	2011 年，31（5）：903－906
306	雷丸中 16 种氨基酸的柱前衍生化 RP－HPLC 法含量测定	郑　灏*，程显隆，魏　锋，肖新月#，林玉莲*	药物分析杂志	2011 年，31（9）：1631－1635
307	高效液相色谱法测定薄荷护表膏中血竭素的含量	陈　佳，孙　磊，金红宇，田金改，林瑞超	中国药事	2011，25（3）：271－272
308	注射用丹参（冻干）中糖和糖醇类成分的定性定量分析	蒋受军*，朱　斌，刘丽娜，王钢力，王英新，林瑞超#	药物分析杂志	2011，31（7）：1313－1316
309	离子色谱法测定中药材中总二氧化硫残留	孙　磊，岳志华，陈　佳，金红宇#，马双成，林瑞超	中国药事	2011，25（4）：336－338
310	乳香基原的本草学、植物学和成分分析研究	孙　磊，徐纪民，金红宇，田金改，林瑞超	中国中药杂志	2011，36（2）：112－116
311	印度獐牙菜的生药研究	孙　磊，徐纪民，田金改，金红宇，林瑞超	中药材	2011，34（1）：53－55
312	Determination of 195 pesticide residues in Chinese herbs by gas chromatography － mass spectrometry using analyte protectants	Ying Wang，Hong－Yu Jin，Shuang－Cheng Ma，#，Jing Lu，Rui－Chao Lin	Journal of Chromatography A	1218（2011）334 － 342
313	HPLC 法测定虫草发酵粉中黄曲霉毒素残留量	刘丽娜，王　莹，金红宇，马双成，林瑞超	药物分析杂志	2011，31（7），1256－1259

续表

序号	题目	作者	期刊名称	年，卷（期）：页码
314	四级杆飞行时间串联质谱（QTofMS）辅助高效薄层色谱（HPTLC）鉴别乳香中乳香酸	费毅琴*，孙　磊#，程显隆，金红宇	中国药学杂志	2011，46（20）：1601－1604
315	气相色谱法分析锯叶棕胶囊中11种脂肪酸	许　佳*，孙　磊#，金红宇	中国药事	2011，25（11）：1123－1125
316	替代对照品法测定龙血竭原料中龙血素A和B的含量	许　佳*，金红宇，孙　磊#	药物分析杂志	2011，31（11）：2058－2062
317	高效液相色谱法简介及其在药品检验中的应用	孙会敏，田颂九.	齐鲁药事	2011，30（1）：38－42.
318	聚山梨酯80质量分析与致敏原探究	孙会敏，杨　锐，栾　琳，王颖，关皓月，耿兴超，曹　苹*，米雅娴*，于丽娜，李波.	药物分析杂志	2011，31（10）：1850－1855.
319	Screening Adulteration of Polypropylene Bottles with Postconsumer Recycled Plastics for Oral Drug Package by Near－infrared Spectroscopy	谢兰桂，孙会敏#，金少鸿#.	Analytica Chimica Acta	2011，706（2）：312－320.
320	Development of a Self Micro－emulsifying Tablet of Cyclosporine A by the Liquisolid Compact Technique.	赵霞，YQ. Zhou*，S. Potharaju*，H. Lou*，孙会敏，E. Brunson*，H. Almoazen*，J. Johnson*.	International Journal of Pharmaceutical sciencesand Research	2011，2（9）：2299－2308.
321	傅立叶变换衰减全反射红外光谱法测定药用卤化丁基橡胶塞表面残留硅油量	赵　霞，关皓月，孙会敏#.	药物分析杂志	2011，31（3）：519－522.
322	药用卤化丁基胶塞质量状况分析	郭志鑫，姜典财，黄志禄，赵　霞，关皓月，高志峰，孙会敏#.	药物分析杂志	2011，31（2）：399－401
323	奥美拉唑和甲氧普胺对成人哮喘伴胃食管返流患者的疗效	王淑燕，倪　萍*	中国药事	2011，25（12）：1247－1249
324	实验室气流控制的安全性设计	于承志，倪训松	城市建设理论研究	2011，115（10）：43－44
325	人力资源配置在企业多项目管理中的研究	于承志，倪训松，赵　兵	城市建设理论研究	2011，122（12）：7－8
326	世界卫生组织药品质量控制实验室实验室管理规范简介	张河战#，毛　歆，张才煜，刘　毅，宁保明，王巨才*	中国药事	2011，25（3）：301－312

续表

序号	题目	作者	期刊名称	年，卷（期）：页码
327	生活饮用水中铁锰检测实验室能力评价	项新华#，赵素娟*，田佩瑶*，孙　炎*，穆效群*，贺　雄*，肖　良*	中国公共卫生	2011，27（6）：810－812
328	欧洲药典适用性认证介绍	许明哲 杨昭鹏 李波#	中国药事	2011，25（12）：1243－1246
329	Joint Effects of Topoisomerase Alterations and Plasmid－Mediated Quinolone－Resistant Determinants in Salmonella enterica Typhimurium	罗燕萍*，李景云，孟　杨*，马　越，胡昌勤，金少鸿，张庆生，丁　宏，崔生辉#	MICROBIAL DRUG RESISTANCE	2011，17（1）：1－7
330	Joint Effects of Topoisomerase Alterations and Plasmid－Mediated Quinolone－Resistant Determinants in Salmonella enterica Typhimurium	李景云　罗艳萍*　孟　扬*，马　越，胡昌勤，金少鸿，张庆生　丁　宏　崔生辉#	Microb Drug Resist,	2011，17（1）：1－5.
331	医疗器械与药品受理注册检验管理程序比较	王　敬，杨晓芳，成双红，王春仁	《中国药事》	2011，25（9）：851－852
332	Screening Adulteration of Polypropylene Bottles with Postconsumer Recycled Plastics for Oral Drug Package by Near－infrared Spectroscopy	Lan－Gui Xie，Hui－Min Sun*，Shao－Hong Jin.	Analytica Chimica Acta	2011，706：312 － 320
333	Development of a Self Micro－emulsifying Tablet of Cyclosporine A by the Liquisolid Compact Technique	X. Zhao，YQ. Zhou，S. Potharaju，H. Lou，HM. Sun，E. Brunson，H. Almoazen，J. Johnson*	International Journal of Pharmaceutical sciences and Research	2011，2（9）

注：*为非中检院作者，#为通讯作者。